中国文脉

长江出版传媒
长江文艺出版社

新出图证（鄂）字 03 号
图书在版编目（CIP）数据

中国文脉 / 余秋雨著．— 武汉：长江文艺出版社，2017.5
ISBN 978-7-5354-9624-9

Ⅰ．①中… Ⅱ．①余… Ⅲ．①散文集—中国—当代 Ⅳ．① I267

中国版本图书馆 CIP 数据核字（2017）第 071681 号

图书策划：胡　家　徐小凤　　责任编辑：吴　双　胡　家
封面设计：壹诺设计　　责任校对：韩　雨　周　杨
责任印制：张　涛　　版式设计：胡玉冰

出版：长江出版传媒｜长江文艺出版社
地址：武汉市雄楚大街 268 号　　邮编：430070
发行：长江文艺出版社
北京时代华语国际传媒股份有限公司　（电话：010-83670231）
http：//www.cjlap.com
印刷：北京中科印刷有限公司

开本：880毫米 ×1230 毫米　1/32　　印张：13
版次：2017 年5月第1版　　2017 年5月第1次印刷
字数：291千字

定价：46.00 元

目录

中国文脉

一

中国文脉，是指中国文学几千年发展中最高等级的生命潜流和审美潜流。

这种潜流，在近处很难发现，只有从远处看去，才能领略大概，就像那一条倔犟的山脊所连成的天际线。

正是这条天际线，使我们知道那个天地之大，以及那个天地之限，并领略了一种注定要长久包围我们生命的文化仪式。

因为太重要，又处于隐潜状态，就特别容易产生误会。因此，我们必须开宗明义，指出那些最常见的理论岔道，不让它们来干扰文脉的潜流——

一、这股潜流，在绝大多数情况下，不是官方主流；

二、这股潜流，在绝大多数情况下，不是民间主流；

三、这股潜流，属于文学，并不从属于哲学学派；

四、这股潜流，虽然重要，但体量不大；

五、这股潜流，并不一以贯之，而是时断时续，断多续少；

六、这股潜流，对周围的其他文学现象有吸附力，更有排斥力。

寻得这股潜流，是做减法的结果。我一向主张，研究文化和文学，先做加法，后做减法。减法更为重要，也更为艰难。

减而见筋，减而显神，减而得脉。

减法难做，首先是因为人们千百年来一直处于文化匮乏状态，见字而敬，见文而信，见书而畏，不存在敢于大胆取舍的心理高度；其次，即使有了心理高度，也缺少品鉴高度，与多数哄传一时的文化现象相比，“得脉”者没有那么多知音。

大胆取舍，需要锐利斧钺。但是，手握这种斧钺的人，总是在开山辟路。那些只会坐在凉棚下说三道四、指手画脚的人，大多不懂斧钺。开山辟路的人没有时间参与评论，由此造成了等级的倒错、文脉的失落。

等级，是文脉的生命。

人世间，仕途的等级由官阶来定，财富的等级由金额来定，医生的等级由疗效来定，明星的等级由传播来定，而文学的等级则完全不同。文学的等级，与官阶、财富、疗效、传播等因素完全无关，只由一种没有明显标志的东西来定，这个东西叫品位。

其他行业也讲品位，但那只是附加，而不像文学，是唯一。

总之，品位决定等级，等级构成文脉。但是，这中间的所有流程，都没有清晰路标。这一来，事情就麻烦了。

环顾四周，现在越来越多的“成功者”都想以文炫己，甚至以文训世，结果让人担忧。有些“儒商”为了营造“企业文化”，强制职工背诵古代那些文化等级很低的发蒙文言；有些电视人永远在绘声绘色地讲述着早就应该退出公共记忆的文化残屑；有些当代“名士”更是染上了古代的“嗜痂之癖”，如鲁迅所言，把远年的红肿溃烂，赞之为“艳若桃花”。

颇让人不安的，是目前电视上某些文物鉴定和拍卖节目，只要牵涉到明清和近代书画，就对作者的文化地位无限拔高。初一听，溢美古人，无可厚非，但是这种事情不断重复也就颠覆了文化的基本等级。就像一座十层高塔，本来轮廓清晰，突然底下几层要自成天台，那么上面的几层只能坍塌。试想，如果唐伯虎、乾隆都成了“中国古代一流诗人”，那么，我们只能悄悄把整部《全唐诗》付之一炬了。书法也是一样，一个惊人的天价投向一份中等水准的笔墨，就像一堆黄金把中国书法史的天平压垮了。

面对这种情况我曾深深一叹：“文脉既隐，小丘称峰；健翅已远，残羽充鹏。”

照理，文物专家不懂文脉，亿万富翁不懂文化，十分正常。但现在，现代传媒的渗透力度，拍卖资金的强烈误导，使很多人难以抵拒地接受了这种空前的“文化改写”，结果实在有点恐怖。

有人说，对文学，应让人们自由取用，不要划分高低。这是典型的“文学民粹主义”，似是而非。就个人而言，不经过基本教育，何能自由取用？鼠目寸光、井蛙观天，恰恰违背了“自由”的本义；就整体而言，如果在精神文化上也不分高低，那就会失去民族的大道、人类的尊严，一切都将在众声喧哗中不可收拾。

如果不分高低，只让每个时间和空间的民众自由取用、集体“海选”，那么，中国文学，能选得到那位流浪草泽、即将投水的屈原吗？能选得到那位受过酷刑、耻而握笔的司马迁吗？能选得到那位僻居荒村、艰苦躬耕的陶渊明吗？他们后来为民众知道，并非民众自己的行为。而且，知道了，也并不能体会他们的内涵。因此我敢断言，任何民粹主义的自由海选，即便再有人数、再有资金，也与优秀文学基本无关。

这不是文学的悲哀，而是文学的高贵。

我主张，在目前必然寂寞的文化良知领域，应该重启文脉之思，重开严选之风，重立古今坐标，重建普世范本。为此，应努力拨去浮华热闹，远离滔滔口水，进入深度探讨。选择自可不同，目标却是同归，那就是清理地基，搬开芜杂，集得高墙巨砖，寻获大柱石础，让出疏朗空间，洗净众人耳目，呼唤亘古伟步，期待天才再临。由此，中华文化的复兴，才有可能。

二

文脉的原始材料，是文字。

汉字大约起源于五千多年前。较系统地运用，大约在四千年前。不断出现的考古成果既证明着这个年份，又质疑着这个年份。据我比较保守的估计，大差不差吧，除非有了新的惊人发现。

汉字产生之后，经由“象形——表意——形声”这几个阶段，开始用最简单的方法记载历史，例如王朝谱牒。应该夏朝就有了，到商代的甲骨文和金文，已相当成熟。但是，甲骨文和金文的文句，还构不成文学意义上的“文脉之始”。文学，必须由“意指”走向“意味”。这与现代西方美学家所说的“有意味的形式”，有点关系。既是“意味”又是“形式”，才能构成完整的审美。这种完整，只有后来的《诗经》，才能充分满足。《诗经》产生的时间，大概离现在二千六百年到三千年左右。

然而，我发现了一个有趣的现象。商代的甲骨文和金文虽然在文句上还没有构成“文脉之始”，但在书法上却已构成了。如果我们把“文脉”扩大到书法，那么，它就以“形式领先”的方式开始于商代，比《诗经》早，却又有所交错。正因为此，我很喜欢去河南安阳，长久地看着甲骨文和青铜器发呆。甲骨文多半被读解了，但我总觉得那里还埋藏着孕育中国文脉的神秘因子。一个横贯几千年的文化行程将要在那里启航，而直到今天，那个老码头还是平静得寂然无声。

终于听到声音了，那是《诗经》。

《诗经》使中国文学从一开始就充满了稻麦香和虫鸟声。这种香气和声音，将散布久远，至今还闻到、听到。

十余年前在巴格达的巴比伦遗址，我读到了从楔形文字破译的古代诗歌。那些诗歌是悲哀的，慌张的，绝望的，好像强敌刚刚离去，很快就会回来。因此，歌唱者只能抬头盼望神祇，苦苦哀求。这种神情，与那片土地有关。血腥的侵略一次次横扫，人们除了奔逃还是奔逃，因此诗句中有一些生命边缘的吟咏，弥足珍贵。但是，那些吟咏过于匆忙和粗糙，尚未进入成熟的文学形态，又因为楔形文字的很早中断，没有构成下传之脉。

同样古老的埃及文明，至今没见过古代留下的诗歌和其他文学样式。卢克索太阳神庙大柱上的象形文字，已有部分破译，却并无文学意义。过于封闭、过于保守的一个个王朝，曾经留下了帝脉，而不是文脉。即便有气脉，也不是诗脉。

印度在古代是有灿烂的文学、诗歌、梵剧、理论，但大多是围绕着“大梵天”的超验世界。同样是农耕文明，却缺少土地的气息和世俗的表情。

《诗经》的吟唱者们当然不知道有这种对比，但我们一对比，它也就找到了自己。其实，它找到的，也是后代的中国。

《诗经》中，有祭祀，有抱怨，有牢骚，但最主要、最拿手的，是在世俗生活中抒情。其中抒得最出色的，是爱情。这种爱情那么“无邪”，既大胆又羞怯，既温柔又敦厚，足以陶冶风尚。

在艺术上，那些充满力度又不失典雅的四字句，一句句排下来，成了中国文学起跑点的砖砌路基。那些叠章反复，让人立即想到，这不仅仅是文学，还是音乐，还是舞蹈。一切动作感涨满其间，却又毫不鲁莽，优雅地引发乡间村乐，咏之于江边白露，舞之于月下乔木。终于由时间定格，凝为经典。

没有巴比伦的残忍，没有卢克索的神威，没有恒河畔的玄幻。《诗经》展示了黄河流域的平和、安详、寻常、世俗，以及有节制的谴责和愉悦。

但是，写到这里必须赶快说明，在《诗经》的这种平实风格后面，又有着一系列宏大的传说背景。传说分两种：第一种是“祖王传说”，有关黄帝、炎帝和蚩尤；第二种是“神话传说”，有关补天、填海、追日、奔月。

按照文化人类学的观念，传说和神话虽然虚无缥缈，却对一个民族非常重要，甚至可以成为一种历久不衰的“文化基因”。这在中华民族身上尤其明显，谁都知道，有关黄帝、炎帝、蚩尤的传说，决定了我们的身份；有关补天、填海、追日、奔月的传说，则决定了我们的气质。这两种传说，就文化而言，更重要的是后一种神话传说，因为它们为一个庞大的人种提供了鸿蒙的诗意。即便是离得最近的《诗经》，也在平实的麦香气中熔铸着伟大和奇丽。

于是，我们看到了，背靠着一大批神话传说，刻写着一行行甲骨文、金文，吟唱着一首首《诗经》，中国文化隆重上路。

其实，这也就是以孔子、老子为代表的先秦诸子出场前的精神背景。

先秦诸子出场，与世界上其他文明的巨人们一起组成了一个“轴心时代”，标志着人类智能的大爆发。现代研究者们着眼最多的，是各地巨人们在当时的不同思想成果，却很少关注他们身上带着什么样的文化基因。

三

先秦诸子，都是思想家、哲学家、教育家、社会活动家，没有一个是纯粹的文学家。但是，他们要让自己的思想说服人、感染人，就不能不运用文学手段。而且，有一些思维方式，从产生到完成都必须仰赖自然、譬引鸟兽、倾注情感、形成寓言，这也就成了文学形态。

思想家和哲学家在运用文学手段的时候，有人永远把它当做手段，有人则不小心暴露了自己其实也算得上是一个文学家。

先秦诸子由于社会影响巨大，历史贡献卓著，因此对中国文脉的形成有特殊贡献。但是，这种贡献与他们在思想和哲学上的贡献，并不一致。

我对先秦诸子的文学品相分为三个等级——

第一等级：庄子、孟子；

第二等级：老子、孔子；

第三等级：韩非子、墨子。

在这三个等级中，处于第一等级的庄子和孟子已经是文学家，而庄子则是一位大文学家。

把老子和孔子放在第二等级，实在有点委屈这两位精神巨匠了。我想他们本人都无心于自身的文学建树，但是，虽无心却有大建树。这便是天才，这便是伟大。

在文脉上，老子和孔子谁应领先？这个排列有点难。相比之下，孔子的声音，是恂恂教言，浑厚恳切，有人间炊烟气，令听者感动，令读者萦怀；老子的声音，是铿锵断语，刀切斧劈，又如上天颁下律令，使听者惊悚，使读者铭记。

孔子开创了中国语录式的散文体裁，使散文成为一种有可能承载厚重责任、端庄思维的文体。孔子的厚重和端庄并不堵眼堵心，而是仍然保持着一个健康君子的斯文潇洒。更重要的是，由于他的思想后来成了千年正统，因此他的文风也就成了永久的楷模。他的文风给予中国历史的，是一种朴实的正气，这就直接成了中国文脉的一种基调。中国文脉，蜿蜒曲折，支流繁多，但是那种朴实的正气却颠扑不灭。因此，孔子于文，功劳赫赫。

本来，孔子有太多的理由在文学上站在老子面前，谁知老子另辟奇境，别创独例。以极少之语，蕴极深之义，使每个汉字重似千钧，不容外借。在老子面前，语言已成为无可辩驳的天道，甚至无须任何解释、过渡、调和、沟通。这让中国语文，进入了一个几乎空前绝后的圣哲高台。

我听不止一位西方哲学家说："仅从语言方式，老子就是最高哲学。孔子不如老子果断，因此在外人看来，更像一个教育家、社会评论家。"

外国人即使不懂中文，也能从译文感知"最高哲学"的所在，可见老子的表达有一种"骨子里"的高度。有一段时间，德国人曾骄傲地说："全世界的哲学都是用德文写的。"这当然是故意的自我夸耀，但平心而论，回顾以前几百年，德国人也确实有说这种"大话"的底气。然而，当他们读到老子就开始不说这种话了。据统计，现在几乎每个德国家庭都有一本老子的书，其普及度远远超过老子的家乡中国。

我一直主张，一切中国文化的继承者，都应该虔诚背诵老子那些斩钉截铁的语言，而不要在后世那些层级不高的文言文上厮磨太久。

说完第二等级，我顺便说一下第三等级。韩非子和墨子，都不在乎文学，有时甚至明确排斥。但是，他们的论述也具有了文学素质，主要是那些干净而雄辩的逻辑所造成的简洁明快，让人产生了一种阅读上的愉悦。当然，他们两人实干家的形象，也会帮助我们产生文字之外的动人想象。

更重要的是要让出时间来看看第一等级，庄子和孟子。孟子是孔子的继承者，比孔子晚了一百八十年。在人生格调上，他与孔子很不一样，显得有点骄傲自恃，甚至盛气凌人。这在人际关系上好像是缺点，但在文学上就不一样了。他的文辞，大气磅礴，浪卷潮涌，畅然无遮，情感浓烈，具有难以阻挡的感染力。他让中国语文，摆脱了左顾右盼的过度礼让，连接成一种马奔车驰的畅朗通道。文脉到他，气血健旺，精神抖擞，注入了一种“大丈夫”的生命格调。

但是，与他同一时期，一个几乎与他同年的庄子出现了。庄子从社会底层审察万物，把什么都看穿了，既看穿了礼法制度，也看穿了试图改革的宏谋远虑，因此对孟子这样的浩荡语气也投之以怀疑。岂止对孟子，他对人生都很怀疑。真假的区分在何处？生死的界线在哪里？他陷入了困惑，又继之以嘲讽。这就使他从礼义辩论中撤退，回到对生存意义的探寻，成了一个由思想家到文学家的大步跃升。

他的人生调子，远远低于孟子，甚至也低于孔子、墨子、荀子或其他别的“子”。但是这种低，使他有了孩子般的目光，从世界和人生底部窥探，问出一串串最重要的“傻”问题。

但仅仅是这样，他还未必能成为先秦诸子中的文学冠军。他最杰出之处，是用极富想象力的寓言，讲述了一个又一个令人难忘的故事，而在这些寓言故事中，都有一系列鲜明的艺术形象。这一下，他就成了那个思想巨人时代的异类、一个充满哲思的文学家。《逍遥游》《秋水》《人间世》《德充符》《齐物论》《养生主》《大宗师》……这些篇章，就成了中国哲学史，也是中国文学史的第一流佳作。

此后历史上一切有文学才华的学人，都不会不粘上庄子。这个现象很奇怪，对于其他“子”，都因为思想观念的差异而有明显的取舍，但庄子却例外。没有人会不喜欢他讲的那些寓言故事，没有人会不喜欢他与南天北海融为一体的自由精神，没有人会不喜欢他时而巨鸟、时而大鱼、时而飞蝶的想象空间。

在这个意义上，形象大于思维，文学大于哲学，活泼大于庄严。

四

我把庄子说成是“先秦诸子中的文学冠军”，但请注意，这只是在“诸子”中的比较。如果把范围扩大，那么，他在那个时代就不能夺冠了。因为在南方，出现了一位比他小三十岁左右的年轻人，那就是屈原。

屈原，是整个先秦时期的文学冠军。

不仅如此，作为中国第一个大诗人，他以《离骚》和其他作品，为中国文脉输入了强健的诗魂。对于这种输入，连李白、杜甫也顶礼膜拜。因此，戴在他头上的，已不应该仅仅是先秦的桂冠。

前面说到，中国文脉是从《诗经》开始的，所以对诗已不陌生。然而，对诗人还深感陌生，何况是这么伟岸的诗人。

《诗经》中也署了一些作者的名字，但那些诗大多是朝野礼仪风俗中的集体创作，那些名字很可能只是采集者、整理者。从内容看，《诗经》还不具备强烈而孤独的主体性。按照我给北京大学学生讲述中国文化史时的说法，《诗经》是“平原小合唱”，《离骚》是“悬崖独吟曲”。

这个悬崖独吟者，出身贵族，但在文化姿态上，比庄子还要“傻”。诸子百家都在大声地宣讲各种问题，连庄子也用寓言在启迪世人，屈原却不。他不回答，不宣讲，也不启迪他人，只是提问，没完没了地提问，而且似乎永远无解。

从宣讲到提问，从解答到无解，这就是诸子与屈原的区别。说大了，也是学者和诗人的区别、教师和诗人的区别、谋士与诗人的区别。划出了这么多区别，也就有了诗人。

从此，中国文脉出现了重大变化。不再合唱，不再聚众，不再宣讲。在主脉的地位，出现了行吟在江风草泽边那个衣饰奇特的身影，孤傲而天真，凄楚而高贵，离群而悯人。他不太像执掌文脉的人，但他执掌了；他被官场放逐，却被文学请回；他似乎无处可去，却终于无处不在。

屈原自己没有想到，他给两千多年的中国历史开了一个大玩笑。玩笑的项目有这样两个方面——

一、大家都习惯于称他“爱国诗人”，但他明明把“离”国作为他的主题。他曾经为楚抗秦，但正是这个秦国，在他身后统一了中国，成了后世“爱国主义”概念中真正的“国”。

二、他写的楚辞，艰深而华赡，民众几乎都不能读懂，但他却具备了最高的普及性，每年端午节出现的全民欢庆，不分秦楚，不分雅俗。

这两大玩笑也可以说是两大误会，却对文脉意义重大。第一个误会说明，中国官场的政治权脉试图拉拢文脉，为自己加持；第二个误会说明，世俗的神祇崇拜也试图借文脉，来自我提升。总之，到了屈原，文脉已经健壮，被“政脉”和“世脉”深深觊觎，并频频拉扯。说“绑架”太重，就说“强邀”吧。

雅静的文脉，从此经常会被“政脉”“世脉”频频强邀，衍生出一个个庞大的政治仪式和世俗仪式。这种“静脉扩张”，对文脉而言有利有弊，弊大利小；但在屈原身上发生的事，对文脉尚无大害，因为再扩大、再热闹，屈原的作品并无损伤。在围绕着他的繁多“政脉”“世脉”中间，文脉仍然能够清晰找到，并保持着主干地位。

记得几年前有台湾大学学生问我，大陆民众在端午节划龙舟、吃粽子的游戏，是否肢解了屈原？我回答：没有。屈原本人就重视民俗巫风中的祭祀仪式，后来，民众也把他当做了祭祀对象。屈原已经不仅仅是你们书房里的那个屈原。但是如果你们要找书房里的屈原也不难，《离骚》《九章》《九歌》《招魂》《天问》自可细细去读。一动一静，一祭一读，都是屈原。

如此文脉，出入于文字内外，游弋于山河之间，已经很成气象。

五

屈原不想看到的事情终于发生了，秦国纵横宇内，终于完成了统一大业。

几乎所有的文学史都在谴责秦始皇为了极权统治而“焚书坑儒”的暴行，严重斫伤了中国文化。繁忙烟尘中的秦朝，所留文迹也不多，除了《吕氏春秋》，就是那位游士政治家李斯了。他写的《谏逐客书》不错，而我更佩服的是他书写的那些石刻。字并不多，但一想起就如直面泰山。

对秦始皇的谴责是应该的，但我从更宏观的视角来看，却有另一番见解。

我认为，秦始皇有意做了两件对不起文化的事，却又无意做了两件对得起文化的事，而且那是真正的大事。

他统一中国，当然不是为了文学，却为文学灌注了一种天下一统的宏伟气概。此后中国文学，不管什么题材，都或多或少地有所隐含。李白写道：“秦王扫六合，虎视何雄哉！”可见这种气概在几百年后仍把诗人们笼罩。王昌龄写道：“秦时明月汉时关，万里长征人未还。”秦人为后人开拓了情怀。

不仅如此，秦始皇还统一了文字，使中国文脉可以顺畅地流泻于九州大地。这种顺畅，尤其是在极大空间中的顺畅，反过来又增添了中国文学对于三山五岳、五湖四海的视野和责任。这就使工具意义和精神意义，产生了相辅相成的互补关系。我在世界上各个古文明的废墟间考察时，总会一次次想到秦始皇。因为那些文明的割裂、分散、小化，都与文字语言的不统一有关。如果当年秦始皇不及时以强权统一文字，那么，中国文脉早就流逸不存了。

由于秦始皇既统一了中国又统一了文字，此后两千多年，只要是中国文人，不管生长在如何偏僻的角落，一旦为文便是天下兴亡、炎黄子孙；而且，不管面对着多么繁密的方言壁障，一旦落笔皆是汉字汉文，千里相通。总之，统一中国和统一文字，为中国文脉提供了不可比拟的空间力量和技术力量。秦代匆匆，无心文事，却为中华文明的格局进行了重大奠基。

六

很快就到汉代了。

历来对中国文脉有一种最表面、最通俗的文体概括，叫做：楚辞、汉赋、唐诗、宋词、元曲、明清小说。在这个概括中，最弱的是汉赋，原因是缺少第一流的人物和作品。

是枚乘？是司马相如？还是早一点的贾谊？是《七发》《子虚》《上林》？这无论如何有点拿不出手，因为前前后后一看，远远站着的，是屈原、李白、杜甫、苏东坡、关汉卿、曹雪芹啊。

就我本人而言，对汉赋，整体上不喜欢。不喜欢它的铺张，不喜欢它的富丽，不喜欢它的雕琢，不喜欢它的堆砌，不喜欢它的奇僻，当然，更不喜欢它的歌颂阿谀、不见风骨。我的不喜欢，还有一个长久的心结，那就是从汉代以后两千年间，中国社会时时泛起的奉承文学，都以它为范本。

汉赋的产生是有原因的。一个强大而富裕的王朝建立起来了，确实处处让人惊叹，而“罢黜百家，独尊儒术”的思想文化统治使很多文人渐渐都成了“润色鸿业”的驯臣。再加上汉武帝自己的爱好，那些辞赋也就成了朝廷的主流文本，可称为“盛世宏文”。几重因素加在一起，那么，汉赋也就志满意得、恣肆挥洒。文句间那层层渲染的排比、对偶、连词，就怎么也挡不住了。这是文学史上的一种奇观，如此抑扬顿挫、涌金叠银、流光溢彩，确实也使汉语增添了不少辞藻功能和节奏功能。

说实话，我在研究汉代艺术史的时候曾从不少赋作中感受过当时当地的气象，颇有收获；但从文学的角度来看，这些赋，毕竟那么缺少思想、缺少个性、缺少真切、缺少诚恳，实在很难在中国文脉中占据太多正面地位。这就像我们见过的有些名流，在重要时段置身重要职位，服饰考究，器宇轩昂，但一看内涵，却是空泛呆滞、言不由衷，那就怎么也不会真正入心入情，留于记忆。这，也正是我在做过文学史、艺术史的各种系统阐述之后，特别要跳开来用挑剔的目光来检索文脉的原因。如果仍然在写文学史，那就不应该表达那么鲜明的取舍褒贬。

汉赋在我心中黯然失色，还有一个尴尬的因素，那就是，离它不远，出现了司马迁的《史记》。

司马迁和《史记》，这是我心中永远的太阳。

大家可能看到，坊间有一本叫《中国文化四十七堂课——从北大到台大》的书，这是我为北京大学中文系、历史系、哲学系、艺术学院的部分学生讲授“中国文化史”的课堂记录，在大陆和台湾都成了畅销书。四十七堂课，每堂都历时半天，每星期一堂，因此是一整年的课程。用一年来讲述四千年，无论怎么说还是太匆忙，结果，即使对于长达五百年的明、清两代，我也只用了两堂课来讲述（第四十四、四十五堂课）。然而，我却为一个人讲了四堂课（第二十一、二十二、二十三、二十四堂课）。这个人就是司马迁。看似荒唐的比例，表现出我心中的特殊重量。

司马迁在历史学上的至高地位，我们在这里暂且不说，只说他的文学贡献。是他第一次，通过对一个个重要人物的生动刻画，写出了中国历史的魂魄。因此也可以说，他将中国历史拟人化、生命化了。更惊人的是，他在汉赋的包围中，居然不用整齐的形容、排比、对仗，更不用辞藻的铺陈，而只以从容真切的朴素笔触、错落有致的自然文句，做到了这一切。于是，他也就告诉人们：能把千钧历史撬动起来浸润到万民心中的，只有最本色的文学力量。

大家说，他借用文学写好了历史；我则说，他借用历史印证了文学。除了虚构之外，其他文学要素他都酣畅地运用到了极致。但他又不露痕迹，高明得好像没有运用。不要说他同时的汉赋，即使是此后两千年的文学一旦陷入奢靡，不必训斥，只须一提司马迁，大多就会从梦魇中惊醒，吓出一身冷汗。除非，那些人没读过司马迁，或读不懂司马迁。

我曾一再论述，就散文而言，司马迁是中国古代第一支笔。他超过"唐宋八大家"，更不要说其他什么派了。"唐宋八大家"中，也有几个不错，但与司马迁一比，格局小了，又有点"做"。这放到后面再说吧。

七

不要快速地跳到唐代去。由汉至唐，世情纷乱，而文脉健旺。

我对于魏晋文脉的梳理，大致分为"三段论"——

首先，不管大家是否乐见，第一个在战火硝烟中接续文脉的，是曹操。我曾在《丛林边的那一家》中写道："曹操一心想做军事巨人和政治巨人而十分辛苦，却不太辛苦地成了文化巨人。"我还拿同时代写了感人散文《出师表》的诸葛亮和曹操相比，结论是："任何一部《中国文学史》，遗漏了曹操都是难于想象的，而加入了诸葛亮也是难于想象的。"

曹操的军事权谋形象在中国民间早就凝固，却缺少他在文学中的身份。然而，当大家知道，那些早已成为中国熟语的诗句居然都出自他的手笔，常常会大吃一惊。哪些熟语？例如："老骥伏枥，志在千里"；"烈士暮年，壮心不已"；"对酒当歌，人生几何"；"何以解忧，唯有杜康"；"青青子衿，悠悠我心"；"月明星稀，乌鹊南飞"；"山不厌高，海不厌深"；"东临碣石，以观沧海"；"秋风萧瑟，洪波涌起"；"日月之行，若出其中，星汉灿烂，若出其里"……还有那些描写乱世景象的著名诗句："白骨露于野，千里无鸡鸣，生民百遗一，念之断人肠"……

在漫长的历史上，还有哪几个文学家，能让自己的文句变得千年通用？可能举得出三四个，不多，而且渗入程度似乎也不如他广泛。

更重要的是等级。我在对比后曾说，诸葛亮的文句所写，是君臣之情；曹操的文句所写，是宇宙人生。不必说诸葛亮，即便在文学史上，能用那么开阔的气势来写宇宙人生的，还有几个？而且从我特别看重的文学本体来说，像他那么干净、朴素、凝练的笔墨，又有几个？

曹操还有两个真正称得上文学家的儿子，曹丕、曹植。父子三人中，文学地位最低而终于做了皇帝的曹丕，就文笔论，在数千年中国帝王中也能排到第二。第一是李煜，以后的事了。

在三国时代，哪一个军阀都少不了血腥谋略。中国文人历来对曹操的恶评，主要出于一个基点，那就是他要"断绝刘汉正统"。但是我们如果从宏观文化上看，在兵荒马乱的危局中真正把中国文脉强悍地接续下来的，是谁呢？

这是“三段论”的第一段。

第二段，曹操的书记官阮瑀生了一个儿子叫阮籍，接过了文脉。还算直接，却已有了悬崖峭壁般的“代沟”。比阮籍小十余岁的嵇康，再加上一些文士，通称为“魏晋名士”。其实，真正得脉者，只有阮籍、嵇康两人。

这是一个“后英雄时代”的文脉旋涡。史诗传奇结束，代之以恐怖腐败，文士们由离经之议、忧生之嗟而走向虚无避世。生命边缘的挣扎和探询，使文化感悟告别正统，向着更危险、更深秘的角落释放。奇人奇事，奇行奇癖，随处可见。中国文化，看似主脉已散，却四方奔溢，气貌繁盛。当然，繁盛的是气貌，而不是作品。那时留下的重大作品不多，却为中国文人在血泊和奢侈间的人格自信，提供了众多模式。

阮籍、嵇康是同年死的。在他们死后两年建立了西晋王朝，然后内忧外患，又是东晋，又是南北朝，说起来很费事。只是远远看去，阮籍、嵇康的风骨是找不到了，在士族门阀的社会结构中，文人们玄风颇盛。

玄谈，向被诟病。其实中国文学历来虽有写意、传神等风尚，却一直缺少形而上的超验感悟、终极冥思。倘若借助于哲学，中国哲学也过于实在。而且在汉代，道家、儒家又被轮番征用为朝廷主流教化，那就不能指望了。因此，我们的这些玄谈文士们能把哲学拉到自己身上，尤其出入佛道之间，每个人都弄得像是从空而降的思想家似的，我总觉得利多于弊。胡辩瞎谈的当然也有不少，但毕竟有几个是在玄思之中找到了自己，获得了个体文化的自立。

其中最好的例子要算东晋的王羲之了。他写的《兰亭序》，大家只看他的书法，其实内容也可一读，是玄谈中比较干净、清新的一种。我在为北大学生讲课时特地把它译述了一遍，让年轻人知道当时这些人在想什么。学生们一听，都很喜欢。

王羲之写《兰亭序》是在公元三五三年，地点在浙江绍兴，那年他正好五十岁。在写完《兰亭序》十二年之后，江西九江有一个孩子出生，他将开启魏晋南北朝文学“三段论”的第三段。

这就是第三段的主角，陶渊明。

就文脉而言，陶渊明又是一座时代最高峰了。自秦汉至魏晋，时代最高峰有三座：司马迁、曹操、陶渊明。若要对这三座高峰做排列，那么，司马迁第一，陶渊明第二，曹操第三。曹操可能会气不过，但只能让他息怒了。理由有三：

一、如果说，曹操们着迷功业，名士们着迷自己，而陶渊明则着迷自然。最高是谁，一目了然。在陶渊明看来，不要说曹操，连名士们也把自己折腾得太过分了。

二、陶渊明以自己的诗句展示了鲜明的文学主张，那就是戒色彩，戒夸饰，戒繁复，戒深奥，戒典故，戒精巧，戒黏滞。几乎，把他前前后后一切看上去“最文学”的架势全推翻了，呈现出一种完整的审美系统。态度非常平静，效果非常强烈。

三、陶渊明创造了一种以“田园”为标志的人生境界，成了一种千年不移的文化理想。不仅如此，他还在这种“此岸理想”之外提供了一个“彼岸理想”——桃花源，在中华文化圈内可能无人不知。把一个如此缥缈的理想闹到无人不知，谁能及得？

就凭这三点，曹操在文学上只能老老实实地让陶渊明几步了，让给这位不识刀戟、不知谋术、在陋屋被火烧后不知所措的穷苦男人。

陶渊明为中国文脉增添前所未有的自然之气、洁净之气、淡远之气。而且，又让中国文脉跳开了非凡人物，而从凡人身上穿过，变得更普世了。

讲了陶渊明，也省得我再去笑骂那个时代很嚣张的骈体文了。那是东汉时期开始的汉赋末流，滋生蓬勃于魏晋，以工整、华丽的“假大空”为其基本特征。而且也像一切末流文学，总是洋洋得意，而且朝野吹捧。只要是“假大空”，朝野不会不喜欢。

八

眼前就是南北朝了。

那就请允许我宕开笔去，说一段闲话。

上次去台湾，文友蒋勋特意从宜兰山居中赶到台北看我，有一次长谈。有趣的是，他刚出了一本谈南朝的书，而我则花几年时间一直在流连北朝，因此虽然没有预约，却一南一北地畅谈起来了。台湾《联合报》记者得知我们两人见面，就来报道，结果出了一大版有关南北朝的文章，在今天的闹市中显得非常奇特。

蒋兄写南朝的书我还没有看，但由他来写，一定写得很好。南朝比较富裕，又重视文化，文人也还自由，可谈的话题当然很多。蒋兄写了，我就不多啰唆了，还是抬头朝北，说北朝吧。

蒋兄沉迷南朝，我沉迷北朝，这与我们不同的气质有关，虽老友也“和而不同”。我经过初步考证，怀疑自己的身世可能是古羌而入西夏，与古代凉州脱不了干系，因此本能地亲近北朝。北朝文化，至少有一半来自凉州。

当然，我沉迷北朝，还有更宏观的原因，而且与现在正在梳理的宏观文脉相关。

文脉一路下来，变化那么大，但基本上在一个近似的文明之内转悠。或者说，就在黄河和长江这两条河之间轮换。例如：《诗经》和诸子是黄河流域，屈原是长江流域；司马迁是黄河流域，陶渊明是长江流域。这么一个格局，在幅员广阔的中国也不见得局促。但是那么多年过去，人们不禁要问，作为一种大文化，能不能把生命场地放得再开一些？

于是，公元五世纪，大机缘来了。由鲜卑族建立的北魏王朝，由于文明背景的重大差异，本该对汉文化带来沉重劫难，就像公元四七六年欧洲的西罗马帝国被“北方蛮族”灭亡，古希腊、古罗马文明一时陷入黑暗深渊一般；谁料想，北魏的鲜卑族统治者中有一些杰出人物，尤其是孝文帝拓跋宏（元宏），居然虔诚地拜汉文化为师，快速提升统治集团的文明等级，情况就发生了惊人的变化。他们既然善待汉文化，随之也就善待佛教文化，以及佛教文化背后的印度文化。这一来，已经在犍陀罗等地相依相融的希腊文化、波斯文化，乃至巴比伦文化也一起卷入，中国北方出现了前所未有的世界文明大会聚。

从此，中国文化不再只是流转于黄河、长江之间了。经由从大兴安岭出发的浩荡胡风，茫茫北漠，千里西域，都被裹卷，连恒河、印度河、幼发拉底河、底格里斯河的波涛也隐约可见，显然，它因包容而更加强盛。山西大同的云冈石窟可以作为这种文明大会聚的最好见证，因此我在那里题了一方石碑，上刻八字：“中国由此迈向大唐。”

这就是说，在差不多同时，当苏格拉底、亚里士多德的文脉被“北方蛮族”突然阻断，而且会阻断近千年的当口上，中国文脉，却突然被“北方蛮族”大幅提振，并注定要为全人类的文明进程开辟一个值得永远仰望的“制高点”。

阿基米德说：“给我一个支点，我能撬起整个地球。”我觉得，北魏就是一个历史支点，它撬起了唐朝。

当然，我所说的唐朝，是文化的唐朝。

为此，我长久地心仪北魏，寄情北魏。

即使不从“历史支点”的重大贡献着眼，当时北方的文化，也值得好好观赏。它们为中华文化提供了一种力度、一种陌生，让人惊喜。

例如，那首民歌：“敕勒川，阴山下。天似穹庐，笼盖四野。天苍苍，野茫茫，风吹草低见牛羊。”

这里出现了中国文学中未曾见过的辽阔和平静，平静得让人不好意思再发什么感叹。但是，它显然闯入了中国文学的话语结构，不再离开。

当然，直接撼动文脉的是那首北朝民歌《木兰诗》。“唧唧复唧唧，木兰当户织”，这么轻快、愉悦的语言节奏，以及前面站着的这位健康、可爱的女英雄，带着北方大漠明丽的蓝天，带着战火离乱中的伦理情感，大踏步走进了中国文学的主体部位。你看，直到当代，国际电影界要找中国题材，首先找到的也还是花木兰。

在文人圈子里，南朝文人才思翩翩，有一些理论作品为北方所不及，如刘勰的《文心雕龙》、钟嵘的《诗品》。而且，他们还在忙着定音律、编文选、写宫体。相比之下，北朝文人没那么多才思。但是，他们拿出来的作品却别有一番重量，例如我本人特别喜爱的郦道元的《水经注》和杨衒之的《洛阳伽蓝记》。这些作品的纪实性、学术性，使一代散文走向厚实，也使一代学术亲近散文。郦道元和杨衒之，都是河北人。

九

唐代是一场审美大爆发，简直出乎所有文人的意料。

文人对前景的预料，大多只从自己和文友的状况出发。即便是南朝的那些专门研究来龙去脉的理论家、文选家，也无法想象唐代的来到。

人们习惯于从政治上的盛世，来看待文化上的繁荣，其实这又在以“政脉”解释“文脉”。

政文两途，偶尔交错。然而，虽交错也未必同荣共衰。唐代倒是特例，原先酝酿于北方旷野上、南方巷陌间的文化灵魂已经积聚有时，其他文明的渗透、发酵也到了一定地步，等到政局渐定，民生安好，西域通畅，百方来朝，政治为文化的繁荣提供了极好的平台，因此出现了一场壮丽的大爆发。

这是机缘巧合、天佑中华，而不是由政治带动文化的必然规律。其实，这种“政文俱旺”的现象，在历史上也仅此一次。

不管怎么说，有没有唐代的这次大爆发，对中国文化大不一样。试看天下万象：一切准备，如果没有展现，那就等于没有准备；一切贮存，如果没有启用，那就等于没有贮存；一切内涵，如果没有表达，那就等于没有内涵；一切灿烂，如果没有迸发，那就没有灿烂；一切壮丽，如果没有会聚，那就没有壮丽。更重要的是，所有的展现、迸发、会聚，都因群体效应产生了新质，与各自原先的形态已经完全不同。因此，大唐既是中国文化的平台，又是中国文化的熔炉。既是一种集合，又是一种冶炼。

唐代还有一个好处，它的文化太强了，因此成了中国历史上唯一不以政治取代文化的朝代。说唐朝，就很难以宫廷争斗掩盖李白、杜甫。而李白、杜甫，也很难被曲解成政治人物，就像屈原所蒙受的那样。即使是真正的政治人物如颜真卿，主导了一系列响亮的政治行动，但人们对他的认知，仍然是书法家。鲁迅说，魏晋时代是文学自觉的时代。这大致说得不错，只是有点夸张，因为没有“自立”的“自觉”，很难长久成立。唐代，就是一个文学自立的时代，并因自立而自觉。

文学的自立，不仅是对于政治，还对于哲学。现代有研究者说，唐代缺少像样的哲学家和思想家。这种说法也大致不错，但不必抱怨。作为一种强大而壮丽的审美大爆发，不能不让哲学的油灯黯淡了。

文学不必贯穿一种稳定而明确的哲学理念。文学就是文学，只从人格出发，不从理念出发；只以形式为终点，不以教化为目的。请问唐代那些大诗人各自信奉什么学说？实在很难说得清楚，而且一生多有转换，甚至同时几种交糅。但是，这一点儿也不影响他们写出千古佳作。

为什么一个时代不能由文学走向深刻呢？为什么一批文学家不能以美为目标，而必须以理念为目标？

唐代文学，说起来太冗长。我多年前在为北大学生讲授中国文化史时曾鼓励他们用投票的方式为唐代诗人排一个次序。标准有两个：一是诗人们真正抵达的文学高度；二是诗人们在后世被民众喜爱的广度。

北大学生投票的结果是这样十名——

第一名：李白；

第二名：杜甫；

第三名：王维；

第四名：白居易；

第五名：李商隐；

第六名：杜牧；

第七名：王之涣；

第八名：刘禹锡；

第九名：王昌龄；

第十名：孟浩然。

有意思的是，投票的那么多学生，居然没有两个人的排序完全一样。

这个排序，可能与我自己心中的排序还有一些出入。但高兴的是，大家没有多大犹豫，就投出了前四名：李白、杜甫、王维、白居易。这前四名，合我心意。

在一个琳琅满目的世界，学会排序是一种本事，不至于迷路。有的诗文，初读也很好，但通过排序比较，就会感知上下之别。日积月累，也就有可能深入文学最微妙的堂奥。例如，很多人都会以最高的评价来推崇初唐诗人王勃所写的《滕王阁序》，把其中“落霞与孤鹜齐飞，秋水共长天一色”说成是“全唐第一佳对”，这就是没有排序的结果。一排，发现这样的骈体文在唐代文学中的地位不应该太高。可理解的是，王勃比李白、王维大了整整半个世纪，与唐代文学的黄金时代相比，是一种“隔代”存在。又如，人们也常常对张若虚的《春江花月夜》赞之有过，连闻一多先生也曾说它是“诗中的诗，顶峰上的顶峰”。但我坚持认为，当李白、杜甫他们还远远没有出生的时候，唐诗的“顶峰”根本谈不上，更不要说“顶峰上的顶峰”了。

但是，无论是王勃还是张若虚，已经表现出让人眼睛一亮的初唐气象。在他们之后，会有盛唐、中唐、晚唐，每一个时期各不相同，却都天才喷涌、大家不绝。唐代，把文学的各个最佳可能，都轮番演绎了一遍。请看，从发轫，到飞扬，到悲哀，到反观，到个人，到凄迷，各种文学意味都以最强烈的方式展现了，几乎没有重大缺漏。

因此，一个杰出时代的文学艺术史，很可能被看成了人类文学艺术史的浓缩版。有学生问我，如果时间有限，却要集中地感受一下中国文化的极端丰富，又不想跳来跳去，读什么呢？

我回答：“读唐诗吧。”

与我前面列述的中国文脉的峰峦相比，唐诗具有全民性。唐诗让中国语文具有了普遍的附着力、诱惑力、渗透力，并让它们笼罩九州、镌刻山河、朗朗上口。有过了唐诗，中国大地已经不大有耐心来仔细倾听别的诗句了。

因为有过了唐诗，倾听者的范围早就超过了文苑、学界，拓展为一个漫无边际的不确定群落。他们粗糙，但很挑剔。两句听不进去，他们就转身而去，重新吟诵起李白、杜甫。

十

再说一说唐代的文章。

唐代的文章，首推韩愈、柳宗元。

自司马迁之后九百多年，中国散文写得最好的，也就是他们两位了，因此他们并不仅仅归属于唐代，也算是“千年一出”之人。

他们两位，是后世所称“唐宋八大家”的领头者。我在前面说过，“唐宋八大家”的文学成就，在整体上还比不过司马迁一人，这当然也包括他们两位在内。但是，他们两位，做了一件力挽狂澜的大事，改变了一代文风，清理了中国文脉，这是司马迁所未曾做过的。

他们再也不能容忍从魏晋以来越来越盛炽的骈体文了。自南朝的宋、齐、梁、陈到唐初，这种文风就像是藻荇藤蔓，已经缠得中国文学步履蹒跚。但是，文坛和民众却不知其害，以为光彩夺目、堆锦积绣，就是文学之胜，还在竞相趋附。

面对这种风气，韩愈和柳宗元都想重新接通从先秦诸子到屈原、司马迁的气脉，为古人和古文“招魂”。因此，他们发起了一个“古文运动”。按照韩愈的说法，汉代以后的文章，他已经不敢看了。（《答李翊书》:“非三代两汉之书不敢观。”)这种主张，初一看似乎是在“向后走”，但懂得维护文脉的人都知道，这是让中国文化有能力继续向前走的基本条件。

他们两人，特别是韩愈，显然遇到了一个矛盾。他崇尚古文，又讨厌因袭；那么，对古人就能因袭了吗？他几经深思，得出明确结论：对古文，“师其意而不师其辞”，学习者必须“自树立，不因循”。甚至，他更透彻地说：“惟陈言之务去”。只要是套话、老话、讲过的话，必须删除。因此，他的“古文运动”，其实不是模仿古文，而是寻找千年来未颓的“古意”。“古意”本身，就包含着创新，包含着不可重复的个性，即“词必己出”。

他与柳宗元在这件事上有一个强项，那就是不停留在空论上，而是拿出了自己的一大批示范作品。韩愈的散文，气魄很大，从句式到词语都充满了新鲜活力。但是相比之下，柳宗元的文章写得更清雅、更诚恳、更隽永。韩愈在崇尚古文时，也崇尚古文里所包含的“道”，这使他的文章难免有一些说教气。柳宗元就没有这种毛病，他被贬于柳州、永州时，离文坛很远，只让文章在偏僻而美丽的山水间一笔笔写得更加情感化、寓言化、哲理化，因此也达到了更高的文学等级。与他一比，韩愈那几篇名文，像《原道》《原毁》《师说》《争臣论》等等，道理盖过了审美，已经模糊了论文和文学的界限。

总之，韩愈、柳宗元他们既有观念，又有实践，“古文运动”展开得颇有声势。骈体文的地位很快被压下去了，但是，随之也带来了一些消极的后果。在骈体文盛行的魏晋南北朝，文学已经逐渐自觉，虽触目秾丽，也是文学里边的事。现在“古文运动”让文章重新载道，迎来了太多观念性因素。这些因素，与文学不亲。

十一

唐朝灭亡后，由藩镇割据而形成了五代十国的分裂局面。一度曾经诗情充溢的北方已经很难寻到诗句，而南方却把诗文留存了。特别是，那个南唐的李后主李煜，本来从政远不及吟咏，当他终于成了俘虏被押解到汴京之后，一些重要的诗句穿过亡国之痛而飘向天际，使他成了一种新的文学形式——“词”的里程碑人物。

李煜又一次充分证明了“政脉”与“文脉”是两件事。在那个受尽屈辱的俘居小楼，在他时时受到死亡威胁而且确实也很快被毒死的生命余隙之中，明月夜风知道：中国文脉光顾此处。

从此，“春花秋月”“一江春水”“不堪回首”“流水落花”“天上人间”“仓皇辞庙”等等意绪，以及承载它们的“长短句”的节奏，将深深嵌入中国文化；而这个倒霉皇帝所奠定的那种文学样式“词”，将成为俘虏他的王朝的第一文学标帜。

人类很多文化大事，都在俘虏营里发生。这一事实，在希腊、罗马、波斯、巴比伦、埃及的互相征战中屡屡出现。在我前面说到的凉州到北魏的万里蹄声中，也被反复印证。这次，在李煜和宋词之间，又一次充分演绎。

十二

那就紧接着讲宋代。

我前面说过，在唐代，政文俱旺；那么，在宋代，虽非“俱旺”，却政文贴近。

这有两个原因。

第一个原因，宋代重视文官当政，比较防范武将。结果，不仅科举制度大为强化，有效地吸引了全国文人，而且让一些真正的文化大师如范仲淹、欧阳修、王安石、司马光等占居行政高位。这种景象，使文化和政治出现了一种特殊的“高端联姻”，文化感悟和政治使命混为一体。表面上，既使文化增重，又使政治增色，其实，并不完全如此，有时反而各有损伤。

第二个原因，宋代由于文人当政，又由于对手是游牧民族的浩荡铁骑，在军事上屡屡失利，致使朝廷危殆、中原告急。这就激发了一批杰出的文学家心中的英雄气概、抗敌意志，并在笔下流泻成豪迈诗文。陆游、辛弃疾就是其中最让人难忘的代表，可能还要包括最后写下《过零丁洋》和《正气歌》的文天祥。

这确实也是中国文脉中最为慷慨激昂的正气所在，具有长久的感染力。但是，我们在钦佩之余也应该明白，一个历时三百余年的重要朝代的文脉，必然是一种多音部的交响。与民族社稷之间的军事征战相比，文化的范围要广泛得多、深厚得多、丰富得多。

因此，文脉的首席，让给了苏东坡。苏东坡也曾经与政治有较密切关系，但终于在“乌台诗案”后两相放逐了：政治放逐了他，他也放逐了政治。他的这个转变，使他一下子远远地高过于王安石、司马光，当然也高过于比他晚得多的陆游、辛弃疾。他的这个转变，我曾在《黄州突围》中有详细描述。说他“突围”，不仅仅是指他突破文坛小人的围攻，更重要的是，突破了他自己沉溺已久的官场价值体系。因此，他的突围，也是文化本体的突围。有了他，宋代文化提升了好几个等级。所以我写道，在他被贬谪的黄州，在无人理会的彻底寂寞中，在他完全混同于渔夫樵农的时刻，中国文脉聚集到了那里。

苏东坡是一个文化全才，诗、词、文、书法、音乐、佛理，都很精通，尤其是词作、散文、书法三项，皆可雄视千年。苏东坡更重要的贡献，是为中国文脉留下了一个快乐而可爱的人格形象。

回顾我们前面说过的文化巨匠，大多可敬有余，可爱不足。从屈原、司马迁到陶渊明，都是如此。他们的可敬毋庸置疑，但他们可爱吗？没有足够的资料可以证明。曹操太有威慑力，当然挨不到可爱的边儿。魏晋名士中有不少人应该是可爱的，但又过于怪异、过于固执、过于孤傲，我们可以欣赏他们的背影，却很难与他们随和地交朋友。到唐代，以李白为首的很多诗人一定可爱，但那时诗风浩荡，一切惊喜、感叹都凝聚成了众人瞩目的审美典范，而典范总会少了可爱。即便到了晚唐只描摹幽雅的私人心怀，也还缺少寻常形态。

谁知到宋代出了一个那么有体温、有表情的苏东坡，构成了一系列对比。不管是久远的历史、辽阔的天宇、个人的苦恼，到他笔下都有了一种美好的诚实，让读到的每个人都能产生感应。他不仅可爱，而且可亲，成了人人心中的兄长、老友。这种情况，在中国文学史上几乎绝无仅有。因此，苏东坡是珍罕的奇迹。

把苏东坡首屈一指的地位安顿妥当之后，宋代文学的排序，第二名是辛弃疾，第三名是陆游，第四名是李清照。

辛弃疾和陆游，除了前面所说的英雄主义气概之外，还表现出了一种品德高尚、怀才不遇、热爱生活的完整生命。这种生命，使兵荒马乱中的人心大地不至下堕。在孟子之后，他们又一次用自己的一生创建了“大丈夫”的造型。

李清照，则把东方女性在晚风细雨中的高雅憔悴写到了极致，而且已成为中国文脉中一种特殊格调，无人能敌。因她，中国文学有了一种贵族女性的气息。以前蔡琰曾写出过让人动容的女性呼号，但李清照不是呼号，只是气息，因此更有普遍价值。

李清照的气息，又具有让中国女性文学扬眉吐气的厚度。在民族灾难的前沿，她写下了“生当作人杰，死亦为鬼雄”的诗句，就其金石般的坚硬度而言，我还没有在其他文明的女诗人中找到可以比肩者。这说明，她既是中国文脉中的一种特殊格调，又没有离开基本格调。她离屈原，并不太远。

十三

在宋代几位一流的文学家中，辛弃疾是最后一个压阵之人。他在晚年曾勇敢地赶不少路去吊唁当时受贬的朱熹。朱熹比他大十岁，也算是同辈人。他在朱熹走后七年去世，一个时代的高层文化，就此垂暮。在我看来，这也许是我心中整个中国古典文脉的黄昏。

朱熹算不上文学家，我也不喜欢他重道轻文的观念。但是，观念归观念，这位杰出的哲学家对文学的审美感觉却是不错。哲学讲究梳理脉络，他在无意之中也对文脉做了点化，让人印象深刻。

朱熹说，学诗要从《诗经》和《离骚》开始。宋玉、司马相如等人“以浮华为尚，而无实之可言矣”。相比之下，汉魏之诗很好，但到了南朝的齐梁，就不对了。“齐梁间之诗，读之使人四肢皆懒慢不收拾。”这种论断，切中要害。

朱熹对古代乐府、陶渊明、李白、杜甫都有很好的评价。他认为陶渊明平淡中含豪放，而李白则有“清水出芙蓉，天然去雕饰”的自然美。对他自己所处的宋代，则肯定陆游的“诗人风致”。这些评价，都很到位。但是，他从理学家的思维出发，对韩愈、柳宗元、苏东坡、欧阳修的文学指责，显然是不太公平。他认为他们道之不纯，又有太多文人习气。

在他之后几十年，一个叫严羽的福建人写了一部《沧浪诗话》，正好与朱熹的观念完全对立。严羽认为诗歌的教化功能、才学功能、批判功能都不重要，重要的是吟咏性情、达到妙语。他揭示的，其实就是文学超越理性和逻辑的特殊本质。由于他，中国文学在今后谈创作时，就会频频用到“不涉理路，不落言筌”“羚羊挂角，无迹可求”“透彻玲珑，不可凑泊”“水中之月，镜中之像”等等词语，这是文学理论水准的一大提升。但是，他对同代文学家的评论，失度。

从朱熹和严羽，不能不追溯到前面提到过的《文心雕龙》《诗品》等理论著作。那是七百多年前的事了，我之所以没有认真介绍，是因为那是中国文论的起始状态，还在忙着为文学定位、分类、通论。当然这一切都是需要的，而《文心雕龙》在这方面确实也做得非常出色，但要建立一种需要对大量感性作品进行概括的理论，在唐朝开国之前八十多年就去世了的刘勰毕竟还缺少宏观对比的时间和范例。何况，南朝文风也不能不对概念的裁定带来局限，影响了理论力度。这只要比一比七百多年后那位玩遍了一切复杂概念的顶级哲学家朱熹，就会发现，真正高水准的理论表述，反倒是朴实而干净。

十四

李清照、陆游、辛弃疾、文天祥他们都认为，中国文脉将会随着大宋灭亡而断绝，蒙古马队的铁骑是中华文明覆灭的丧葬鼓点。但是，实际情况并非如此。

元代的诗歌、散文，确实不值一提。但是，中国文脉在元代却突然超常发达。那就是，中华文明几千年的一个重大缺漏，在这个不到百年的短暂朝代获得了完满弥补。这个被弥补的重大缺漏，就是戏剧。不管是古希腊悲剧还是古印度梵剧，都在两千五百多年前已经充分成熟。而中国，不仅孔子没看到过戏剧，连屈原、司马迁、曹操、李白、杜甫、苏东坡都没有看到过，这实在有点说不过去了。为什么会产生这种情况，而元代又为什么会改变，这是很复杂的课题，我在《中国戏剧史》一书中有系统探讨。有趣的是，既然中国错过了两千多年，照理追赶起来会非常困难，岂能料，不知从哪里冒出来关汉卿、王实甫、马致远、纪君祥等一大批文化天才合力创作的元杂剧。结果，正如后来王国维先生所说，中国可以立即在戏剧上与其他文明并肩而"毫无愧色"。

此时的中国文脉，在《窦娥冤》，在《望江亭》，在《救风尘》，在《西厢记》，在《赵氏孤儿》，在《汉宫秋》……

在这里，我和王国维先生一样，并不是从表演、唱腔着眼，而只是从文学上评价元杂剧。那些形象，那些故事，那些冲突，那些语言，以及它们的有机组合，在中国文学史和艺术史上几乎是空前的。

是不是绝后呢？还不好说。但是如果与明代的传奇——昆曲相比，昆曲虽然也出现了汤显祖这样的作家，写出了《牡丹亭》这样的作品，但放在元杂剧面前，却会在整体张力上略逊一筹。多数昆曲作品过于冗长、秾丽、滞缓、入套，缺少元杂剧那种活泼而爽利的悲欢。比《牡丹亭》低一等级的《桃花扇》《长生殿》又过于拘泥历史，减损了作为一种民间艺术的生命力。

至于清代后期勃发的京剧，唱腔很好，表演虽然没有戏迷们幻想的那么精彩，也算可以，而文学剧作，则完全不能细问。没有文学就只能展示演唱技能了，在整体上当然不能与元杂剧相提并论。

因此，中国文脉之于中国戏剧，如果以十分计，那么，大概是六分归元杂剧，三分归昆曲，一分归地方戏曲。京剧已经不是地方戏曲，如果不是从文学，而是从音乐唱腔着眼，它的地位就会不低。

由于元代的统治者是少数民族，一些本该褪色的文化也就失去了官方支撑，因此比较彻底地挣脱了文辞间的道统气、宫廷气、阿谀气、头巾气、腐儒气，为贴近自然的天籁式创造留出了空间。这种空间看似边缘，却很辽阔，足以伸展手脚。由此联想到同样产生于元代的那幅具有划时代意义的《富春山居图》。比之于宋代那些皇家画院里的宫廷画师，黄公望只是一个居无定所的流浪卜者，但是，即使把宋代所有宫廷画师的最好作品加在一起，也无法与他相比。

元杂剧的情况也是如此，我们哪怕是把后来京剧从慈禧太后开始给予的全部最高权力的扶持加在一起，也无法追赶元杂剧的依稀踪影。元杂剧即使衰落也像一个英雄，完成了生命过程便轰然倒下，拒绝有人以“振兴”的说法来做人工呼吸、打强心针。

一切需要刻意“振兴”的文化，都已经与文脉无关。而且，极有可能扰乱了文脉的自然进程。现在社会上经常有人忙着要把那些该由博物馆保护的文化遗产折腾到现实生活中来，而且动静很大，我就很想让他们听听元杂剧轰然倒地的壮美声响。

十五

明清两代五百四十余年，中国文脉严重衰弱。

我在给北京大学学生讲授中国文化史的时候指出，这五百多年，如果要找能与屈原、司马迁、陶渊明、李白、杜甫、苏东坡、关汉卿可以并肩站立的文化巨人，只有两个，一是明代的哲学家王阳明，二是清代的小说家曹雪芹。我们今天所说的文脉，范围要比我在北大讲的文化更小，王阳明不应列入其中，因此只剩下曹雪芹。

这真要顺着他说过的话，感叹一句：白茫茫一片大地真干净。

为什么会产生这么惊人的情况？

原因之一，是明清两代统治者实行的文化专制主义已发展到了文化恐怖主义（如“文字狱”）。这就必然毁灭文化创新，培养出大量的文化侍从、文化鹰犬、文化侏儒。当然也产生了一些文化叛逆者和思考者，但囿于时间和空间，叛逆和思考的程度都不深。有人把他们当做“启蒙主义者”，其实言之有过，因为并没有形成“被启蒙群体”。真是可称得上启蒙的，要等到近代的严复。

原因之二，是中国文脉的各个条块，都已在风华耗尽之后自然老化，进入萧瑟晚景。这是人类一切文化壮举由盛而衰的必然规律，无可奈何。文脉，从来不是一马平川的直线，而是由一组组抛物线组成。要想继续往前，必须大力改革，重整重组，从另一条抛物线的起点开始。但是明清两代，都不可能提供这种契机。

除了这两个原因外，从今天的宏观视野看去，还有一个对比上的原因。那就是在中国明代，欧洲终于从中世纪的漫长梦魇中醒了。而且由于睡得太久，因此醒得特别深刻。一醒之后，他们重新打量自己，然后精力充沛地开始奔跑。而中国文化，却因创建过太久的辉煌而自以为是。欧洲文艺复兴发生在中国的什么时候？我只须提供一个概念：米开朗琪罗只比王阳明小三岁。

明清两代五百年衰微中，只剩下两个光点，一是小说，二是戏剧。但明清戏剧我在前面已经作为元杂剧的对比者而约略提过，因此能说的只有小说了。

小说，习惯说“四大名著”，即《三国演义》《水浒传》《西游记》《红楼梦》。我们中国人喜欢集体打包，其实这四部小说完全没有理由以相同的等级放在一起。

真正的杰作只有一部：《红楼梦》。其他三部，完全不能望其项背。

《三国演义》气势恢宏，故事密集。但是，按照陈旧的正统观念来划分人物正邪，有脸谱化倾向。《水浒传》好得多，有正义，有性格，白话文生动漂亮，叙事能力强，可惜众好汉上得梁山后便无法推进，成了一部无论在文学上还是精神上都是有头无尾的作品，甚为可惜。《西游记》是一部具有精神格局的寓言小说，整体文学品质高于上两部，可惜重复过多、套路过多，影响了精神力度。如果要把这三部小说排序，那么第一当是《西游记》，第二当是《水浒传》，第三当是《三国演义》。

这些小说，因为有民间传闻垫底，又有说书人的描述辅佐，流传极广。在流传过程中，《三国演义》的权谋哲学和《水浒传》的暴力哲学对民间有严重的负面影响，于今犹烈。

《红楼梦》则完全是另外一个天域的存在了。这部小说的高度也是世界性的，那就是：全方位地探寻人性美的存在状态和幻灭过程。

它为天地人生设置了一系列宏大而又残酷的悖论，最后都归之于具有哲思的巨大诗情。虽然达到了如此高度，但它的极具质感的白话叙事，竟能把一切不同水准、不同感悟的读者深深吸引。这又是世界上寥寥几部千古杰作的共同特性，但它又中国得不能再中国。

于是，一部《红楼梦》，慰抚了五百年的荒凉。

也许，辽阔的荒凉，正是为它开辟的仰望空间？

因此，中国文脉悚然一惊，猛然一抖，然后就在这片辽阔的空地上站住了，不再左顾右盼。

明清两代，也有人关注千年文脉。关注文脉之人，也就是被周围的荒凉吓坏了的人。

例如，明代李梦阳、何景明等“前七子”提出过“文必秦汉、诗必盛唐”的口号。他们还认为“今真诗乃在民间”，例如《西厢记》能与《离骚》相提并论。他们得出结论：各种文学的创建之初虽不精致但精神弥漫，可谓“高格”，必须追寻、固守。这种观点，十分可喜。

清代的金圣叹则睥睨历史，把他喜欢的戏剧、小说，如《西厢记》《水浒传》，与《庄子》《离骚》《史记》和杜甫拉成一条线，构成了强烈的文脉意识。

明清两代在文脉旁侧稍可一提的，是“晚明小品”。在刻板中追求个性舒展，在道统下寻找性灵自由，虽是小东西，却开发了中国散文的韵致和情趣。这种散文，对后来五四新文化运动中白话美文的建立，起到了正面的滋养作用。新时代的文学改革者们不会喜欢清代桐城派的正统，更不会喜欢乾嘉骈文的回潮，为了展示日常文笔之美，便找到了隔代老师。当然，在精神上并非如此，闲情逸致无法对应大时代的风云。

与明代相比，清代倒有两位不错的诗人。一是前期的纳兰性德，以真切性灵写出很多佳句，让人想到即使李煜处于胜利时代也还会是一个伤感诗人；二是后期的龚自珍，让人惊讶在一个朝野破败的时代站出来的一位思想家居然还能写出这么多诗歌精品。但是，这两位诗人都遇到了太大的变动：纳兰性德脚下的民族土壤急速变动，龚自珍脚下的精神土壤急速变动，使他们的诗句一时找不到稳定的承载。他们的天分本该可以进入文脉，但文脉本身却在那个找不到价值坐标的年月仓皇停步了。

除了他们两位，我还要顺便提一笔个人爱好，那就是十八世纪只活了三十几岁的年轻诗人黄景仁。我认为二十世纪古体诗写得最好的郁达夫，就是受了他的影响。

十六

既然已经说到现代，那就顺着再说几句吧。

中国近、现代文学，成就较低。我前面刚说明清两代五百多年只出了两个一流文人，哲学家王阳明和小说家曹雪芹，那么，我必须紧接着说一句伤心话了：从近代到现代，偌大中国，没出过一个近似于王阳明的哲学家，也没有出过一个近似于曹雪芹的小说家。

一位友人对我说：感冒无药可治，因此世上感冒药最多；同样，中国近、现代文学成果寥落，因此研究队伍最大。研究队伍一大就必然出现夸张、伪饰、围诼、把玩的风尚，结果只能在社会上大幅度贬损文学的形象。一般正常的读者，已经不愿意光顾这个喧闹不已的小树林了。

说起来，中国现代文学的起点倒是可喜，那就是应顺中国文脉已经不能不转型的指令，成功示范并普及了白话文。由于几个主事者气格不俗，有效抵拒了中国文学中最能闻风而动、见隙而钻的骈俪、虚靡、炫学、装扮等旧习，选了朴实、通达一路，诚恳与国际接轨，与当代对话，一时文脉大振。但是，由于兵荒马乱、国运危殆、民生凋敝、颠沛流离，本来迫于国际压力所产生的改革思维，很快又被救亡思维替代，精神哲学让位给现实血火，文学和文化都很难拓展自身的主体性。结果，虽然大概念上的中华文明有幸免于崩溃，而文脉则散逸难寻。已经显出实力的鲁迅和沈从文都过早地结束了文学生涯，至于其他各种外来流派的匆忙试验，包括现实主义在内，即便流行，一时也没有抵达真正的“高格”。

现代作家之中，真正懂文脉的也是鲁迅。这倒不是从他的小说史，而是从他对屈原、司马迁和魏晋人物的评价中可以窥探。郭沫若应该也懂，但天生的诗人气质常常使他轻重失度、投情偏仄，影响了整体平正。

在学者中，对中国文脉的梳理做出明显贡献的，有梁启超、王国维和陈寅恪三人。本来胡适也应排列在内，但他作为一个优秀的大学者却缺少文学感悟能力，例如他那么成功地考证了《红楼梦》，却不知道这部小说的真正魅力在何处，因此对文脉总有一些隔阂。梁启超具有宏观的感悟能力，又留下了大量提纲挈领的表述；王国维对甲骨文、戏曲史、

《红楼梦》的研究和《人间词话》的写作，处处高标独立；陈寅恪文史互证，对佛教文学、唐代和明清之际文学的研究十分精到。我本人对陈先生的最高评价，在他对唐中期分界为中国全部古代历史分界的论定。这三位中，成就最大的是王国维。可惜，这位真正的大学者只活到五十岁就自沉于北京颐和园昆明湖。

其他人文学者，即使学贯中西、记忆惊人，也都没有来得及对中国文化做出什么实质性的推动。须知，记忆性学问和创造性学问，毕竟是两回事。

现代既是如此荒瘠，那就不要在那里流浪太久了。

如果有年轻学生问我如何重新推进中国文脉，我的回答是：首先领略两种伟大——古代的伟大和国际的伟大，然后重建自己的人格，创造未来。

也就是说，每个试图把中国文脉接通到自己身上的年轻人，首先要从当代文化圈的吵嚷和装扮中逃出，滤净心胸，腾空而起，静静地遨游于从神话到《诗经》、屈原、司马迁、陶渊明、李白、杜甫、苏东坡、关汉卿、曹雪芹，以及其他文学星座的苍穹之中。然后，你就有可能成为这些星座的受光者、寄托者、企盼者。

中国文脉在今天，只有等待。

笔墨历史

笔墨是用来书写历史的，但它自己也有历史。

我一再想，中国文化千变万化，中国文人千奇百怪，却都有一个共同的载体，那就是笔墨。

这笔墨肯定是人类奇迹。一片黑黝黝的流动线条，既实用，又审美，既具体，又抽象，居然把全世界人口最多的族群联结起来了。千百年来，在这块辽阔的土地上，什么都可以分裂、诀别、遗佚、湮灭，唯一断不了、挣不脱的，就是这些黑黝黝的流动线条。

那么今天，就让它们停止说别人，让别人说说它们。

是不是要写“书法简史”？我的企图似乎要更大一点。

但是开笔，还是从自己写起。

一

在山水萧瑟、岁月荒寒的家乡，我度过了非常美丽的童年。

千般美丽中，有一半，竟与笔墨有关。

那个冬天太冷了，河结了冰，湖结了冰，连家里的水缸也结了冰。就在这样的日子，小学要进行期末考试了。

破旧的教室里，每个孩子都在用心磨墨。磨得快的，已经把毛笔在砚石上舔来舔去，准备答卷。那年月，铅笔、钢笔都还没有传到这个僻远的山村。

磨墨要水，教室门口有一个小水桶，孩子们平日上课时要天天取用。但今天，那水桶也结了冰，刚刚还是用半块碎砖砸开了冰，才抖抖索索舀到砚台上的。孩子们都在担心，考试到一半，如果砚台结冰了，怎么办？

这时，一位乐呵呵的男老师走进了教室。他从棉衣襟下取出一瓶白酒，给每个孩子的砚台上都倒几滴，说："这就不会结冰了，放心写吧！"

于是，教室里酒香阵阵，答卷上也酒香阵阵。我们的毛笔字，从一开始就有了李白余韵。

其实岂止是李白。长大后才知道，就在我们小学的西面，比李白早四百年，一群人已经在蘸酒写字了，领头那个人叫王羲之，写出的答卷叫《兰亭序》。

我上小学时只有四岁，自然成了老师们的重点保护对象。上课时都用毛笔记录，我太小了，弄得两手都是墨，又沾到了脸上。因此，每次下课，老师就会快速抱起我，冲到校门口的小河边，把我的脸和手都洗干净，然后，再快速抱着我回到座位，让下一节课的老师看着舒服一点。但是，下一节课的老师又会重复做这样的事。于是，那些奔跑的脚步，那些抱持的手臂，那些清亮的河水，加在一起，成了我最隆重的书法入门课。如果我写不好毛笔字，天理不容。

后来，学校里有了一个图书馆。由于书很少，老师规定，用一页小楷，借一本书。不久又加码，提高为两页小楷借一本书。就在那时，我初次听到老师把毛笔字说成"书法"，因此立即产生误会，以为"书法"

就是“借书的方法”。这个误会，倒是不错。

学校外面，识字的人很少。但毕竟是王阳明、黄宗羲的家乡，民间有一个规矩，路上见到一片写过字的纸，哪怕只是小小一角，哪怕已经污损，也万不可踩踏。过路的农夫见了，都必须弯下腰去，恭恭敬敬捡起来，用手掌捧着，向吴山庙走去。庙门边上，有一个石炉，上刻四个字：“敬惜字纸。”石炉里还有余烬，把字纸放下去，有时有一朵小火，有时没有火，只见字纸慢慢焦黄，熔入灰烬。

我听说，连土匪下山，见到路上字纸，也这样做。

家乡近海，有不少渔民。哪一季节，如果发心要到远海打鱼，船主一定会步行几里地，找到一个读书人，用一篮鸡蛋、一捆鱼干，换得一叠字纸。他们相信，天下最重的，是这些黑森森的毛笔字。只有把一叠字纸压在船舱中间底部，才敢破浪远航。

那些在路上捡字纸的农夫，以及把字纸压在船舱的渔民，都不识字。

不识字的人尊重文字，就像我们崇拜从未谋面的神明，是为世间之礼、天地之敬。

这是我的起点。

二

很多事，即使参与了，也未必懂得。

我到很久之后才知道，那些黑森森的文字，正是中国文化的生命基元。它们的重要性，怎么说也不过分。

其一，这些文字证明，中国人和中国文化已经彻底摆脱了蒙昧时代、结绳时代、传说时代，终于找到了可以快速攀援的麻石台阶。如果没有这个台阶，在那些时代再沉沦几十万年，都是有可能的。有了这个台阶，则可以进入哲思、进入诗情，而且可以上下传承。于是，此后几千年，远远超过了此前几十万年、几百万年。

其二，这些文字展现了一种几乎不可能的可能，那就是，辽阔的山河，诸多的方言，纷繁的习俗，都可以凭借着这些小小的密码而获得统一，而且由统一而共生，由统一而互补，由统一而流动，由统一而伟大。

其三，这些文字一旦被书写，便进入一种集体人格程序，有风范，有意态，有表情，又协和四方、对话众人。于是，书写过程既是文化流通过程，又是人格修炼过程。一个个汉字，千年百年书写着一种九州共仰的人格理想。

其四，这些文字一旦被书写，也进入一种集体审美程序，有造型，有节奏，有徐疾，有韵致。于是，永恒的线条，永恒的黑色，至简至朴，又至深至厚，推进了中国文化的美学品格。

……

我曾经亲自考察过人类其他重大的古文明的废墟，特别注重那里的文字遗存。与中国汉字相比，它们有的未脱原始象形，有的未脱简陋单调，有的未脱狭小神秘。在北非的沙漠边，在中东的烟尘中，在南亚的泥污间，我明白了那些文明中断和湮灭的技术原因。

在中国的很多考古现场，我也见到不少原始符号。它们有可能向文字过渡，但更有可能结束过渡。就像地球上大量文化遗址一样，符号只是符号，没有找到文明的洞口，终于在黑暗中消亡。

由此可知，文字，因刻刻画画而刻画出了一个民族永久的生命线。人类的诸多奇迹中，中国文字，独占鳌头。

中国文字在苦风凄雨的近代，曾受到远方列强的嘲笑。那些由字母拼接的西方语言，与枪炮、毒品和科技一起，包围住了汉字的大地，汉字一度不知回应。但是，就在大地即将沉沦的时刻，甲骨文突然出土，而且很快被读懂，告知天下：何谓文明的年轮，何谓历史的底气，何谓时间的尊严。

我一直很奇怪，为什么这个地球上人口最多的族群临近灭亡时最后抖搂出来的，不是深藏的财宝，不是隐伏的健勇，不是惊天的谋略，而只是一种古文字？终于，我有点懂了。所以我在为北京大学的各系学生讲授中国文化史的时候，开始整整一个月，都在讲甲骨文。

三

一般所说的书法，总是有笔有墨。但是，我们首先看到的文字，却不见笔迹和墨痕，而是以坚硬的方法刻铸在甲骨上、青铜钟鼎上、瓦当上、玺印上。更壮观的，则是刻凿在山水之间的石崖、石鼓、石碑上。

不少学者囿于“书法即是笔墨”的观念，却又想把这些文字纳入书法范畴，便强调它们在铸刻之前一定用笔墨打过草稿，又惋叹一经铸刻就损失了原有笔墨的风貌。我不同意这种看法。

用笔墨打草稿是有可能的，但也未必。我和妻子早年都学过一点篆刻，在模仿齐白石的阴文刀法时，就不会事先在印石上画样，而只是快刃而下，反得锋力自如。由此看甲骨文，在那些最好的作品中，字迹的大小方圆错落多姿，粗细轻重节奏灵活，多半是刻画者首度即兴之作，而且照顾到了手下甲骨的坚松程度和纹路结构，因此不是“照样画葫芦”。

石刻和金文，可能会有笔墨预稿，但一旦当凿刀与山岩、铸模强力冲击，在声响、石屑、火星间，文字的笔画必然会出现特殊的遒劲度和厚重感。这是笔墨的损失吗？如果是，也很好。既然笔墨草稿已经看不到了，那么，中国书法有这么一个充满自然力、响着金石声的开头，可能更精彩。

也许我们可以说：中国书法史的前几页，以铜铸为笔，以炉火为墨，保持着洪荒之雄、太初之质。

我在殷商时的陶片和甲骨上见到过零星墨字，在山西出土的战国盟书、湖南出土的战国帛书、湖北出土的秦简、四川出土的秦木牍中，则看到了较为完整的笔写墨迹。当然，真正让我看到恣肆笔墨的，是汉代的竹简和木简。

长沙马王堆帛书的出土，让我们一下子看到了十二万个由笔墨书写的汉代文字，云奔潮卷般让人不敢相信自己的眼睛。这是中国书法史上的盛大节日，而时间又十分蹊跷，是一九七三年底至一九七四年初，正处于那场名为“文革”的浩劫的焦灼期。这不禁又让人想到甲骨文出土时的那一场浩劫，古文字总是选中这样的时机从地下喷涌而出。我不能不低头向大地鞠躬，再仰起头来凝视苍天。

那年我二十七岁，急着到各个图书馆寻找一本本《考古》杂志和《文物》杂志，细细辨析所刊登的帛书文字。我在那里看到了两千一百多年前中国书法的一场大回涌、大激荡、大转型。由篆书出发，向隶、向草、向楷的线索都已经露出端倪，两个同源异途的路径，也已形成。

从此我明白，若要略知中国书法史的奥秘，必先回到汉武帝之前，上一堂不短的课。

汉以前出现在甲骨、钟鼎、石碑上的文字，基本上都是篆书。那是一个订立千年规矩的时代，重要的规矩由李斯这样的高官亲自书写，因此那些字，都体型恭敬、不苟言笑、装束严整，而且都一个个站立着，那就是篆书。

李斯为了统一文字，对各地繁缛怪异的象形文字进行简化。因此他手下的小篆，已经薄衣少带、骨骼精练。

统一的文字必然会运用广远，而李斯等人设计的兵厉刑峻，又必然造成紧急文书的大流通。因此，书者的队伍扩大了，书写的任务改变了，笔下的字迹也就脱去了严整的装束，开始奔跑。

东汉书法家赵壹曾经写道：

> 盖秦之末，刑峻网密，官书烦冗，战功并作，军书交驰，羽檄纷飞，故隶书趋急速耳。
>
> 《非草书》

这就是说，早在秦末，为了急迫的军事、政治需要，篆书已转向隶书，而且又转向书写急速的隶书，那就是章草的雏形了。

有一种传说，秦代一个叫程邈的狱隶犯事，在狱中简化篆书而成隶书。隶书的名字，也由此而来。如果真是这样，程邈的“创造”也只是集中了社会已经出现的书写风尚，趁着狱中无事，整理了一下。

一到汉代，隶书更符合社会需要了。这是一个开阔的时代，众多的书写者席地而坐，在几案上执笔。宽大的衣袖轻轻一甩，手势横向舒展，把篆书圆曲笔态一变为“蚕头燕尾”的波荡。

这一来，被李斯简化了的汉字更简化了，甚至把篆书中所遗留的象形架构也基本打破，使中国文字向着抽象化又解放了一大步。这种解放是技术性的，更是心理性的，结果，请看出土的汉隶，居然夹杂着那么多的率真、随意、趣味、活泼、调皮。

我记得，当年马王堆帛书出土后，真把当代书法家看傻了。悠悠笔墨，居然有过这么古老的潇洒不羁！

当然，任何狂欢都会有一个像样的凝聚。事情一到东汉出现了重大变化，在率真、随意的另一方面，碑刻又成了一种时尚。有的刻在碑版上，有的刻在山崖上，笔墨又一次向自然贴近，并成了自然的一部分。叮叮当当间，文化和山河在相互叩门。

毕竟经历过了一次大放松，东汉的隶碑品类丰富，与当年的篆碑大不一样了。你看，那《张迁碑》高古雄劲，还故意用短笔展现拙趣，就与飘洒荡漾、细笔慢描的《石门颂》全然不同。至于《曹全碑》，隽逸守度，刚柔互济，笔笔入典，是我特别喜欢的帖子。东汉时期的这种碑刻有多少？不知道，只听说有记录的七八百种，有拓片的也多达一百七十多种。那时的书法，碑碑都在比赛，山山都在较量。似乎天下有了什么大事，家族需要什么纪念，都会立即求助于书法，而书法也总不令人失望。

说了汉隶，本应该说楷书了，因为楷出汉隶。但是，心中有一些有关汉隶的凄凉后话，如果不说，后面可能就插不进了，那就停步聊几句吧。

隶书，尽管风格各异，但从总体看，几项基本技巧还是比较单纯、固定，因此，学起来既易又难。易在得形，难在得气。在中外艺术史上，这样的门类在越过高峰后就不太可能另辟蹊径、再创天地。隶书在这方面的局限，更加明显。例如，唐代文事鼎盛，在书法上也硕果累累，但大多数隶书却日趋肥硕华丽，徒求形表，失去了生命力。千年之后，文事寥落的清代有人重拾汉隶余风，竟立即胜过唐代。但作为清隶代表的金农、黄易、邓石如等人，毕竟也只是技法翻新，而气势难寻。在当代“电脑书法”中，最丑陋的也是隶书，不知为什么反被诸多机关大量取用，连高铁的车名、站名也包括在内。结果，人们即便呼啸疾驰，也逃不出那种臃肿、钝滞、笨拙的笔画。

四

这下，可以回过去说楷书的产生了。

历史上有太多的书法论著都把楷书的产生与一个人的名字连在一起。这个人叫王次仲，河北人。《书断》《劝学篇》《宣和书谱》《序仙记》等等都说他“以隶字作楷法”。但他是什么时代的人？说法不一，早的说与秦始皇同时代，晚的说到汉末，差了好几百年。

有争论的，是“以隶字作楷法”这种说法。“楷法”，有可能是指楷书，也有可能是指为隶书定楷模。如果他生于秦，应该是后者；如果生得晚，应该是前者。

我反复玩味着那些古代记述，觉得它们所说的“楷法”主要还是指楷书。但是，我历来不赞成把一种重要的文化蜕变归之于一个人，何况谁也不清楚王次仲的基本情况。如果从书法的整体流变逻辑着眼，我大体判断楷书产生于汉末魏初。如果一定要拿一个大家都知道的人做标杆，那么，我可能会选钟繇（151–230）。

钟繇是大动荡时代的大人物，主要忙于笔墨之外的事功。官渡大战打得最激烈的时候，他支援曹操一千多匹战马，后来又建立一系列战功，曾被魏文帝曹丕称为“一代之伟人”。可以想象，这样一位将军来面对文字书写的时候，会产生一种什么样的心理沙场。

他会觉得，隶书的横向布阵，不宜四方伸展；他会觉得，隶书的扁平结构，缺少纵横活力；他会觉得，隶书的波荡笔触，应该更加直接；他会觉得，隶书的蚕头燕尾，须换铁钩铜折……

但是，他毕竟不是粗人，而是深谙笔墨之道。他知道经过几百年流行，不少隶书已经减省了蚕头燕尾，改变了方正队列，并在转折处出现了顿挫。他有足够功力把这项改革推进一步，而他的社会地位又增益了这项改革在朝野的效能。

于是，楷书，或曰真书、正书，便由他示范，由他主导，堂堂问世。他的真迹当然看不到了，却有几个刻本传世，不知与原作有多大距离。其中那篇写于公元二二一年的《宣示表》，据说是王羲之根据自家所藏临摹，后刻入《淳化阁帖》的。因为临摹者是王羲之，虽非真品也无与伦比，并由此亦可知道钟繇和王羲之的承袭关系。从《宣示表》看，虽然还存隶意，却已解除隶制，横笔不波，内外皆收，却是神采沉密。其余如《荐季直表》《贺捷表》都显得温厚淳朴，见而生敬。

钟繇比曹操大四岁，但他书写《宣示表》和《荐季直表》的时候，曹操已在一年前去世，而他自己也已七十高龄了。我想，曹操生前看到这位老朋友那一幅幅充满生命力的黑森森楷书时，一定会联想到官渡大战时那一千多匹战马。曹操自己的书法水平如何？应该不会太差，我看到南朝一位叫庾肩吾的人写的《书品》，把自汉以来的书法家一百多人进行排序。分为上、中、下三等，每等之中又各分三品，因此就形成了九品。上等的上品是三个人：张芝、钟繇、王羲之。曹操不在上等，而是列在中等的中品。看看这个名单中的其他人，这个名次也算不错了。《书品》的作者还评价曹操的书法是“笔墨雄赡”。到了唐代，张怀瓘在《书断》中把曹操的书法说成是“妙品”，还说他“尤工章草，雄逸绝伦”。

八年前我访问陕西汉中，当地朋友说那里有曹操书法碑刻，要我做一个真伪判定。我连忙赶去，碑刻在栈道的石门之下，仅有两字，为“衮雪”。字体较近隶书而稍简，比不上钟繇，但也显现一点功力。我看了一下河道和栈道，立刻告诉当地朋友，这大概是真迹。因为把此地风光概括为“衮雪”，在文学功力上正像是他。而且，处于蜀地，别人伪造他题词的理由不太充分。我觉得这是他于匆匆军旅间的随意笔墨，应景而已。

偶然读到清代罗秀书《褒谷古迹辑略》，其中提到曹操写的两个字，评述道："昔人比魏武为狮子，言其性之好动也。今观其书，如见其人矣……滚滚飞涛雪作窝，势如天上泻银河，浪花并作笔墨舞，魏武精神万顷波。"

在我看来，这种美言，牵强附会。曹操不会在山水间沉迷太久，更不会产生这种有关狮子和浪花的幼稚抒情。

大丈夫做什么都有可能，唯独不会做小文人。曹操写字，立马可待。他在落笔前不会哼哼唧唧，写好后也不会等人鼓掌。转眼已经上马，很快就忘了写过什么。

五

看到了曹操的书法，又知道后人评论他的书法"尤工章草"，可见他的隶书没怎么往楷书这面拐，而是直奔章草去了。

章草是隶书的直接衍伸。当时的忙人越来越不可能花时间在笔墨上舒袖曼舞，因此都会把隶书写快。为了快，又必须进一步简化，那就成了章草。章草的横笔和捺笔还保持着隶书的波荡状态，笔笔之间也常有牵引，但字字之间不相连接。章草的首席大家，是汉代的张芝。后来，文学家陆机的《平复帖》也给我们留下了很深的印象。等到楷书取代隶书，章草失去了母本，也就顺从楷书而转变成了今草，也称小草。今草就是我们所熟悉的草书了，一洗章草上保留的波荡，讲究上下牵引，偏旁互借，流转多姿，产生前所未有的韵律感。再过几百年到唐代，草书中将出现以张旭、怀素为代表的狂草，那是后话了。

人类，总是在庄严和轻松之间交相更替，经典和方便之间来回互补。当草书欢乐地延伸的时候，楷书又在北方的坚岩上展示力量。这就像现代音乐，轻柔和重金属各擅其长，并相依相融。

草书和楷书相依相融的结果，就是行书。

行书中，草、楷的比例又不同。近草，谓之行草；近楷，谓之行楷。不管什么比例，两者一旦结合，便产生了奇迹。在流丽明快、游丝引带的笔墨间，仿佛有一系列自然风景出现了——

那是清泉穿岩，那是流云出岙，那是鹤舞雁鸣，那是竹摇藤飘，那是雨叩江帆，那是风动岸草……

惊人的是，看完了这么多风景，再定睛，眼前还只是一些纯黑色的流动线条。

能从行书里看出那么多风景，一定是进入到了中国文化的最深处。然而，行书又是那么通俗，稍有文化的中国人都会随口说出王羲之和《兰亭序》。

那就必须进入那个盼望很久的门庭了：东晋王家。

是的，王家，王羲之的家。我建议一切研究中国艺术史、东方审美史的学者在这个家庭多逗留一点时间，不要急着出来。因为有一些远超书法的秘密，在里边潜藏着。

任何一部艺术史都分两个层次。浅层是一条小街，招牌繁多，摊贩密集，摩肩接踵；深层是一些大门，平时关着，只有问很久，等很久，才会打开一条门缝。跨步进去，才发现林苑茂密，屋宇轩朗。王家大门里的院落，深得出奇。

王家有多少杰出的书法家？一时扳着手指也数不过来。祖父王正生了八个儿子，都是王羲之的父辈，其中有四个是杰出书法家。王羲之的父亲王旷算一个，但是，伯伯王导和叔叔王廙的书法水准比王旷高得多。到王羲之一辈，堂兄弟中的王恬、王洽、王劭、王荟、王茂之都是大书法家。其中，王洽的儿子王珣和王珉，依然是笔墨健将。别的不说，我们现在还能在博物馆里凝神屏息地一睹风采的《伯远帖》，就出自王珣手笔。

那么多王家俊彦，当然是名门望族的择婿热点。一天，一个叫郗鉴的太尉，派了门生来初选女婿。太尉有一个叫郗璿的女儿，才貌双全，已到了婚嫁的年龄。门生到了王家的东厢房，那些男青年都在，也都知道这位门生的来历，便都整理衣帽，笑容相迎。只有在东边的床上有一个青年，袒露着肚子在吃东西，完全没有在乎太尉的这位门生。门生回去后向太尉一描述，太尉说："就是他了！"

于是，这个袒腹青年就成了太尉的女婿，而"东床"，则成了此后中国文化对女婿的美称。

这个袒腹青年就是王羲之。那时，正处于曹操、诸葛亮之后的"后英雄时代"，魏晋名士看破了一切英雄业绩，只求自由解放、率真任性，所以就有了这张东床、这个太尉、这段婚姻。

王羲之与郗璿结婚后，生了七个儿子，每一个都擅长书法。这还不打紧，更重要的是，其中五个，可以被正式载入史册。除了最小的儿子王献之名垂千古外，凝之、徽之、操之、涣之四个都是书法大才。这些儿子，从不同的方面承袭和发扬了王羲之。有人评论说："凝之得其韵，操之得其体，徽之得其势，涣之得其貌，献之得其源"（《东观余论》）。这个评论可能不错，因为相比之下，"源"是根本，果然成就了王献之，能与王羲之齐名。

更让人瞠目结舌的是，这个家庭里的不少女性，也是了不起的书法家。例如，王羲之的妻子郗璿，被周围的名士赞之为"女中仙笔"。王羲之的儿媳妇，也就是王凝之的妻子谢道韫，更是闻名远近的文化翘楚，她的书法，被评之为"雍容和雅，芳馥可玩"。在这种家庭气氛的熏染下，连雇来帮助抚育小儿子王献之的保姆李如意，居然也能写得一手草书。

李如意知道，就在隔壁，王洽的妻子荀氏，王珉的妻子汪氏，也都是书法高手。脂粉裙钗间，典雅的笔墨如溪奔潮涌。

我们能在一千七百年后的今天，想象那些围墙里的情景吗？可以肯定，这个门庭里进进出出的人都很少谈论书法，门楣、厅堂里也不会悬挂名人手迹。但是，早晨留在几案上的一张出门便条，一旦藏下，便必定成为海内外哄抢千年的国之珍宝。

晚间用餐，小儿子握筷的姿势使对桌的叔叔多看了一眼，笑问："最近写多了一些？"

站在背后的年轻保姆回答："临张芝已到三分。"

谁也不把书法当专业，谁也不以书法来谋生。那里出现的，只是一种生命气氛。

自古以来，这种家族性的文化大聚集，很容易被误解成生命遗传。请天下一切姓王的朋友们原谅了，我说的是生命气氛，而不是生命遗传。但同时，又要请现在很多"书法乡""书法村"的朋友们原谅了，我说的气氛与生命有关，而且是一种极其珍罕的集体生命，并不是容易模拟的集体技艺。

这种集体生命为什么珍罕？因为这是书法艺术在经历了从甲骨文出发的无数次始源性试验后，终于走到了一个经典的创造平台。像是道道山溪终于会聚成了一个大水潭，立即奔泻成了气势恢宏的大瀑布。大瀑布有根有脉，但它的会聚和奔泻，却是"第一原创"，此前不可能出现，此后不可能重复。

人类史上难得出现有数的高尚文化，大多被无知和低俗所吞噬，只有少数几宗有幸进入"原创爆发期"。爆发之后，即成永久典范。中国现代学者受西方引进的进化论和社会发展论影响太深，总喜欢把巨峰跟前的丘壑说成是新时代的进步形态，惹得很多不明文化大势的老实人辛劳毕生试图超越。东晋王家证明，后世那种以为高尚文化也会一代代“进化”“发展”的观念是可笑的。

在王羲之去世二百五十七年后建立的唐朝是多么意气风发，但对王家的书法却一点儿也不敢“再创新”。就连唐太宗，这么一个睥睨百世的伟大君主，也只得用小人的欺骗手段赚得《兰亭序》，最后殉葬昭陵。他知道，万里江山可以易主，文化经典不可再造。

唐代那些大书法家，面对王羲之，一点儿也没有盛世之傲，永远地临摹、临摹、再临摹。他们的临本，让我们隐约看到了一个王羲之，却又清晰地看到了一群崇拜者。唐代懂得崇拜，懂得从盛世反过来崇拜乱世，懂得文化极品不管出于何世都只能是唯一。这，就是唐代之所以是唐代。

公元六七二年冬天，一篇由唐太宗亲自写序，由唐高宗撰记的《圣教序》刻石。唐太宗自己的书法很好，但刻石用字，全由怀仁和尚一个个地从王羲之遗墨中去找、去选、去集。皇权对文化谦逊到这个地步，让人感动。但细细一想，又觉正常。这正像唐代之后的文化智者只敢吟咏唐诗，却不敢大言赶超唐诗。

同样，全世界的文化智者都不会大言赶超古希腊的哲学、文艺复兴时期的美术、莎士比亚的戏剧。

公元四世纪中国的那片流动墨色，也成了终极的文化坐标。

——说了那么多文化哲学，还应回过头来记一下东晋王家留下的名帖。太多了，只能记王氏父子的留世代表作。例如，王羲之除了《兰亭序》之外的《快雪时晴帖》《姨母帖》《平安帖》、《奉橘帖》《丧乱帖》《频有哀祸帖》《得示帖》《孔侍中帖》《二谢帖》等。王献之的《鸭头丸帖》《廿九日帖》，以及草书《中秋帖》《十二月帖》等等。

任何热爱书法的人在抄写这些帖名时，每次都会兴奋。因为帖名正来自帖中字迹，那些字迹一旦见过就成永久格式，下笔如叩圣域。

这么多法帖中，我最宝爱的是《兰亭序》《快雪时晴帖》《平安帖》《丧乱帖》《鸭头丸帖》《中秋帖》六本。宝爱到什么程度？不管何时何地，只要一见它们的影印本，都会顿生愉悦，身心熨帖，阴霾全扫，纷扰顷除。

六

王家祖籍山东琅琊，后迁浙江山阴。因此，前面说的那个门庭，也就坐落在现今浙江绍兴了。我在深深地迷恋这个门庭的时候，又会偶尔抬起头来遥想北方。现在，可以暂离南方的茂林修竹，转向“铁马西风塞北”了。那里，在王羲之去世二十五年之后，建立了一个由鲜卑族主政的北魏王朝。

北魏王朝无论是定都平城（今山西大同），还是迁都洛阳，都推进汉化，崇尚佛教，糅合胡风，凿窟建庙。这是一系列气魄雄伟的文化重建工程，需要把中国文明、世界文明、农耕文明、游牧文明通过一系列可视可观、可触可摸的艺术形态融会贯通，于是，碑刻也随之兴盛。刻经、墓志、像记、山诗、摩崖、碑铭大量出现，又一次构成用坚石垒成的书法大博览。我们记得，上一次，是以《张迁碑》《曹全碑》为代表的东汉隶碑的涌现。

北魏的诸多碑刻简称“魏碑”，多为楷书。这种楷书深得北方之气，兼呈山石之力。在书写技术上，内圆外方，侧峰转折，撇捺郑重，钩跃施力，点画爽利，结体自由，写起来干脆迅捷。总体审美风格，是雄峻伟茂、高浑简穆。

我曾多次自述，考察文化特别看重北魏，因此在那一带旅行的次数也比较多。古城、石窟、造像等等且不说了，仅说魏碑，我喜欢的有：《孙秋生造像记》《元倪墓志》《元显儁墓志》《高猛夫妇墓志》《张黑女墓志》《崔敬邕墓志》《张猛龙碑》《贾思伯碑》《根法师碑》，等等。南朝禁碑，但也斑斑驳驳地留下一些好碑，如《瘗鹤铭》《爨龙颜碑》和《萧憺碑》。

对于曾经长久散落在山野间的魏碑，我常常产生一些遐想。牵着一匹瘦马，走在山间古道上，黄昏已近，西风正紧，我突然发现了一方魏碑。先细细看完，再慢慢抚摸，然后决定，就在碑下栖宿。瘦马蹲下，趴在我的身边。我看了一下西天，然后借着最后一些余光，再看一遍那碑……

当然，这只是遐想。那些我最喜爱的魏碑，大多已经收藏在各地博物馆里了。这让我放心，却又遗憾没有了抚摸，没有了西风，没有了古道，没有了属于我个人的诗意亲近。

山野间的魏碑，历代文人知之不多。开始去关注，是清代的事，阮元、包世臣他们。特别要感谢的是康有为，用巨大的热诚阐述了魏碑。他的评价，就像他在其他领域一样，常常因激情而夸大，但总的说来，他宏观而又精微、凌厉而又剀切，令人难忘。

至此，一南一北，一柔一刚，中国书法的双向极致已经齐备。那么，中国艺术史的这一部分，也就翻越了崇山峻岭而自我完满。前面就是开阔的旷野，虽然也会有草泽险道，但那都属于旷野的风景了，不会再有生成期的断灭之危。

接下来，那个既有鲜卑血缘又有汉族血缘、既有魏碑背景又有兰亭迷思的男人，将要打开中国文化最辉煌的大门。他，就是前面提到过的唐太宗李世民。我们已经说过，在他即将打开的大门中，唯有书法，他只收藏辉煌，而不打算创造。

七

受唐太宗影响，唐初书法，主要是追摹王羲之。然而那些书法家自己笔下所写，更多的倒是楷书，而不是行书。他们觉得行书是性灵之作，已有王羲之在上，自己怎敢挥洒。既然盛世已至，不如恭恭敬敬地为楷书建立规范。因此，临摹王羲之最好的欧阳询、虞世南、褚遂良等人，全以楷书自立。

虞世南是我同乡，余姚人。褚遂良是杭州人，也算大同乡。但经过仔细对比，我觉得自己更喜欢的还是湖南人欧阳询。三人中，欧阳询与虞世南同辈，比虞大一岁。褚遂良比他们小了三四十岁，下一代的人了。

欧阳询和虞世南在唐朝建立时，已经年过花甲，有资格以老师的身份为这个生气勃勃、又重视文化的朝代制定一些文化规范。欧阳询在唐朝建立前，已涉书颇深。他太爱书法了，早年曾在一方书碑前坐卧了整整三天，这倒是与我当初对魏碑的遐想不谋而合。后来他见到王羲之指点王献之的一本笔画图，惊喜莫名，主人开出三百卷最细缣帛的重价，欧阳询购得后整整一个月日夜赏玩，喜而不寐。在这基础上，他用自己的笔墨为楷书增添了笔力，以尺牍的方式示范坊间，颇受欢迎。

唐朝皇帝发现他，开始还不是唐太宗李世民，而是唐高祖李渊。李渊比欧阳询小九岁，至于李世民则比他小了四十多岁。李渊在处理唐皇朝周边的藩属关系时，发现东北高丽国那么遥远，竟也有人不惜千里跋涉来求欧阳询的墨迹，十分吃惊，才知道文人笔墨也能造就一种笼罩远近的“魁梧”之力。

欧阳询的字，后人美誉甚多，我觉得宋代朱长文在《续书断》里所评的八个字较为确切：“纤秾得体，刚劲不挠。”在人世间做任何事，往往因刚劲而失度，因温敛而失品，欧阳询的楷书奇迹般地做到了两全其美。他的众多法帖中，我最喜欢两个，一是《九成宫醴泉铭》(以下简称《九成宫》，二是《化度寺碑》。

唐代楷书，大将林立，但我一直认为欧阳询位列第一。唐中后期的楷书，由于种种社会气氛的影响，用力过度，连我非常崇拜的颜真卿也不可免。欧阳询的作品，特别是我刚才所举的两个经典法帖，把大唐初建时的风和日丽、平顺稳健全都包含了，这是连王羲之也没有遇到的时代之赐。

欧阳询写《九成宫》时已经七十六岁，写《化度寺碑》早一年，也已经七十五岁。他以自己苍老的手，写出了年轻唐皇朝的青春气息。那时，唐太宗执政才五六年，贞观之治刚刚开始。

欧阳询是一个高寿之人，享年八十五岁。他在生命的最后时刻用小楷写了《千字文》留给儿子欧阳通。这个作品是精致的，但毕竟人已太老，力度已弱。清代书法家翁方纲在翻刻本的题跋上说：“此《千字文》，及垂老所书，而笔笔晋法，敛入神骨，当为欧帖中无上神品。”这种说法，我完全不同意。如果在欧阳询的毕生法帖中，《千字文》“无上”了，那么置《九成宫》和《化度寺碑》于何处？由此，我对翁方纲本人的书法品位也产生了疑惑。

书法需要经验，也需要精力。小到撇捺，大到布局，都必须由完满充盈的精气神掌控，过于老迈就会力不从心。因此，常有不同年龄的朋友问我学书法从何开始，我在打听他们各自的基础后，总会建议临摹《九成宫》和《化度寺碑》。

比欧阳询小一岁的虞世南，实实在在担任了唐太宗的书法老师。他的小楷《破邪论序》，颇得王羲之小楷《乐毅论》《黄庭经》神韵，但我更喜爱的则是他的大楷《孔子庙堂碑》。恭敬清雅，舒卷自如，为大楷精品。我特别注意这份大楷中的那些斜钩长捺，这是最不容易写的，他却写得弹挑沉稳，让全局增活。

这种笔触，还牵连着一桩美谈。

说的是，唐太宗跟着虞世南学书法，写来写去觉得最难的是那个“戈”字偏旁，尤其是斜钩，一写就钝。有一次他写一幅字，碰到一个“戬”字，怕写坏，就把右边的“戈”空在那里。虞世南来了，看到这幅字，就顺手把“戈”填上去了。

唐太宗一高兴，就把这幅字拿到了魏徵面前，说：“朕总算把世南学到家了，请你看看。”

魏徵看过后说：“仰观圣作，唯戬字的戈法颇逼真。”也就是说，只有这个偏旁像虞世南。

唐太宗一惊，叹道：“真是好眼力！”

这件趣事，让我们领略了初唐的文化氛围。唐太宗、虞世南、魏徵的心理，都很健康。结果，唐太宗本人也因谦虚勤勉而书法大进。我曾评他为中国历代帝王中的第一书法家。第二是谁？我在宋徽宗赵佶和唐太宗的“儿媳妇”武则天之间犹豫再三，最后选定赵佶，因为他毕竟创造了一种“瘦金体”，而武则天虽然也写得一手好字但缺少创新。之所以犹豫，是因为我不喜欢“瘦金体”。

既然说到了武则天，就可以说说受到这位女皇帝欺侮的书法家褚遂良了。褚遂良被唐太宗看重，不仅字写得好。在政治上，褚遂良也喜欢直谏不讳，唐太宗觉得他忠直可信，甚至在临终时把太子也托付给他。谁都知道，在中国朝廷政治中，这种高度信任必然会带来巨大祸害。褚遂良在皇后接续等朝政大事上坚持着自己的观念，结果可想而知：逐出宫门，死于贬所，追夺官爵，儿子被害。

文化人就是文化人，书法家就是书法家，涉政过深，为大不幸。我想，褚遂良像很多文化人一样，一直记忆着唐太宗和虞世南的良好关系，误以为文化和权势可以两相帮衬。其实，权势有自己的逻辑，与文化逻辑至多是偶然重合，基本路线并不相同。

幸好褚遂良还留下了很多优秀的书法作品，这是他的另一生命，逃离了权势互戕而永不死亡的生命。现在到西安大雁塔，还能看到他写的《雁塔圣教序》。那确实写得好，与欧阳询、虞世南的楷书一比，这里居然又融入了一些隶书、行书的笔意，瘦瘦劲劲，又流利飘逸。在写这份《雁塔圣教序》的第二年，他又写了大楷《阴符经》。这份墨迹最让我开颜的，是它的空间张力。所喜的是，这种张力并不威猛，而是通过自由地流动感取得，这在历来大楷中，极为罕见。除了这两个碑外，他写于四十七岁时的那个《孟法师碑》，我也很喜欢。一个中年人的方峻刚劲，加上身处高位时的考究和精到，全都包含在里边了。

褚遂良的这几个帖子，至今仍可以作为书法学者的奠基范本。

八

唐代书法，最绕不开的，是颜真卿。但对他，我已经写得太多，说得太多，再重复，就不好意思了。

颜真卿的生平，我在为北京大学各系学生开设的中国文化史课程中已经讲述得相当完整，可以参见已出版的课堂记录《四十七堂课》。整部中国文化史，在人格上对我产生全面震撼的是两个人，一是司马迁，二是颜真卿。颜真卿对我更为直接，因为我写过，我的叔叔余志士先生首先让我看到了颜真卿的帖本《祭侄稿》，后来他在“文革”浩劫中死得壮烈，我才真正读懂了这个帖本的悲壮文句和淋漓墨迹。以后，那番墨迹就融入了我的血液。

我在上文曾经提过，平日只要看到王羲之父子的六本法帖，就会产生愉悦，扫除纷扰。但是，人生也会遇到极端险峻、极端危难的时刻，根本容不下王羲之。那当口，泪已吞，声已噤，恨不得拼死一搏，玉石俱焚。而且，打量四周，也无法求助于真相、公义、舆论、法庭、友人。最后企盼的，只是一种美学支撑。就像冰海沉船彻底无救，抬头看一眼乌云奔卷的图景；就像乱刀之下断无生路，低头看一眼鲜血喷洒的印纹。

美学支撑，是最后支撑。

那么，颜真卿《祭侄稿》的那番笔墨，对我而言，就是乌云奔卷的图景，就是鲜血喷洒的印纹。

康德说，美是对功利的删除。但是，删除功利难免痛苦，因此要寻求美的安慰。美的安慰总是收敛在形式中，让人一见就不再挣扎。《祭侄稿》的笔墨把颜真卿的哭声和喊声收敛成了形式，因此也就有能力消除我的哭声和喊声，消解在一千二百五十年之后。删除了，安慰了，收敛了，消解了，也还是美，那就是天下大美。

不知道外国美学家能不能明白，就是那一幅匆忙涂成、纷乱迷离的墨迹，即使不诵文句，也能成为后人的心理兴奋图谱和心理释放图谱，居然千年有效，并且仍可后续。

为此，我曾与一位欧洲艺术家辩论。他说："中国文化什么都好，就是审美太俗，永远是大红大绿、镶金嵌银。"

我说："错了。世界上只有一个民族，几千年仅用黑色，勾画它的最高美学曲线。其他色彩，只是附庸。"

说到这里，我想不必再多谈颜真卿了。他的楷书，雄稳饱满、力扛九鼎，但有了《祭侄稿》，那些就都成了昆玉台阶、青铜基座。

顺便也要对不起柳公权了。本来他遒劲的楷书也可以说一说的，何况我小时候曾花两年时间临过他的《玄秘塔碑》。但是，后人常常出于好心把他与颜真卿拉在一起，提出“颜筋柳骨”的说法，这就把他比尴尬了。同是楷书，颜、柳基本属于相近风格，而柳又过于定型化、范式化，缺少人文温度，与颜摆在一起有点相形见绌。文化对比，素来残酷。

柳公权的行书，即便没有与颜真卿做对比，也不太行。例如他比较有名的行书《兰亭诗》就有字无篇，粗细失度，反觉草率。

九

唐代还须认真留意的，是草书。没有草书，会是唐代的重大缺漏。

我说的是唐代的重大缺漏，而不是研究者的重大缺漏。为什么这么说呢？

这就牵涉到书法和时代精神的关系问题了。

伟大的唐代，首先需要的是法度。因此，楷书必然是唐代的第一书体。皇朝的最高统治者与绝大多数楷书大师如欧阳询、虞世南、褚遂良、柳公权等等都建立过密切的关系。这种情形，在其他文学门类中并没有出现过，而在其他民族中更不可想象。上上下下，都希望在社会各个层面建立一个方正、端庄、儒雅的“楷书时代”。这时“楷书”已成了一个象征。

但是，伟大必遭凶险，凶险的程度与伟大成正比。这显然出乎朝野意外，于是有了安史之乱的时代大裂谷，有了颜真卿感动天地的行书。颜真卿用自己的血泪之笔，对那个由李渊、李世民、李治他们一心想打造的“楷书时代”作了必要补充。有了这个补充，唐代更真实、更深刻、更厚重了。

这样，唐代是不是完整了呢？还不。

把方正、悲壮加在一起，还不是人们认知的大唐。至少，缺了奔放，缺了酣畅，缺了飞动，缺了癫狂，缺了醉步如舞，缺了云烟迷茫。这一些，在大唐精神里不仅存在，而且地位重要。于是，必然产生了审美对应体，那就是草书。

想想李白，想想舞剑的公孙大娘，想想敦煌壁画里那满天的衣带，想想灞桥、阳关路边的那么多酒杯，我们就能肯定，唐代也是一个“草书时代”。

唐代的草书大家，按年次，先是孙过庭，再是张旭，最后是怀素。但依我品评，等级的排列应是张旭、怀素、孙过庭。

孙过庭出生时，欧阳询刚去世五年，虞世南刚去世八年，因此是一个书法时代的交接。孙过庭的主要成就，是那篇三千多字的《书谱》。既是书法论文，又是书法作品。这种“文、书相映”的互动情景，古代习以为常，而今天想来却是奢侈万分了。

《书谱》的书法，是恭敬地承袭了王羲之、王献之的草书规范。但是，一眼看去，没有拼凑痕迹，而是化作了自己的笔墨。细看又发现，这个帖子几乎把王羲之、王献之以及他们之后的全部“草法”，都汇集了，很不容易。

清代书法家包世臣曾在《艺舟双楫》中，把《书谱》全帖三千多字的书写状态，分作四段来评析：第一段七百多字“遵规矩而弊于拘束”；第二段一千多字“渐会佳境”；第三段七百多字“思逸神飞”；最后一段则“心手双畅，然手敏有余，心闲不足”。这种逐段评析，对于一个书法长卷来说，很有必要，也很中肯。

孙过庭的墓志是陈子昂写的，而比他小三十岁的张旭，则开始逼近

时代华语

文学新经典书系

文学如月光
无用，却让人心柔软

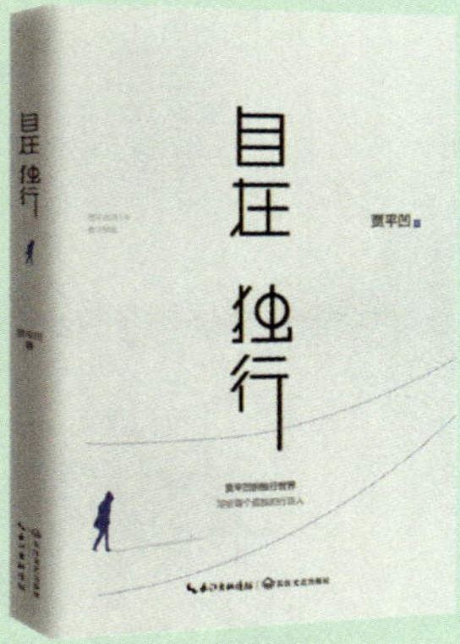

《自在独行》

——贾平凹

贾平凹执笔40年高水准散文精粹，研磨孤独，收获自在，致每个孤独的行路人。

一个自在独行者的文字，完美展现了个人与世界相处之妙。从孤独、行走、生死、慈悲、玩物、天地、人事等角度，给内心孤独焦躁者以安宁的抚慰。

《活着本来单纯》

——丰子恺

女儿丰一吟授权版本，一本书阅尽丰子恺艺术精华。

全面收录《渐》《大账簿》《梦痕》《给孩子们》等45篇经典佳作，展示了有趣、有心、有情的人生哲学——“活着这回事，本来如此单纯”，传达了一种达观看世界的豁然心态。

《生如夏花》（套装共4册）

——泰戈尔

泰戈尔的诗歌弥漫着一种恬淡、静谧、飘逸的意境，如珍珠般闪耀着深邃的哲理光芒。

“我们热爱这个世界时，才真正活在这个世界上！”让这些隽永的字字句句伴你醒来在每一个诗意的早晨，扣动灵魂的回响。

《孤独是生命的礼物》

——余光中、林清玄、白先勇等

总有一天，你会明白，孤独才是生命的常态。

这是一本关于孤独的散文集子。作家们在书中谈论亲情、友谊、久别的故乡、逝去的时光，或直击主题，或慢慢铺叙。在他们的文字里，无一不彰显着对生命、对孤独绵密的思考和体悟。

蒋勋“孤独三书”首次套装问世

代表作《孤独六讲》、美学起点《岛屿独白》及唯一小说《因为孤独的缘故》

《孤独六讲》

蒋勋代表作十周年纪念版。收录作者亲作长序——“做完整的自己”，与读者再谈生命个体的孤独与完整。这本书要谈的不是如何消除孤独，而是如何完成孤独，如何给予孤独，如何尊重孤独。与孤独共处，才能更了解自我，迈向圆满的开始。

《因为孤独的缘故》

收录十二篇短篇小说、及五篇辅助理解本书的关键解读。呈现一个在诗与美之外的蒋勋。这部小说就像是一部迷宫，从象征到符号，从隐喻列到转喻，文字中层层叠叠的文字迷宫，没有出口，却有对现实人世最犀利的洞察。

《岛屿独白》

蒋勋孤独美学的起点，书写他心中私藏的岛屿故事。50篇飞阅岛屿的记忆，50段心房萦回的温度。全书融合散文、小说、诗歌、甚至寓言的元素，解读在孤独中生发的土地、城市与人的力量。让这些记忆中的温度，随着他的文字，逐渐释放开来。

出品人：朱大平
监　制：朱文平　欧阳勇富
主　编：胡　家
分享更多惊喜和精彩
团购电话：010-83670073

李白的时代了。当然，他比李白大，大了二十六岁。

张旭好像是苏州人，但也有一种说法是湖州人。刚入仕途，在江苏常熟做官，有一位老人来告状，事情很小，张旭就随手写了几句判语交给他，以为了结了。没想到，才过几天，那位老人又来告状，事情还是很小。这下张旭有点生气，说："这么小的事情，怎么屡屡来骚扰公门！"

老人见张旭生气就慌张了，几番支吾终于道出了实情：他告状是假，只想拿到张旭亲笔写的那几句判语，作为书法精品收藏。

原来，那时张旭的书法已经被人看好。老人用这种奇怪的方式来索取，要构思状子，要躬身下跪，要承受责骂，也真是够诚心的了。张旭连忙下座细问，才知老人也出自书法世家，因此有这般眼光。

张旭曾经自述，他的书法根底还是王羲之、王献之，通过六度传递，到了他手上：

> 自智永禅师过江，楷法随渡。永禅师乃羲、献之孙，得其家法，以授虞世南，虞传陆柬之，陆传子彦远。彦远，仆之堂舅，以授余。不然，何以知古人之词。
>
> （转引自《临池诀》）

这种传法，听起来蜿蜒曲折，但在古代却是实情。那时虽然已经出现碑石拓印，但传之甚少，真迹更是难见，因此必须通过握笔亲授。而握笔亲授，又难免要依赖亲族血缘关系，"书谱"在一定程度上也呼应着"家谱"。因此，中国古代书法史也就出现了非常特殊的隐秘层次，一天天晨昏交替，一对对白髯童颜，一次次墨池叠手，一卷卷绢缣遗言……不是私塾小学，不是技艺作坊，而是子孙堂舅、家法密授，维系千年不绝。这种情景，放到世界艺术史上也让人叹为观止。我虽无心写作小说，但知道这里埋藏着一部部壮美史诗，远胜宫廷争斗、市井恩怨。

家族秘传之途，也是振兴祖业之途。到张旭，因时代之力和个人才力，又把这份好不容易到手的祖业作了一番醒目的拓展。他也精于楷书，但毕生最耀眼处，是狂草。

狂草与今草的外在区别，在于字与字之间连不连。与孙过庭的今草相比，张旭把满篇文字连动起来了。这不难做到，难的是，必须为这种满篇连动找到充分的内在理由。

这一点，也是狂草成败的最终关键。从明、清乃至当今，都能看到有些草书字字相连，却找不到相连的内在理由，变成了为连而连，如冬日枯藤，如小禽绊草，反觉碍眼。张旭为字字连动创造了最佳理由，那就是发掘人格深处的生命力量，并释放出来。

这种释放出来的力量，孤独而强大，循范又破范，醉意加诗意，近似尼采描写的酒神精神。凭着这种酒神精神，张旭把毛笔当做了踉跄醉步，摇摇晃晃，手舞足蹈，体态潇洒，精力充沛地让所有的动作一气呵成，然后掷杯而笑，酣然入梦。

张旭不知道，他的这种醉步，也正是大唐文化的脚步。他让那个时代的酒神精神，用笔墨画了出来，于是，立即引起强烈共鸣。

尤其是，很多唐代诗人从张旭的笔墨中找到了自己，因此心旌摇曳，纷纷亲近。在唐代，如果说，楷书更近朝廷，那么，狂草更近诗人。

你看，李白在为张旭写诗了：

楚人尽道张某奇，
心藏风云世莫知。

三吴郡伯皆顾盼，

四海雄侠正追随。

李白自己，历来把自己看成是“四海雄侠”中的一员。

杜甫也在诗中说，张旭乃是“草圣”，“挥毫落纸如云烟”。

在张旭去世后才出生的新一代文坛领袖韩愈，也在《送高闲上人序》中，写了长长一段对张旭的评价，结论是：

故旭之书，变动犹鬼神，不可端倪，以此终其身而名后世。

由此可见，张旭的那笔狂草，真把唐诗的天地搅动了。然后，请酒神作证，结拜金兰。

张旭的作品，我首推《古诗四帖》。四首古诗，两首是庾信的，两首是谢灵运的。读了才发现，他的狂草比那四首诗好多了。形式远超内容，此为一例。原因是，笔墨形式找到了自己更高的美学内容，结果那些古诗只成了一种“运笔借口”。

此外，我又非常喜欢那本介乎狂草和今草之间的《肚痛帖》。才六行，三十字，一张便条，“忽肚痛不可堪……”，竟成笔墨经典。明代文学家王世贞评价此帖“出鬼入神”，可见已经很难用形容词了。我建议，天下学草书者都不妨到西安碑林，去欣赏一下此帖的宋代刻本。

我从《肚痛帖》确信，张旭说他的书法传代谱系起于王羲之、王献之，一点不假。《十七帖》和《鸭头丸帖》的神韵，竟在四百年后还生龙活虎。

唐代草书，当然还要说说怀素。

这位出生于长沙的僧人，是玄奘大师的门生。他以学书勤奋著称历史，我们历来喜欢说的那些故事，例如用秃的毛笔堆起来埋在山下成为“笔冢”，为了在芭蕉叶上练字居然在寺庙四周种了万棵芭蕉，等等，都属于他。

他比张旭晚了半个世纪。在他与张旭之间，伟大的颜真卿起到了递接作用：张旭教过颜真卿，而颜真卿又教过怀素。这一下，我们就知道他的辈分了。

李白写诗赞颂张旭时，那是在赞颂一位长者；但他看到的怀素，却是一位比自己小了二十几岁的少年僧人。因此他又写诗了：

少年上人号怀素，
草书天下独称步。
墨池飞出北溟鱼，
笔锋扫却山中兔。
起来向壁不停手，
一行数字大如斗。
恍恍如闻鬼神惊，
时时只见龙蛇走。

有了李白这首诗，我想，谁也不必对怀素的笔墨再作描述了。

我只想说，怀素的酒量，比张旭更大。僧人饮酒，唐代不多拘泥，即便狂饮，怀素也以自己的书法提供了理由。我曾读到一个叫李舟的官员为他辩护，说：“昔张旭之作也，时人谓之张颠；今怀素之为也，余实谓之狂僧。以狂继颠，谁曰不可？”

张旭被称为“草圣”，怀素也被称为“草圣”，一草两圣，可以吗？我借李舟的口气反问：“谁曰不可？”

对于怀素的作品，我的排序与历代书评家略有差异。一般都说，“素以《圣母帖》为最”；而我则认为：第一为《自叙帖》，第二为《苦笋帖》，第三为《食鱼帖》，第四才是《圣母帖》。

艺术作品评判，很难讲得出确切理由，但一看便有感应。好在都是怀素自己的作品，孰前孰后问题不大。我相信，他的在天之灵会偏向于我的排序。

十

就像中国文化中的很多领域一样，唐代一过，气象大减。这在书法领域，尤其明显。

书法家当然还会层出不穷，而且往往是，书运越衰，书家越多。这是因为，文化之衰，首先表现为巨匠寥落，因此也就失去了重心、失去了向往、失去了等级、失去了裁断，于是“山中无老虎，猴子称大王”。而且，猴子总比老虎活跃得多、热闹得多。也许老虎还在，却在一片猿啼声中躲在山洞里不敢出来，时间一长，自信渐失，虎威全无。

我的文化史观，向来反对“历史平均主义”。“历史平均主义”在现代，也可以称为“教科书主义”，即为了课程分量的月月均衡、年年均衡，总是章章节节等时等量，匀速推进。这种做法，必然会把巨峰削矮、大川填平，使中国文化成为一片平庸的原野，令人疲惫和困顿。

我之所重，在文脉、文气、文势。这些似乎无可名状的东西，是文化的灵魂。

从这个意义上说，中国书法的灵魂史，在唐代已可终结。以后会有一些余绪，也可能风行一时，但在整体气象上与唐代之前已经不可同日而语了。

因此，请原谅本文由此走向简约。

宋代书法，习称“苏、黄、米、蔡”四家。

苏东坡，我衷心喜爱的文化天才，居然在书法上也留下了《寒食帖》。在行书领域，这是继《兰亭序》《祭侄稿》之后的又一杰作。我知道历来有很多人不同意，认为苏东坡只是以响亮的文学之名“兼占”了书法之名。明代的董其昌甚至嘲笑苏东坡连用墨都秾丽得像是“墨猪”。但是，我还是高度评价《寒食帖》，因为它表现了一种倔犟中的丰腴、大气中的天真。笔墨随着心绪而偏正自如、错落有致，看得出，这是在一种十分随意的状态下快速完成的。正因为随意而快速，我们也就真实地看到了一种小手卷中的大笔墨、大人格。因此，说它“天下行书第三”，我也不反对。

然而，我却不认为苏东坡在书法上建立了一种完整的“苏体”。《寒食帖》中的笔触、结构，全是才气流泻所致，如果一个字、一个字地分拆开来，会因气失而形单。所以，苏字离气不立。历来学苏字之人，如不得气，鲜有成就。其实，即使苏东坡自己，他的《治平帖》《洞庭春色赋中山松醪赋合卷》《与谢民师论文帖》，也都显得比较一般。

这就是文化大才与专业书家的区别了。专业书家不管何时何地，笔下比较均衡，起落不大；而文化大家则凭才气驰骋，高低险夷，任由天机。

黄庭坚也就是黄山谷，曾被人称“苏门学士”之一，算是苏东坡的学生了。有人把他列为宋代第一书法家，例如康有为就说：“宋人书以山谷为最，变化无端，深得《兰亭》三昧。至其神韵绝俗，出于《鹤铭》而加新理。”

这里就可以看出康有为常犯的毛病了。评黄庭坚为宋书之最，不失为一种见解，但说他的字“变化无端”“神韵绝俗”，显然夸张。

黄庭坚认为《兰亭》有“宽绰有余之风韵”，所以自己的字也从“宽绰”上发展，一般以欹侧取势，长笔四展，撇捺拖出。这种风格，可以赞之为“恣逸舒展”，却未免锋芒坦露，笔画见俗，又雷同过多。因此，康有为说他“变化无端”，我却认为他“变化太少”；康有为说他“神韵绝俗”，我却认为他“拖笔见俗”。他的这种写法本也可以，但与《兰亭》三昧，颇有距离。

他的行书，较有代表性的是《松风阁诗卷》。相比之下，他的草书《李白忆旧游诗卷》和《诸上座帖》更好一些。因为有了较大变化，不再像行书那样拖手拖脚。但是，他的草书与唐代的张旭、怀素还是远不能比。原因是中气不足，通篇笔墨并非自然贯注，而有刻意铺排的表演感。酒神不见了，只见调酒师。

他自称草书得气于怀素的《自叙帖》。有一次他在几个朋友前执笔挥毫，受到称赞，但其中一位朋友客气地批评说：“你如果能够真的见到怀素《自叙帖》真迹，一定更有所得。”黄庭坚一听心里不痛快，但后来果然见到了《自叙帖》，“纵观不已，顿觉超异”，才知道当初那位朋友的批评是有道理的。

虽然有了这次心理转折，但我们还是没有在他以后的草书中看到太多怀素的风貌。明代画家沈周把他也奉为“草圣”，那就失去分寸了。哪有那么多“圣”？

在宋代，真正把书法写好了的是米芾。书界所说的“米南宫”“米襄阳”“米元章”“米颠”“米痴”，都是他。

少有这样一位书法家，把王羲之、欧阳询、褚遂良、颜真卿、柳公权全都认认真真地学了一遍，而且都学得相当熟练。然后，所有的“古法”全都成了自己的手法，刷、刷、刷地书写出来。那些笔法都很眼熟，但又无法确定是谁的“古法”，它们被交相取用，又被交相破格，成就了一个全能而又峭拔的他。

我本人在学书法过程中，曾从米芾那里获得过不少跳荡的愉悦感、多变的丰裕感、灵动的造型感。但在趋近多年后才发现，他所展现的，更多的是书法之“术”，而不是书法之“道”，因此反而又倒逆到他的源头上去了。

不错，在正峰、侧峰、藏峰、露峰的自然流转上，在正反偏侧、长短粗细的迅捷调度上，米芾简直无与伦比。但是时间一久，我们就像面对一个出神入化的工艺奇才，而不是面对一种出自肺腑的生命文化。

米芾对自己摹习长久的唐代书法前辈有相当严厉的批评，例如说欧阳询“寒俭无精神”，说虞世南“神宇虽清，而体气疲苶”，等等，这当然是后代的权利。他认为唐代的毛病是过于遵“法”，因此他要用晋代之“韵”来攻，这倒很有见地。遗憾的是，他在晋“韵”、唐“法”之后，又提出了自己的所谓宋“意”，却有点不知所云了。他的“意”包括意趣、色调、气骨、精神等等，范围很大，内容很泛，交叠很多，如果把这一切都一起打包，命名为宋“意”，与晋“韵”、唐“法”相提并论，在理论上实在有点混乱，而且对晋、唐也失之片面。

实践家一玩理论，常常会陷入这种云遮雾罩的谷地。如果理论家再跟着闹，那就更混乱了。

米芾的书法，多为行草。我最喜欢的，一是《蜀素帖》，二是《苕溪诗卷》。此外，《多景楼帖》《研山铭》也不错。

宋四家最后一位是蔡襄。但也有人说，他应该排在第一位。苏东坡本人也这么说过，有自谦之嫌，姑且不论；而明代学者盛时泰的看法更有一种鸟瞰式的比较：

> 宋世称能书者，四家独盛。然四家之中，苏蕴藉，黄流丽，米峭拔，皆令人敛衽，而蔡公又独以深厚居其上。
>
> （《苍润轩碑跋》）

可以相信蔡襄是“深厚”的，晋、唐皆通，行、草并善，而且也体现了自己的特色。但是，文化大河需要的，是流动，是波浪，是潮声，是曲折，是晨曦晚霞中的飞雁和归舟，是风雨交加时的呐喊和搏斗，而不是仅仅在何处有一个河床最深的静潭。

蔡襄什么都好，就是没有自己的生命强光。看他的书法，可以点头，却不会惊叹。这种现象，在古今中外文化史上所在多有。因此，我还是把他放在宋书第四位。

蔡襄的字帖中，他自己得意的《山居帖》我评价不高。倒是《别已经年帖》和《离都帖》，都还不错。

十一

元代不到百年，汉人地位低下，本以为不会有什么汉文化了，没想到例外迭出。不仅出了关汉卿、王实甫、纪君祥，一补中国文化缺少戏剧的两千年大憾，而且还出了黄公望，以一支闲散画笔超越宋代皇家画院的全部画家。书法的运气没这么好，却也有一个赵孟頫，略可安慰。

在我看来，赵孟頫的书法，大大超过了黄庭坚和蔡襄。他的笔下，那么平静、和顺、温润、娴雅，实在难能可贵。他的众多书帖，也很适合做习字范本。行草最佳者，为《嵇叔夜与山巨源绝交书》《纨扇赋》《赤壁赋》。晚年那本《玄都坛歌》向被评为代表作，反不如前面三本，原因是太过精细，韵力已失，出现较多软笔鼠尾。行楷佳者甚多，如《胆巴碑》《福神观记》《玄妙观重修三门记》《妙严寺记》。其中有几本，介于行楷和楷书之间。楷书佳者，有《汲黯传》《千字文》。

赵孟頫的问题，是日子过得太好了，缺少生命力度。或者说，因社会地位而剥夺了生命力度。他是宋朝宗室，太祖子秦王的后裔。谁知宋元更替后受到新朝统治者的更大重视，成了元代文化界领袖。这种经历，使他只能尊古立范，难于自主创新。他总是高高在上，汲取不了民间大地粗粝进取的力量。

顺便提一句，他的儿子赵雍所写《致彦清都司相公尺牍》及《怀净土诗帖》等，水准不低于他。

明代书法，与文脉俱衰。但因距今较近，遗迹易存，故事颇多，反而产生更高知名度。大凡当时的官员、士人、酒徒、狂者、画师，再不济也有一手笔墨，在今天常被称为“一代书家”。尤其近年在文物拍卖热潮中，这种颠倒历史轻重的现象越来越多。那些原来只敢用于对晋唐经典的至高评语，也被大量滥用于后世平庸墨迹，识者不可不察，否则就不能被称为“知书达理”了。

大概从十五世纪末期开始吧，苏州地区开始产生一些文化动静。几个被称为“吴中才子”的人如祝允明、唐寅、文徵明等擅长书法，被比他们稍晚的同籍学人王世贞称之为“天下书法归吾吴”。当时其他地区的文墨可能都比较寥落，但他的口气却让人很不舒服。因为这几个人的笔墨程度，实在扛不起“天下书法”这几个大字。说了这几个大字，人们就有权利搬出王羲之、颜真卿、欧阳询他们来了，这几个才子该往哪里躲？

这几个才子中，多年前我曾关注过文徵明。他在八十多岁的高龄还能写出清俊遒媚的行书，让人佩服一位苏州老人的惊人健康。那时，与他同龄的唐寅已经去世三十多年了。文徵明的缺点与其他几位才子相近，那就是虽娴熟而少气格。他们如果书写自己的诗文，让人一读就觉得流畅有余而文采疲弱，那就反过来会把书写的笔墨再看低几度。当然，文徵明的行书比之于唐寅还是高出不少。论草书，几个吴中才子中最好的是祝允明，代表作有《前后赤壁赋》《滕王阁序并诗卷》。当然，比黄庭坚的草书还差很多，更不必说与张旭、怀素他们比了。

明代书法，真正写好了的是两人，一是上海人董其昌，二是河南人王铎。而王铎，后来还活到了清朝。

董其昌明确表示看不起前辈书家文徵明、祝允明。论者据此讥其“自负”，我却觉得他很有道理，也有资格。他又认为，自己比赵孟頫更熟悉古人书法，但赵孟頫求熟练，而自己反而求生疏，结果，“赵书因熟得俗态，吾书因生得秀色”。这种说法有点傲慢，却契合文化哲学。他的字，萧散古淡、空灵秀美，等级不低，只是有时写得过于随意，失了水准。这一点他自己也承认，说自己平日写字不太认真，如果认真了，会比赵孟頫好。

我对他的《尺牍》《李白月下独酌诗卷》都有较高评价，前者汇融古人，后者得见自己。但是，《试墨帖》又把后者的特点往前推了，飞动有余而墨色单薄，太“上海”了。

与董其昌构成南北对照，王铎创造了一种虎奔熊跃的奇崛风格，让委靡的明代精神一振。

我曾多次自问，如果生在明代，会结交董其昌还是王铎？答案历来固定：王铎。王铎的笔墨让我重温阔别已久的男子汉精神，即用一种铁铸漆浇的笔画，来宣示人格未溃、浩气犹存。更喜欢《忆游中条语轴》《临豹奴帖轴》《杜甫诗卷》的险峻盘纡结构，以一种连绵不绝的精力曲线，把整个古典品貌都超越了，实在是痛快淋漓。

我认为，这是全部中国书法史的最后一道铁门。

在这一道铁门外面，是一个不大的院落了。那里，还有几位清代书家带着纸墨在栖息。让我眼睛稍稍一亮的，是邓石如的篆隶、伊秉绶的隶书、何绍基的行草、吴昌硕的篆书。

除此之外，清代书法，多走偏路。或承台阁之俗，或取市井之怪，即便有技、有奇、有味，也局囿一隅，难成大器。历史已入黄昏，文脉已在打盹，笔墨焉能重振？

只能这样了。

猜测黄帝

一个人面对一种宏大的文化，就像一个小孩面对一座大山。尽管住在山脚下，天天看见它，但要真正了解它，几乎不可能。这是因为，它的悠久历史，与小孩的年岁构不成平等的对话；它的惊人体量，与小孩的躯体形不成合理的互视。

只有极小的可能，这个小孩在经历了残酷的磨炼之后，在一个极为安静又极为孤独的境遇中，开始对家门口的大山重新打量、重新猜测、重新感悟、重新发现。

我对中国文化史的重新打量，就发生在一个特殊的年月，一个特殊的地方。我将用“猜测黄帝”“感悟神话”“发现殷墟”三个话题，来表述我在近乎偶然的情况下突然对家门口的大山深感惊讶、开始探寻的过程。

一

那天夜里，风雨实在太大，大到惊心动魄。

是台风吗？好像时间还早了一点。但在半山小屋遇到那么大的风雨，又是在夜间，心里感觉比什么级别的台风都要恐怖。

我知道这山上没有人住。白天偶尔有一些山民上来，但说是山民，却都住在山脚下。因此，在这狂风暴雨的涡旋中，我彻底孤单。蔓延无际的林木这时候全都变成了黑海怒涛，它们不再是自己，而是天地间所有暴力的体现者和响应者，都在尽着性子奔涌咆哮、翻卷肆虐。

没有灯火的哆嗦，没有野禽的呻吟，没有缓释的迹象，没有黎明的印痕。一切都没有了，甚至怀疑，朗朗丽日下的风轻云淡，也许只是一个奢侈的梦影？

这个时候最容易想起的，是千万年前的先民。他们在草泽荒滩上艰难迈步的时候，感受最深的也一定是狂风暴雨的深夜。因为，这是生存的悬崖，也是毁灭的断壁，不能不全神贯注，触目惊心。对于平日的寻常气象、山水风景，他们也有可能淡淡地瞭上两眼，却还分不出太多的心情。

此刻我又顺着这个思路想开去了，一下子跳过了夏、商、周、春秋战国、秦、两汉，来到了史前。狂风暴雨删去了历史，让我回到了只有自然力与人对峙的洪荒时代。很多画面交叠闪现，我似乎在画面里，又似乎不在。有几个人有点脸熟，仔细一看又不对……

——这时，我已经渐渐睡着了。

等我醒来时听到了鸟声，我知道，风雨已经过去，窗外山光明媚。

我说过，我在山上不小心碰上了蒋介石的一个隐秘藏书楼。原来叫“中正图书馆”，一九四九年之后当然废弃了，却没有毁坏，摘下了牌子，关闭了门窗，由一位年迈的老大爷看守着。老大爷在与我进行过一次有关古籍版本的谈话后，如遇知音，允许我可以任意阅读藏书楼里所有的书。我认真浏览了一遍，已经把阅读重点放在《四部备要》《万有文库》和《东方杂志》上。

由于一夜的风雨，今天的山路上全是落叶断枝。空气特别清新，山泉格外充沛。我上山后放好买来的干粮，又提着一个小小的铁皮桶到溪边打了一桶山泉水回来，便静静地坐着，等待老大爷上山，打开藏书楼的大门。

二

与世界上其他古老帝国总是互相远征、互毁文明的情形不同，历代中国人内战再激烈，也只是为了争夺对华夏文明的正统继承权，因此无论胜败都不会自毁文明。即便是周边地区的游牧群落入主中原，也迟早会成为华夏文明中的一员。

这么一想，我潜迹半山的生活立即变得纯净。当时山下的形势还十分险恶，我全家的灾难仍然没有解除。但我的心态变了，好像层层叠叠的山坡、山树、山岚一齐拽着我蹬开了山下的浑浊喧嚣，使我飘然升腾。一些看似空泛不实的大课题浮现在眼前，而且越来越让我感受到它们的重要性。

例如，什么是华夏文明？什么是炎黄子孙？

答案在五千年之前。

我当时想，什么时候世道靖和，我会下山，去瞻仰一些历史遗址。因为正是那些地方，决定了中国人之所以成为中国人。此刻在山上，只能边读古籍边遥想，让心灵开始踏踏绊绊地旅行。

我在早晨轻轻自语：黄帝，对，还是从五千年的黄帝开始，哪怕是猜测。

三

猜测黄帝，就是猜测我们遥远的自己。

其实，很早就有人在猜测了。

从藏书楼书架上取下写于两千一百多年前的《淮南子》，其中有一段说——

> 世俗之人多尊古而贱今，故为道者必托之于神农、黄帝而后能入说。

可见早在《淮南子》之前，人们不管说什么事都喜欢扯上炎帝、黄帝了，好像不这么扯就没有办法使那些事重要起来。这么扯来扯去，炎帝和黄帝的故事就编得越来越多、越来越细，当然也越来越不可信。结果，到了司马迁写《史记》的时代，便出现了“愈古则材料愈多”的怪现象。

大家先是为了需要而猜测，很快把猜测当做了传说，渐渐又把传说当做了史实，越积越多。其中很多内容听起来奇奇怪怪、荒诞不经，因此司马迁说：“百家言黄帝，其文不雅驯。”

这种情形直到今天我们还很容易体会。看看身边，越是模糊的事情总是“故事”越多，越是过去的事情总是“细节”越全，越是虚假的事情总是“证据”越硬，情形可能有点类似。

司马迁根据自己的鉴别标准对这些内容进行了比较严格的筛选，显示了一个历史学家的职守。但是，他的《史记》还是从黄帝开始的。他确认，不管怎么说，黄帝是中国历史的起点。

这事过了整整两千年之后，被怀疑了。二十世纪二十年代，一批近代历史学家，根据欧洲的实证主义史学观，认为中国历史应该从传说中彻底解脱出来。他们把可信的历史上限划到东周，也就是春秋战国时期。他们认为在这之前的历史是后人伪造的，甚至断言司马迁也参加了伪造。因此，他们得出结论："东周以上无史。"按照这种主张，中国历史的起点是公元前九世纪，离现在不到三千年。而黄帝的时代，虽然还无法做准确的年代推定，但估摸着也总有四五千年了吧。这一来，中国的历史被这股疑古思潮缩短了一小半。

疑古思潮体现了近代科学思维，显然具有不小的进步意义。至少，可以嘲弄一下中国民间历来喜欢把故事当做历史的浅薄顽癖。但是，这毕竟是近代科学思维的初级形态，有很大的局限性，尤其无法处置那些属于"集体无意识"的文化人类学课题，无法解读神话传说中所沉淀的群体密码，无法阐释混沌时代所蕴藏的神秘真实。这个问题，我在以后还会专门说一说。

其实十九世纪的西方考古学已经开始证明，很多远古传说极有可能掩埋着让人们大吃一惊的史实。例如德国考古学家谢里曼（Heinrich Schliemann）从一八七〇年开始对于特洛伊遗址的挖掘，一八七四年对于迈锡尼遗址的挖掘，以及英国考古学家伊文斯（Arthur Evans）一九〇〇年对于克诺索斯王宫遗址的挖掘，都证明了《荷马史诗》和其他远古传说并非虚构。

就在伊文斯在希腊克里特岛上发掘克诺索斯王宫的同时，中国发现了甲骨文，有力地证明商代存在的真实性。这就把疑古的学者们所定的中国历史的上限公元前九世纪一下子推前到了公元前十四世纪。有些疑古学者步步为营，说："那么，公元前十四世纪之前的历史是伪造的。"其实，甲骨文中的不少材料还可以从商代推到夏代。

半山藏书楼的古代典籍和现代书刊被我反复地翻来翻去，我又发现了另外一个秘密。

那就是，在疑古思潮产生的更早一点时间，学术文化界还出现过“华夏文明外来说”。先是一些西方学者根据他们对人类文明渊源的强烈好奇，依据某些相似的细节，大胆地拉线搭桥，判断华夏文明来自于埃及、印度、土耳其、东南亚、巴比伦。其中影响较大的，是巴比伦，即幼发拉底河、底格里斯河流域的美索不达米亚文明所在地。

那地方，确实是人类文明最早的发祥地。很多古代文明都从那里找到了渊源，有的学者已经断言那是“人类文明唯一的起点”。那么，华夏文明为什么不是呢?

连中国一些很著名的学者也被这种思潮裹卷，而且又从中国古籍中提供一些“证据”。例如蒋观云、刘师培、黄节、丁谦等都是。当时的一份《国粹学报》就发表过好几篇这样的文章。让我惊讶的是，大学问家章太炎也在他的《序种姓篇》中赞成了外来说。

设想都非常开放，理由都有点勉强，往往是从一些古代中外名词在读音上的某些相近来做出大胆的推断。例如章太炎认为中国的“葛天”，很可能是“加尔特亚”的转音；黄节认为中国的“盘古”，很可能是“巴克”的转音；刘师培认为中国的“泰帝”，很可能是“迦克底”的转音。在这件事情上做得比较过分的是丁谦，他断言华夏文明早期创造的一切，巴比伦文明都已经有了，包括天文、历法、数学、井田制、服饰、器用都来自那里。连文字也是，因为据说八卦图像与巴比伦的楔形文字有点相似。有的学者甚至凭着想象把巴比伦文明传入华夏大地的路线图都画出来了。

更有趣的是，不同的幻想之间还发生争论，就像两个睡在同一个屋子里的人用梦话争吵了起来。例如丁谦认为，把巴比伦文明传入中国的带头人是盘古，而章鸿钊则认为是黄帝。理由之一是，庄子说过黄帝登昆仑之上，而昆仑山正好是巴比伦文明传入中国的必经中介。

不应该责怪这些学者“数典忘祖”。他们突然受到世界宏观思维的激励，试图突破千年传统观念探索华夏文明的异域源头，这并不影响他们对华夏文明的热爱。他们中有的人还是杰出的爱国人士。但是毫无疑问，他们的论述暴露了中国传统学术方法的典型弊病，那就是严重缺乏实证材料，却又好做断语。即便有一点“实证”，也是从文本到文本的跳跃式比照，颇多牵强附会。若要排除这种牵强附会，必须有一种“证伪”机制，即按照几个基本程序证明伪之为伪，然后方知真之为真。这些断言华夏文明来自巴比伦的学者，在自己的思维中从来就缺少这种逆向的证伪习惯，因此听到风就是雨了，而且是倾盆大雨。

但是，考古学家们发现了越来越多的实物证据，不断地证明着这片土地上文明发生的独立根脉。我还朦胧记得，好像是地质学家翁文灏吧，发表文章阐述远古大洪水所沉积的黄土与大量旧石器时代文物的关系，证明黄河流域也有过旧石器时代，与西方的旧石器时代平行共存。他的文章我也是在半山藏书楼看到的，但那篇文章的标题，现在记不起来了。

有过了“疑古”“外来”这两大思潮，又有了不少考古成果，我们就可以重新检视史料记载，对黄帝时代做出比较平稳的猜测了。

看管半山藏书楼的老大爷已经连续问了我三次：“这么艰深的古书，这么枯燥的杂志，你那么年轻，怎么有耐心几个月几个月地看下去？”

前两次我只是笑笑，等到问第三次时，我做了回答。

我说：“大爷，只要找到一个有意义的大疑问，看古往今来的相关争论，然后加入自己的判断和猜测，这就像看一场长长的球赛，看着看着自己也下场了，非常有趣。”

其实，这也就是我初步建立的学术路线。

四

我当时对黄帝的猜想只能是粗线条的，因为半山藏书楼虽然有不少书籍，但毕竟有限。

黄帝，是华夏民族实现第一次文明腾跃的首领。在这之前，中国大地还处于混沌洪荒之中。因此，后代就把各项文明的开创之功都与他联系在一起，贴附在他身上，并把他看成是真正的始祖。这并不是说，华夏文明由他开始，而只是说，决定华夏文明之成为华夏文明的那个关键历史阶段，以他为代表。

黄帝出生在哪里？肯定不是巴比伦，而是在黄河流域。在黄河流域哪一段？这就不是很重要了，因为他的部落一直在战争中迁徙，所谓“迁徙往来无常处，以师兵为营卫”。有关黄帝出生地的说法倒是有好几种，牵涉到现在从甘肃到山东的很多省。经过仔细比较，陕西、河南两地似乎更有说服力。而我个人则倾向于河南新郑，那里自古就有“轩辕之丘”“有熊氏之墟”。黄帝号“轩辕氏”，又号“有熊氏”，可以对应起来。

黄帝有一个“生死冤家”，那就是炎帝。

历来有不少人认为炎帝就是神农氏，但也有人说他只是神农氏时代的最后一位首领。炎帝好像出生在陕西，后来也到河南来了，并且延伸到了长江流域。

黄帝和炎帝分别领导的两个部落，在当时是最显赫的。

炎帝的主要业绩比较明确，那就是农业。他带领人们从采集野果、捕鱼打猎的原始生态，进入到农业生态，开始种植五谷菜蔬，发明了“火耕”的方法和最早的耕作农具。他也触及了制陶和纺织，还通过“尝百草”而试验医药。显然，炎帝为这片土地的农耕文明打下了最初的基础。

相比之下，黄帝的业绩范围就扩大了很多。除了农业，还制作舟车、养蚕抽丝、制玉、做兵器，并开始采铜，发明文字和历法。

由此做出判断，黄帝应该比炎帝稍稍晚一点。在农耕文明的基础上，黄帝可以有多余的财富来做一些文明等级更高的事情了。这样，后来他们发生军事对峙，也就各自代表着前后不同的历史痕迹。简单说来，黄帝要比炎帝进步一点。所谓“轩辕之时，神农世衰”，就传达了这样的信息。

在我的猜想中，炎帝平和务实，厚德载物；而黄帝则气吞山河，怀抱千里。

据《商子》记载，在炎帝的部落里，“男耕而食，妇织而衣，刑政不用而治，甲兵不起于王”。这实在是一个让后人永远向往的太平世道。《庄子》也有记载，说那个时期“耕而食，织而衣，无有相害之心”。按《庄子》的说法，那还是一个“民知其母，不知其父”的母系社会。其实，从其他种种迹象判断，那已经是一个从母系社会向父系社会过渡的时代。

黄帝就不一样了。男性的力量大为张扬，温柔的平静被打破，试图追求一种更加宏大的平衡。《史记・五帝本纪》说黄帝“习用干戈”“修德振兵”“抚万民，度四方”，俨然是一位骑在战马上俯瞰原野的伟大首领。

黄帝所达到的高度，使他产生了统治其他部落的雄心。这在大大小小各个部落互相杀伐的乱局中，是一种自然心理。而且，从我们今天的目光看去，这也是一种历史需要。

大量低层次的互耗，严重威胁着当时还极为脆弱的文明底线，因此急于需要有一种力量来结束这种互耗，使文明得以保存和延续。于是，鸿蒙的声音从大地深处传出：王者何在？

这里所谓的“王者”，还不是后世的“皇帝”，而是一种不追求个人特权，却能感召四方、平定灾祸的意志力。但是，这种意志力在建立过程中，必然会遇到无数障碍，其中最大的障碍，往往是与自己旗鼓相当、势均力敌的强者。对黄帝而言，第一是炎帝，第二是蚩尤。

炎帝的文明程度也比较高，也曾收服过周边的一些部落，因此很有自信，不认为自己的部属必须服从黄帝。

就自身立场而言，这种“保境安民”的思维并没有错，但就整体文明进程的“大道”而言，却成了阻力。而且，在这个时候他的部落已经开始衰落。

黑格尔说世上最深刻的悲剧冲突，双方不存在对错，只是两个都有充分理由的片面撞到了一起。双方都很伟大和高尚，但各自为了自己的伟大和高尚，又都无法后退。

黄帝和炎帝，华夏文明的两位主要原创者，我们的两位杰出祖先，终于成了战争中的对手。

作为他们的后代，我们拉不住他们的衣袖。他们怒目相向，使得一直自称“炎黄子孙”的我们十分尴尬。说时迟那时快，他们已经打起来了。

不难想象，长年活动在田野间的农具发明家炎帝必然打不过一直驰骋在苍原上的强力拓展者黄帝。这个仗打得很惨。

惨到什么程度？只知道，从此中国语文中出现了一个让人触目惊心的用语：“血流漂杵。”杵，舂粮、捶衣的圆木棒。战场上流血太多，把这样的圆木棒都漂浮起来了，那是什么样的场面！

这场战争出现在中国历史的入场口，具有宏大的哲学意义。它告诉后代，用忠奸、是非、善恶来概括世上一切争斗，实在是一种太狭隘的观念。很多最大的争斗往往发生在文明共创者之间。如果对手是奸佞、恶棍，反倒容易了结。长期不能了结的，大多各有庄严的持守。

遗憾的是，这个由炎黄之战首度展示的深刻道理很少有人领会，因此历来总把一部部难于裁断的伤痛历史，全然读成了通俗的黑白故事。

黄帝胜利后，他需要解释这场战争，尤其是对炎帝的大量部族和子民。他对于死亡了的炎帝动用了一个可重可轻的概念：无道。至少在当时大家都明白，这不是说炎帝没有道德，而是说炎帝没有接受黄帝勇任王者的大道。

这种说法延续了下来。贾谊的《新书·益壤》记载：

> 炎帝无道，黄帝伐之涿鹿之野，血流漂杵，诛炎帝而兼其地，天下乃治。

这样的记载猛一读，会对炎帝产生负面评价，其实是不公平的。

这里所说的涿鹿之野，应为阪泉之野，涿鹿之野是后来黄帝战胜蚩尤的地方。黄帝战胜蚩尤的事，另是一番壮阔的话题。我的《山河之书》中有一篇《蚩尤的后代》，写到了这件事。

五

黄帝相继战胜炎帝和蚩尤之后，威震中原，各方势力“咸尊轩辕为天子”。原来炎帝的部落与黄帝的部落地缘相近，关系密切，很自然地组成了“炎黄之族”。这中间其实还包含着蚩尤和其他部落的文明。后来，各地各族的融合进一步加大加快，以血缘为基础的原始部落逐渐被跨地域的部落联盟所取代，出现了“华夏大族”的概念。

“华夏”二字的来源，说法很多。章太炎认为是从华山、夏水而来。而有的学者则认为“华”是指河南新郑的华阳，“夏”的本义是大，意谓中原大族，连在一起可理解为从华阳出发的中原大族。也有学者认为“华”的意义愈到后来愈是摆脱了华山、华阳等具体地名，而是有了《说文》里解释的形容意义：“华，荣也。”那么，“华夏”也就是指“繁荣的中原大族”。

这就遇到历史地理学、语言文字学和社会心理学之间的不同坐标了。因各有其理，可各取所需，也可兼收并采。

黄帝之后，便是著名的尧、舜、禹时代。

这三位部落联盟的首领，都拥有高尚的道德、杰出的才能、辉煌的业绩，因此也都拥有了千古美名。在此后的历史上，他们都成了邈远而又高大的人格典范，连恶人歹徒也不敢诋毁。原因是，他们切切实实地发展了黄帝时代开创的文明事业，有效地抗击了自然灾害，推进了社会管理制度，使华夏文明更加难于倾覆了。

由于社会财富的积累、利益争逐的加剧，权力性质发生了变化。英雄主义的无私首领，不能不演变为巨大利益的执掌者。终于，大禹的儿子建立了第一个君位世袭的王朝——夏。

君王世袭制的建立，很容易被激进的现代学人诟病，认为这个曾经为了治水“三过家门而不入”的大禹，终于要安排子孙把财富和权力永远集中在自家门内，成为“家天下”。其实，这是在用现代小农思维和市民心理贬低远古巨人。

一种重大政治制度的长久建立，大多是当时当地生产力发展和各种社会需要的综合成果，而不会仅仅出于个人私欲。否则，为什么人类所有重大的古文明都会必然地进入帝国时代？

部落首领由谁继位，这在大禹的时代已成了一个极为复杂险峻、时时都会酿发战祸的沉重问题。选择贤者，当然是一个美好的愿望。但是，谁是贤者？哪一个竞争者不宣称自己是贤者？哪一个族群不认为自己的头目是贤者？

在这种情况下，鉴定贤不贤的机制又在哪里？这种机制是否公平，又是否有效？如果说，像大禹这样业已建立了“绝对权威”的首领可以替代鉴定机制，那他会不会看错？如果壮年时代不会看错，那么老了呢？病了呢？精神失控了呢？退一万步说，他永远不会看错，那么，在他离世之后又怎么办？他的继位者再做选择的时候，会不会因为缺少权威而引起纷争？当纷争一旦燃烧为战火，谁还会在乎部落？谁还会在乎联盟？当一切都不在乎的时候，文明何在？苍生何在？……

这一系列问题，人类是在经历了几千年的摸索之后才渐渐找到出路的，但直到今天，任何一条出路仍然无法适合不同的地域。因此，要大禹在四千多年前眼看禅让选贤的办法已经难于继续的时候立即找到一个有效的民主选拔制度，是颠倒历史的幻想。

在大禹看来，与其每次选拔都会引发一场腥风血雨，还不如找一条能够堵住太多野心的小路，那就是世袭。世袭中也会有争夺，但规模总要小得多，与苍生关涉不大。高明的大禹当然不会不知道，儿孙中必有不良、不肖、不才之辈，将会辱没自己的家声和王朝尊严，也会给他们自己带来灾祸。但是，这又有什么办法呢？或许，可以通过强化朝廷的辅佐力量和行政机制来弥补？总而言之，这是在文明程度还不高的时代，为了防止无休无止的权力争夺战而做出的无奈选择。

不管怎么说，在当时，夏朝的建立是华夏文明的一个新开端。从现代世界判断文明程度的一些基本标准，例如是否拥有文字、城市、青铜器、祭祀来看，华夏文明由此迈进了一个极重要的门槛。

时间，大概在公元前二十一世纪。

从此，“茫茫禹迹，划为九州”。

传说时代结束了。

六

读完半山藏书楼里有关传说时代的资料，已是夏天。山上的夏天早晚都不炎热，但在中午完全没风的时候，整座山就成了一个大蒸笼，恍惚中还能看到蒸气像一道道刺眼的小白龙在向上游动。

一动不动地清坐着，还是浑身流汗。我怕独个儿中暑，便赤膊穿一条短裤，到住所不远处的一条小溪边，捧起泉水洗脸洗身子，顿时觉得浑身清爽。但很快又仓皇了，因为草丛中窜出一大群蚊子，叮上我了。小时候在家乡只知道蚊子是晚上才出来的，没想到在山上没有这个时间界限。

我赶紧返回，蚊子还跟着。我奔跑几步，蚊子跟不上了，但也许是我身上全是泉水和汗水，滑滑的，蚊子叮不住。

我停下脚步，喘口气。心想，不错，四千一百多年前，传说的时代结束了。

感悟神话

一

笃，笃，笃，有人敲门。

在这半山住所，这还是第一次。我立即伸手去拉门闩，却又停住了。毕竟，这儿远近无人……

门外喊起了我的名字。一听，是山下文化馆的两位工作人员。当初盛钟健老师正是通过他们才帮我找到这个住处的。

我刚开门，他们就告诉我一个惊人的消息：就在两天前，唐山发生了大地震，死亡几十万人。

“唐山？”我一时想不起在哪里。

“北京东边，所以北京有强烈震感。”他们说。

他们来敲门，是因为接到了防震通知，正忙着在各个乡村间布置，突然想到半山里还藏着一个我。他们担心，如果这儿也有地震，我住的房子很有可能坍塌，要我搬到不远处一个废弃的小庙里去住。那个小庙低矮，木结构，好像不容易倒下来，即使有事也更容易逃奔。

我的全部行李，一个网兜就装下了，便随手一提，立即跟着他们去了小庙。其实，一旦地震那个小庙也十分危险，但我不相信北方刚刚震过江南还会震，就感谢他们两人的好心，在小庙住下了。

住在小庙里无书可读。半山藏书楼属于危房，已经关闭，看管的老大爷也不上山了。我只得白天在山坡上到处溜达，晚上早早地躺在一张由门板搭成的小床上，胡思乱想。

直到昨天，我的思路一直锁定在遥远的传说时代，因此即便胡思乱想也脱不开那个范围。只不过，刚刚发生的大地震常常穿插进来，几十万人的死亡现场与四五千年前的天地玄黄，反复叠影。面对天灾，古代和现代并没有什么界限。

人世间的小灾难天天都有，而大灾难却不可等闲视之，一定包含着某种大警告、大终结，或大开端。可惜，很少有人能够领悟。

这次唐山大地震，包含着什么需要我们领悟的意义呢？

我想，人们总是太自以为是。争得了一点权力、名声和财富就疯狂膨胀，随心所欲地挑动阶级斗争、族群对立，制造了大量的人间悲剧。一场地震，至少昭示天下，谁也没有乾坤在手、宇宙在握。只要天地略略生气，那么，刚刚还在热闹着的运动、批判、激愤，全都连儿戏也算不上了。

天地自有天地的宏大手笔，一撇一捺都让万方战栗。这次在唐山出现的让万方战栗的宏大手笔，显然要结束一段历史。但是这种结束又意味着什么？是毁灭，还是开启？是跌入更深的长夜，还是迎来一个黎明？

对于这一切，我还没有判断能力。但是已经感受到，不管哪种结果，都会比金戈铁马、运筹帷幄、辞庙登基、慧言宏文更重要。凸现在苍生之前的，是最关及生命的原始母题，例如怎么让民众平安地过日子，端正地对天地。在这个关口上最容易让人想起几千年前就行走在这片大地上的那些粗粝的身影。他们很少说话，没有姓名，更没有表情，因此也没有人能够把他们详细描述，而只是留下一些行为痕迹，成为永久的传说。

这让我又想起了从黄帝到大禹的传说时代。

那个时代，即便在结束很久之后，还在无限延续。原因是，一个民族最早的传统和神话，永远是这个民族生死关头的最后缆索。

反正这些日子找不到书了，就让我凭借着一场巨大天灾，在这荒无人烟的地方，重温那些传说和神话。

二

传说和神话为什么常常受到历史学家的鄙视？因为它们不在乎时间和空间的具体限定，又许诺了夸张和想象的充分自由。但是，超越这些限定、享有这些自由的，极有可能是人类的信念、理想和祈愿，这就远比历史学重要了。历史学作为世间千万学科中的一门学科，并没有凌驾全部精神领域的权力。

有些历史学家比较明智，凭借西方考古学家对某些遗址的发掘，认为传说与历史未必对立，甚至尽力为神话传说中“有可能”的真实辩护，肯定那里有“历史的质素”“事实的质地”。例如我在半山藏书楼看到过王国维在一九二五年发表的《古史新证》，其中说：“上古之事，传说与史实混而不分，史实之中固不免有所缘饰，与传说无异，而传说之中往往有事实之素地。”

能这样说，已经很不容易了，但仍然没有摆脱历史学的眼光。

按照文化人类学的眼光，传说中包含着一种属于集体心理的真实。集体心理不仅也是一种真实，而且往往比历史真实更重要。这就像晚霞给人的凄艳感受、修竹给人的风雅印象，长年累月也成了一种真实，甚至比它们在天象学和植物学上的真实更有意义。

在所有这类传说中，神话更具有根本性的“原型”价值。

在远古时代，神话是祖先们对于所见所闻和内心愿望的天真组建。这种组建的数量很大，其中如果有几种长期流传，那就证明它们契合了一个民族数代人的共同愿望。这就是我们所说的“原型”，铸就了整个民族的性格。

中国古代的神话，我将之分为两大系列，一是宏伟创世型，二是悲壮牺牲型。

盘古开天、女娲补天、羿射九日，都属于宏伟创世型；而精卫填海、夸父追日、嫦娥奔月，则属于悲壮牺牲型。这中间，女娲补天、精卫填海、夸父追日、嫦娥奔月这四则神话，具有很高的审美价值，足以和世界上其他古文明中最优秀的神话媲美。

这四则神话的主角，三个是女性，一个是男性。他们让世代感动的是躲藏在故事背后的人格。这种人格，已成为华夏文明的集体人格。

先说补天。

世道经常会走到崩溃的边缘，很多人会逃奔、诅咒、互伤，但总有人会像女娲那样站起来，伸手把天托住，并炼就五色石料，进行细心修补。要知道，让已经濒于崩溃的世道快速灭绝是痛快的，而要炼石修补则难上加难。但在华夏土地上，请相信，一定会有这样的人出来。

文明的规则，并不是一旦创建就会永享太平，也不是一旦破裂就会全盘散架。天下是补出来的，世道也是补出来的。最好的救世者也就是最好的修补匠。

后代很多子孙，要么谋求改朝换代，要么试图造反夺权，虽然也有自己的理由，却常常把那些明明可以弥补、改良的天地砸得粉碎，一次次让社会支付惨重的代价。结果，人们看到，许多号称开天辟地的济世英雄，很可能是骚扰民生的破坏力量。他们为了要让自己的破坏变得合理，总是竭力否定被破坏对象，甚至彻底批判试图补天的人物。久而久之，就普及了一种破坏哲学，或曰颠覆哲学。

面对这种情况，补天，也就变得更为艰难，又更为迫切。

但是，我说过，在华夏土地上，补天是基本逻辑。

再说填海。

这是华夏文明的又一种主干精神。精卫的行为起点是复仇，但是复仇的动机太自我，支撑不了一个宏伟的计划。终于，全然转化成了为人间消灾的高尚动机，使宏伟有了对应。

更重要的是，这是一个在有生之年看不到最终成果的行动。神话的中心形象是小鸟衔石填海，以日日夜夜的点点滴滴，挑战着无法想象的浩瀚和辽阔。一开始，人们或许会讥笑这种行为的无效和可笑，但总会在某一天突然醒悟：在这样可歌可泣的生命力盛典中，最终成果还重要吗？而且，什么叫最终成果？

海内外有不少学者十分强调华夏文明的实用性原则，我并不完全同意。大量事实证明，华夏文明更重视那种非科学、非实用的道义原则和意志原则。精卫填海的神话就是一个雄辩的例证。由此，还派生出了“滴水能穿石”“铁杵磨成针”等相似话语。这几乎成了中国民间的信仰：集合细小，集合时间，不计功利，终能成事。

如果说类似于补天救世的大事不容易经常遇到，那么，类似于衔石填海这样的傻事则可能天天发生。把这两种精神加在一起，大概就是华夏文明能够在世界所有古文明中唯一没有中断和灭亡的原因。

再说追日。

一个强壮的男子因好奇而自设了一个使命：追赶太阳。这本是一个近乎疯狂的行为，却因为反映了中国人与太阳的关系而别具深意。

在“天人合一”的华夏文明中，太阳和男子是平等的，因此在男子心中不存在强烈的敬畏。在流传下来的早期民谣中，我们不难发现与自然对话、对峙、对抗的声音。这便是中国式的“人本精神”。

这位叫夸父的男子追日，是一场艰苦和兴奋的博弈。即便为这场博弈而付出生命代价，他也毫不在乎。追赶就是一切，追赶天地日月的神奇，追赶自己心中的疑问，追赶自身力量的底线。最后，他变作了一片桃林。

我想，不应该给这个神话染上太重的悲壮色彩。想想这位男子吧，追不着的太阳永在前方，扑不灭的自信永在心中，因此，走不完的道路永在脚下。在这个过程中，天人之间构成了一种喜剧性、游戏性的互诱关系。这个过程证明，“天人合一”未必是真正的合一，更多的是互相呼应，而且很有可能永远也不能直接交集。以此类推，世间很多被视为“合一”的两方，其实都是一种永久的追逐。

最后，要说奔月。

这是一个柔雅女子因好奇而投入的远行，远行的目标在天上，在月宫。这毕竟太远，因此这次远行也就是诀别，而且是与人间的诀别。

有趣的是，所有的人都可以抬头观月，随之也可以凭着想象欣赏这次远行。欣赏中有移情，有揣摩，有思念，让这次远行有了一个既深邃又亲切的心理背景。“嫦娥应悔偷灵药，碧海青天夜夜心。”这“夜夜心”，是嫦娥的，也是万民的。于是这则神话就把蓝天之美、月亮之美、女性之美、柔情之美、诀别之美、飞升之美、想象之美、思念之美、意境之美全都加在一起了，构成了一个只能属于华夏文明的“无限重叠型美学范式”。

这个美学范式的终点是孤凄。但是，这是一种被万众共仰的孤凄，一种年年月月都要被世人传诵的孤凄，因此也不再是真正的孤凄。

那就是说，在中国，万众的眼、世人的嘴，能把最个人的行为变成群体行为，甚至把最隐秘的夜半出逃变成众目睽睽下的公开行程。

想到这里我哑然失笑，觉得中国古代很多号称隐逸的文人大概是在羡慕嫦娥所取得的这种逆反效果。他们追求孤凄，其实是在追求别人的仰望和传诵。因此在中国，纯粹的孤凄美和个体美是不多的。

这一则奔月神话还典型地展现了华夏文明的诗化风格。相比之下，其他文明所产生的神话往往更具有故事性，因此也更小说化。他们也会有诗意，却总是立即被太多的情节所填塞，诗意也就渐渐淡去。

请看，奔月，再加上前面说到的补天、填海、追日，仅仅这几个词语，就洋溢着最鸿蒙、最壮阔的诗意。而且，这种诗意是那么充满动感，足以让每一个男子和女子都产生一种高贵的行为欲望，连身体手足都会兴奋起来。

这是最苍老又最不会衰老的诗意，已经植入每一个中国人身上。

三

我在小庙刚住了半个月，已经把中国四五千年前的神话传说梳理了很多遍，对那个时代产生了进一步的迷恋。因此明白了一个道理：有时，不读书也能构建深远的情怀，甚至比读书还更能构建。这是因为，我们在失去文字参照的时候也摆脱了思维羁绊，容易在茫然间获得大气。

但是，我毕竟又想书了。不知半山藏书楼的门何时能开。

正这么想着，一个捧着橘子的老人出现在小庙窗口。我高兴得大叫起来，他就是看管藏书楼的老大爷。

他说他也想我了，摘了自家后院的橘子来慰问我。他又说，地震来不了啦，下午就到藏书楼去吧。

我故作平静地说：好。

心里想的是，让一个人拔离乱世投入书海，是一种惊人的体验；再让他拔离书海投入幻想，体验更为特殊；现在是第三度了，重新让他拔离幻想投入书海，心理感受无可言喻。

这就像把一块生铁烧红，然后“哧”的一声放进冷水里；再从冷水里抽出，又一次烧红，接着还是“哧”的一声……

时间不长，铁的质量却变了。

我对着老大爷轻轻地重复一声：好。

半个月前当唐山大地震把我从书海拔离时，我已经结束对于黄帝时代的研习，准备进入夏、商、周了。几本有关殷商甲骨文的书，已取出放在一边。但这半个月对神话传说的重新认识，使我还想在黄帝和大禹之间再逗留一阵。

神话传说告诉我，那个时代，实在是整个华夏文明发展史的“总序”。序言里的字字句句，埋藏着太多值得反复品咂的信息，不能匆忙读过。

下午回到半山藏书楼，我没有去看那几本已经放在一边的甲骨文书籍，而是又把书库总体上浏览一遍，猜想着何处还有我未曾发现的与黄帝有关的资料。

这不，三百多年前顾祖禹编的这部《读史方舆纪要》，我还没有认真拜读。

翻阅不久就吃惊了。因为《读史方舆纪要》提到了黄帝和炎帝打仗的地理位置，我过去没有太多留心。

史料有记，黄帝与炎帝发生惨烈战争的地方叫“阪泉之野”，这究竟在何处？有些学者认为，“阪泉之战即涿鹿之战”，这就把阪泉和涿鹿两个地名合二为一了。也有学者认为虽是两战，但两地相隔极近。那么，具体的地点呢？一般说是今日河北省涿鹿县东南。但是，《读史方舆纪要》却认为，阪泉很可能在今日北京市的延庆，那里既有“阪山”，也有“阪泉”，离八达岭不远。汪海波先生则认为，“涿鹿”即“蜀鹿”，在今天山东的汶上县。

我想，这个问题还会继续讨论下去。

我感兴趣的则是，打得不可开交的黄帝和炎帝，会预料几千年后这里所有的人都把自己看成是“炎黄子孙”吗？

如果略有预感，他们满脸血污的表情将会发生什么样的变化？

“炎黄子孙？”他们如果能够预感到这个名词，两人乌黑的眼珠必然会闪出惊惧，“我们这对不共戴天的死敌，居然将永远地联名并肩，一起接受世代子孙的供奉？”想到这里，他们一定会后退几步，不知所措，如泥塑木雕。

这种预感当然无法产生，由他们开始的同胞内斗将延续长久。用同样的肤色外貌喊叫着同样的语言，然后流出同样血缘的鲜血。

记得一九一一年辛亥革命时那批勇敢的斗士发布文告，宣布几千年封建帝制的最终结束，文告最动人的亮点是一个小小的细节，那就是最后所署的年份——

黄帝纪年四六〇九年

什么都包含在其中了。好一个“黄帝纪年”！

四

其实，我们往往连眼下的事情都无法预感。我回到半山藏书楼不多久，就从两个路过的山民口中知道，一位重要人物去世了。难道，未被预报的大地震本身就是一种预报？不知道。

当天我就决定下山。山下一定会有不小的变化，也许我的家庭也会改变命运，那就暂时顾不得传说时代和夏、商、周了。

下山时我停步回身，又静静地看了一眼这座躲藏在斜阳草木间的半山藏书楼。这楼早已破旧得呈现一派疲衰之相，好像它存在的意义就是等待坍塌。原以为这个夏天和秋天它一定会坍塌的，居然没有。它还会存在多久？不知道。

看似荒山，却是文薮；看似全无，却是大有。就在这无人注意的角落，就在这不可理喻的年月，只要有一堆古代汉字，就有了一切可能。我居然在这里，完成了我的一个重要学历。

下山。一路鸟声。已经有不少泛黄的树叶，轻轻地飘落在我的脚边。

发现殷墟

一

找回夏、商、周，花费了我很长的时间。

夏、商、周是中华文化跨入成熟门槛之后的起步期，蕴藏着决定民族生死祸福的一系列大问题。因此，虽然发掘出来的材料还很不完整，却也必须一遍遍地反复爬剔，从头细想，就像寻找这个庞大族群赖以生存的初始密码。

人类很多大文明，都灭亡在思维的荒原之中。如果早一点有人找到了赖以生存的初始密码，重新抖擞起独特的生命力，也就有可能避免灭亡。因此，就特别尊重一切濒临灭亡时的思考者。

就在一百年前，中华文化濒临灭亡。出乎意外，在一片无望的悲哀中，有几个文化思考者站出来，让中国在至高层面上恢复了记忆。记忆一旦恢复，局面就全然改观。

他们恢复的关键记忆，与遥远的商朝有关。

记得当年我离开半山藏书楼下山时，正想研究的就是夏、商、周，现在绕了一大圈，又接上了。

我心中，闪现得最多的是那几个文化思考者的奇怪面影，他们几乎成了我后来全部苦旅的最初动力。

因此，请读者朋友稍稍停步，听我比较详细地说一说他们。在说了他们之后再来说商朝，分量就不一样了。

二

先从“濒临灭亡”说起。

十九世纪末，列强兴起了瓜分中国的狂潮。文化像水，而领土像盘，当一个盘子被一块块分裂，水怎么还盛得住？但是，大家对于这个趋势都束手无策。

中华文明有一万个理由延续下去，却又有一万零一个理由终结在十九世纪，因此，这一个“世纪末”分量很重。

一八九九，深秋，离二十世纪只隔着三阵风、一场雪。

十九世纪最后几个月，北京城一片混乱。无能的朝廷、无知的农民、无状的列强，打斗在肮脏的街道和胡同间。商店很少开业，居民很少出门，只有一些维持最低生存需要的粮店和药店，还会闪动着几个慌张的身影。据传说，那天，宣武门外菜市口的一家中药店接到过一张药方，药方上有一味药叫“龙骨”，其实就是古代的龟甲和兽骨，上面间或刻有一些奇怪的古文字。使用这张药方的人，叫王懿荣。

王懿荣是个名人，当时京城顶级的古文字学者、金石学家。他还是一个科举出身的大官，授翰林，任南书房行走、国子监祭酒，主持着皇家最高学府。他对古代彝器上的铭文做过深入研究，因此，那天偶尔看到药包里没有磨碎的“龙骨”上的古文字，立即敏感起来，不仅收购了这家中药店里的全部“龙骨”，而且嘱人四处再搜集，很快就集中了一千五百余块有字甲骨。他收购时出钱大方，又多多益善，结果在京城内外，“龙骨”也就从一种不重要的药材变成了很贵重的文物，不少人为了钱财也纷纷加入寻找有字甲骨的队伍当中。

我没有读到王懿荣从自己的药包发现甲骨文的具体记载，而且当时药店大多是把“龙骨”磨成粉末再卖的，上面说的情节不足以全信，因此只能标明“据传说”。但可以肯定的是，正是那个深秋，有字甲骨由他发现了。

在他之前，也有人听说过河南出土过有字骨板，以为是“古简”。王懿荣熟悉古籍，又见到了实物，快速做出判断，眼前的这些有字甲骨，与《史记》中“闻古五帝三王发动举事必先决蓍龟”的论述有关。

那就太令人兴奋了。从黄帝开始的传说时代，几乎所有的中国人都遥想过，却一直缺少实证；而眼前出现的，分明是那个时候占卜用的卜辞，而且是实实在在一大堆！

占卜，就是询问天意，大事小事都问。最大的事，像战争的胜败、族群的凶吉、农业的收成，是朝廷史官们必须隆重占卜的。先取一块整修过的龟板，刻上一句问话，例如，几天之后要和谁打仗，会赢吗？然后把龟板翻过来，在背面用一块火炭烤出裂纹，根据裂纹的走向和长短寻找答案，并把答案刻上。等到打完仗，再把结果刻上。

我们的祖先为了维持生存、繁衍后代，不知遇到过多少灾祸和挑战，现在，终于可以听到他们向苍天的一句句问卜声了。

问得单纯，问得具体，问得诚恳。问上帝，问祖宗；有祭祀，有巫祝；日月星辰，风霜雨雪，问天也就是问地。

为什么三千多年前的声声问卜，会突然涌现于十九世纪最后一个深秋？为什么在地下沉默了那么久的华夏先人，会在这个时候“咣当”一声掷出自己当年的问卜甲骨，而且哗啦啦地流泻出这么一大堆？

我想，一定是华夏先人强烈地感知到了，他们的后代正面临着可能导致万劫不复的危难。

他们显然有点生气，掷出甲骨提醒后代：这是多少年的家业了，怎么会让外人糟蹋成这样？

他们甚至恼怒了，掷出甲骨责斥后代：为何这么垂头丧气？至少也要问卜几次，最后探询一下凶吉！

王懿荣似乎有点听懂了。他放下甲骨，站起身来。

三

门外，要王懿荣关心的事情太多了。

就在王懿荣发现甲骨文的半年之后，八国联军进攻北京。这八个国家的国名以及它们的军队在中国的所作所为，我不想在这里复述了。我只想说一个结果，一九〇〇年八月十五日（农历七月二十一日）早晨，王懿荣被告知，慈禧太后和光绪皇帝已经逃离北京。

王懿荣，这位大学者这时又担负着北京城的防卫职务。他头上多了一个官衔——“京师团练大臣”，代表朝廷与义和团联系，但现在一切都已经晚了。

在中国历代关及民族安危的战争中，开始总有不少武将在战斗，但到最后还在抵抗的经常是文官，这是一件非常奇怪的事，恐怕也与中华文化的气节传承有关。王懿荣又是这样，他觉得首都沦陷、朝廷逃亡，是自己的失职，尽管责任完全不在他。他知道越是在这样的时刻自己越不应该离开职守，但又不能以中国首都防卫官员的身份束手就擒，成为外国侵略者进一步证明他们胜利的道具。

于是，唯一的选择是，在已经沦陷的北京城内，在朝廷离开之后，在外国侵略者还没有来到眼前的这一刻，自杀殉国。

他自杀的过程非常惨烈。

先是吞金。金块无毒，只是凭着特殊的重量破坏肠胃系统，过程缓慢，造成的痛苦可想而知。但是，他挣扎许久仍然没有死。

于是喝毒药。在已经被破坏的肠胃系统中灌进剧毒，感觉必定是撕肝裂胆，但他居然还是没有死。

最后，他采取了第三项更彻底的措施，爬到了井边，投井而死。

从吞金、饮毒到投井，他硬是把官员的自杀方式、市民的自杀方式和农人的自杀方式轮了一个遍，等于以三度誓词、三条道路走向了灭绝，真正是义无反顾。

他投井之后，他的妻子和儿媳也随之投井。

这是一口灰褐色的砖井。此刻这里非常平静，没有惊叫，没有告别，没有哭泣。一个文明古国首都沦陷的最高祭奠仪式，完成在这个平静的井台边。

事后，世事纷乱，谁也不记得这一口砖井和这三条人命。老宅和老井也渐渐荒颓。

只在很久以后，王懿荣家乡山东烟台福山来了几个乡亲，带走了几块井砖，作为纪念。

我一直认为，王懿荣是真正的大丈夫，在国难当头的关口上成了民族英雄。他研究的是金石，自己却成了中国文化中铿锵的金石；他发现的是“龙骨”，自己却成了中华民族真正的“龙骨”。

我相信，他在决定自杀前一定在书房里徘徊良久，眼光最不肯离舍的是那一堆甲骨。祖先的问卜声他最先听到，却还没有完全听懂。这下，他要在世纪交替间，为祖先留下的大地问一次卜。

问卜者是他自己，问卜的材料也是他自己。

凶耶，吉耶？他投掷了，他入地了，他烧裂了，裂纹里有先兆可供破读了。

当时，八国联军的几个军官和士兵听说又有一位中国官员在他们到达前自杀。他们不知道，这位中国官员的学问，一点儿也不亚于法兰西学院的资深院士和剑桥、牛津的首席教授，而他身后留下的却是全人类最早的问卜难题。

一九〇〇年的北京，看似败落了，但只要有这一口砖井、这一堆甲骨，也就没有从根本上陨灭。

一问几千年，一卜几万里，其间荣辱祸福，岂能简单论定？

四

王懿荣为官清廉，死后家境拮据，债台高筑。他的儿子王翰甫为了偿还债务，只能出售父亲前几个月搜集起来的甲骨。王翰甫也是明白人，甲骨藏在家里无用，应该售给真正有志于甲骨文研究的中国学者，首选就是王懿荣的好友刘鹗。

刘鹗？难道就是那个小说《老残游记》的作者？不错，正是他。

刘鹗怀着对老友殉难的巨大悲痛，购买了王懿荣留下的甲骨，接过了研究的重担。同时他又搜集了好几千片甲骨，在《老残游记》发表的同一年，一九〇三年，出版了《铁云藏龟》一书，使甲骨文第一次从私家秘藏变成了向民众公开的文物资料。

刘鹗本人也是一位资深的金石学家，第一个提出甲骨文是“殷人刀笔文字”，正确地划定了朝代，学术意义重大。殷，也就是商王盘庚把都城迁到殷地之后对商的别称，一般称做商殷，或殷商。商因迁殷而达到极盛，是中国早期历史上的一件大事。

但是，一个伟大的事业在开创之初总是杀气逼人，刘鹗也很快走向了毁灭。就在《铁云藏龟》出版后的五年，他突然莫名其妙地被罗织了罪名，流放新疆。罪名之一是“擅散太仓粟”，硬把好事说成坏事；罪名之二是“浦口购地”，硬把无事说是有事。一九〇九年刘鹗在新疆因脑溢血而死。

你看，发现甲骨文只有十年，第一、第二号功臣都已经快速离世。离世的原因似乎都与甲骨文无关。这里是否隐藏着一种诅咒和噩运？不知道。

但是，这并没有阻吓中国学者。一种纯粹而又重大的学术活动必然具有步步推进的逻辑吸引力，诱使学者们产生惊人的勇气，前仆后继地钻研下去。

西方考古学家在发掘埃及金字塔、发掘古希腊迈锡尼遗址和克里特遗址的时候，都表现出过这样的劲头，这次轮到中国学者了。

刘鹗家里的甲骨文拓本，被他的儿女亲家、另一位大学者罗振玉看到了。他一看就惊讶，断言这种古文字连汉代以来的古文学家张敞、杜林、扬雄、许慎等也都没有见到过，因此立即觉得自己已经领受了一种由山川大地交给一代学人的历史责任。他写道：

> 今山川效灵，三千年而一泄其密，且适我之生，所以谋流传而悠远之，我之责也。

罗振玉以深厚的学养，对甲骨文进行释读。

在此前后，他还深入地研究了敦煌莫高窟的石室文书、古代金石铭刻、汉晋简牍，呈现出一派大家气象。对甲骨文，他最为关心的是出土地点，而不是就字论字、就片论片。因为只有考定了出土地点，才能理清楚整体背景和来龙去脉。事实证明，这真是高人之见。

在罗振玉之前，无论是王懿荣还是刘鹗，都不知道甲骨文出土的准确地点。他们被一些试图垄断甲骨买卖的古董商骗了，以为是在河南的汤阴，或卫辉。罗振玉深知现场勘察的重要，他的女婿，也就是刘鹗的儿子刘大坤曾到汤阴一带寻找过，没有找到。因此，这个问题一直挂在罗振玉心上。终于，一九〇八年，一位姓范的古董商人酒后失言，使罗振玉得知了一个重要的地名：河南安阳城西北五里处，洹河边的一个村落，叫小屯。

洹河边？罗振玉似有所悟。他派弟弟和其他亲友到小屯去看一看，这在当时的交通条件下是很不容易走下来的路程。到了以后一看，实在令人吃惊。

当地村民知道甲骨能卖大钱，几十家村民都在发疯般地大掘大挖。一家之内的兄弟老幼也各挖各的，互不通气；等到古董商一来，大伙成筐成箩地抬来，一片喧闹。为了争夺甲骨，村民之间还常常发生械斗。连村里的小孩子也知道在大人已经捡拾过的泥土堆里去翻找，他们拿出来的甲骨虽然大多是破碎的，却也有上好的佳品。罗振玉的弟弟一天之内就可以收购到一千多片。

罗振玉从弟弟那里拿到了收购来的一万多片甲骨，大喜过望，因为准确的出土地点找到了，又得到了这么多可供进一步研究的宝贝。但是，他又真正地紧张起来。

一个最简单的推理是：村民们的大掘大挖虽然比以前把甲骨当做药材被磨成粉末好，至少把甲骨文留存于世间了，但是，为什么在小屯村会埋藏这么多甲骨呢？刘鹗已经判断甲骨文应该是“殷人刀笔文字”，那么，小屯会不会是殷代的某个都城？

如果是，那么，村民们的大掘大挖必定是严重地破坏了一个遗址。

这是最简单的推理，连普通学者也能想出。罗振玉不是普通学者，他从小屯村紧靠洹河的地理位置，立即联想到《史记》所说的“洹水南殷虚上”，以及唐人《史记正义》所说的“相州安阳本盘庚所都，即北冢殷虚”。

他凭着到手的大量甲骨进行仔细研究，很快得出结论，小屯就是商代晚期最稳定、最长久的都城遗址殷墟所在，而甲骨卜辞就是殷王室之物。

为什么殷墟的被确定如此重要？因为这不仅是从汉代以来一直被提起的“殷墟”这个顶级历史地名的被确定，而且是伟大而朦胧的商代史迹的被确定。从此，一直像神话般缥缈，因而一直被史学界“疑古派”频频摇头的夏、商、周三代，开始从传说走向信史。

这是必须亲自抵达的。一九一五年三月，罗振玉终于亲自来到了安阳小屯村。早上到的安阳，先入住一家叫“人和昌栈”的旅馆，吃了早饭就雇了一辆车到小屯。他一身马褂，戴着圆框眼镜，显得有点疲倦，这年他四十九岁。这是中国高层学者首次出现在殷墟现场。

文化史上有一些看似寻常的脚步会被时间记得，罗振玉那天来到殷墟的脚步就是这样。这可能是中国近代考古学的起点。中国传统学者那种皓首穷经、咬文嚼字或泛泛游观、微言大义的集体形象出现了关键的突破。

小屯的尘土杂草间踏出了一条路，在古代金石学的基础上，田野考察、现场勘探、废墟释疑、实证立言的时代开始了。

五

二十世纪前期的中国，出现了最不可思议的三层图像：现实社会被糟践得越来越混乱，古代文化被发掘得越来越辉煌，文化学者被淬炼得越来越通博。罗振玉已经够厉害的了，不久他身边又站起来一位更杰出的学者王国维。

王国维比罗振玉小十一岁，在青年时代就受到罗振玉的不少帮助，两人关系密切。相比之下，罗振玉对甲骨文的研究还偏重于文字释读，而到了王国维，则以甲骨文为工具来研究殷代历史了。

一九一七年，王国维发表了《殷卜辞中所见先公先王考》，证实了从来没有被证实过的《史记·殷本纪》所记的殷代世系，同时又指出了其中一些错讹。此外，他还根据甲骨文研究了殷代的典章制度。

王国维的研究，体现了到他为止甲骨文研究的最高峰。

王国维是二十世纪前期最有学问又最具创见的中国学者，除了甲骨文外他还在流沙坠简、敦煌学、魏石经、金文、蒙古史、元史、戏曲史等广阔领域做出过开天辟地般的贡献。他对甲骨文研究的介入，标志着中国最高文化良知的郑重选择。而且由于他，中国新史学从一片片甲骨中奠基了。

但是，万万没有想到的是，王国维还是延续了甲骨文大师们难逃的悲惨命运，也走上了自杀之途。难道，甲骨文石破天惊般出土所夹带起来的杀伐之气还没有消散？

王国维之死，不如王懿荣慷慨殉国那么壮烈，也没有刘鹗猝死新疆那么窝囊。他的死因一直不明不白，历来颇多评说。我想，根本原因是，他负载了太重的历史文化，又面对着太陌生的时局变化。两种力量发生撞击，他正好夹在中间。这里边，甲骨文并不是把他推向死亡的直接原因，却一定在压垮他的过程中增添过重量。

这种不可承受之重，其实也压垮了另一位甲骨文大师罗振玉。罗振玉并没有自杀，却以清朝遗民的心理谋求复辟，后来还在伪满洲国任职，变成了另一种精神自戕。

甲骨文中有一种“贞人”，是商代主持占卜的史官。我觉得王懿荣、刘鹗、罗振玉、王国维等学者都可以看成是现代“贞人”，他们寻找，他们记录，他们破读，他们“占卜”。只不过，他们的职业过于特殊，他们的命运过于蹊跷。

在王国维自杀的第二年，情况发生了变化。也许，是王国维的在天之灵在偿还夙愿？一九二八年，刚刚成立的“中央研究院”派王国维的学生董作宾前往殷墟调查，发现那里的文物并没有挖完，那里的古迹急需要保护。于是研究院决定，以国家学术机构的力量科学地发掘殷墟遗址。院长蔡元培还致函驻守河南的将军冯玉祥，派军人驻守小屯。

从此开始，研究院对殷墟遗地连续进行了十五次大规模的科学发掘工作。董作宾，以及后来加入的具有国际学术水准的李济、梁思永等专家合力组织，使所有的发掘都保持着明确的坑位记录，并对甲骨周边的遗迹、文化层和多种器物进行系统勘察，极大地提高了殷墟发掘的学术价值。

一九三六年六月十二日在第十三次发掘时发现了 YH127 甲骨窖穴，这是奇迹般的最大收获，因为这里是古代留下的一个皇家档案库。

后来，随着司母戊大方鼎的发现和妇好墓的发掘，商代显得越来越完整、越来越具体、越来越美丽，也越来越伟大了。

甲骨文研究在不断往前走。例如，董作宾对甲骨文断代法做出了不小的贡献，后移居台湾；比他大三岁的郭沫若在流亡日本期间也用心地研究了甲骨文和商代史，后来在大陆又与胡厚宣等主编了收有四万片甲骨的《甲骨文合集》，洋洋大观。

由此看来，一九二八年似乎是个界限，甲骨文研究者不再屡遭噩运了。但是，仍然有一项发掘记录让我读了非常吃惊，那就是在 YH127 这个最大的甲骨窖穴发现后装箱运至安阳火车站的时候，突然产生了奇特的气象变化。殷墟边上的洹河居然向天喷出云气，云气变成白云，又立即变成乌云，并且很快从殷墟上空移至火车站上空，顿时电闪雷鸣，大雨滂沱，倾泻在装甲骨的大木箱上。

再明白不过，上天在为它送行，送得气势浩荡，又悲情漫漫。

六

此刻我站在洹河边上，看着它深邃无波，便扭头对我在安阳的朋友赵微、刘晓廷先生说："与甲骨文有关的事，总是神奇的。"

靠着甲骨文和殷墟，我们总算比较清楚地了解了商殷时代，可能比孔子还清楚，因为正如梁启超先生所说，孔子没有见过甲骨文。孔子曾想搞清商殷的制度，却因文献资料欠缺而无奈叹息。但他对商代显然是深深向往的，编入《诗经》的那几首《商颂》今天读来还会让所有中国人心驰神往。据说孔子有可能亲自删改过《诗经》，如果没有，那也该非常熟悉，因为这是那个时代大地的声音。

我不知道如何用现代语言来翻译《商颂》中那些简古而宏伟的句子，只能时不时读出其中一些断句来：

天命玄鸟，
降而生商，
宅殷土芒芒。
古帝命武汤，
正域彼四方。
……
商邑翼翼，

四方之极。

赫赫厥声，

濯濯厥灵。

寿考且宁，

以保我后生。

还有很多更热情洋溢的句子。基本意思是：商殷，受天命，拓疆土，做表率，立准则，政教赫赫，威灵盛大，只求长寿和安宁，佑护我万代子孙……

这些句子几乎永远地温暖着风雨飘摇的中国历史，提醒一代代子孙不要气馁，而应该回顾这个民族曾经创造过的辉煌。甲骨文和殷墟的发现，使这些华美的句子落到了实处，让所有已经拒绝接受远古安慰的中国人不能不重新瞪大了眼睛。

甲骨文和殷墟告诉人们，华夏先祖是通过一次次问卜来问鼎辉煌的。因此，辉煌原是天意，然后才是人力。

甲骨文和殷墟告诉人们，华夏民族不仅早早地拥有了都市、文字、青铜器这三项标志文明成熟的基本要素，而且在人类所有古代文明中早早建立了最精密的天文观察系统，创造了最优越的阴阳合历，拥有了最先进的矿产选采冶炼技术和农作物栽培管理技术，设置了最完整的教学机构。

甲骨文和殷墟告诉人们，商代的医学已经相当发达，举凡外科、内科、妇产科、小儿科、五官科等医学门类都已经影影绰绰地具备，也有了针灸和龋齿的记载。

甲骨文和殷墟告诉人们，商代先人的审美水平已经达到登峰造极的高度，司母戊大鼎的气韵和纹饰、妇好墓玉器的繁多和精美，直到今天还让海内外当代艺术家叹为观止，视为人类不可重复的奇迹。

当然，甲骨文和殷墟还告诉人们，商文化和新石器文化有着什么样的渊源关系，以及当时中原地区有着什么样的自然环境、温度气象和野生动物。

这么一个朝代突然如此清晰地出现在兵荒马乱、国将不国的二十世纪前期，精神意义不言而喻。

七

这又让我联想到了欧洲。大量古希腊雕塑的发现，开启的不是古代，而是现代。几千年前维纳斯的健康和美丽，拉奥孔的叹息和挣扎，推动的居然是现代精神启蒙。

在研究甲骨文和殷墟的早期大师中，王国维对德国的精神文化比较熟悉，知道十八世纪启蒙运动中温克尔曼、莱辛等人如何在考证古希腊艺术的过程中完成了现代阐释，建立了跨时空的美学尊严，并由此直接呼唤出了康德、歌德、席勒、黑格尔、贝多芬。在他们之前，德国如此混乱落后；在他们之后，德国文化光耀百世。此间的一个关键转折，就是为古代文化提供现代阐释。

王国维他们正是在做这样的事。他们所依凭的古代文化，一点儿也不比古希腊差，他们所具备的学术功力，一点也不比温克尔曼、莱辛低。只可惜，他们无法把事情做完。

于是，就有了我们这一代人的使命。

那就出发吧。什么都可以舍弃，投身走一段长长的路程。

问卜殷墟，问卜中华，这次的“贞人”，是我们。

——好了，至此，我已经用《猜测黄帝》《感悟神话》《发现殷墟》这三篇文章，说明自己如何在乱乎乎的情况下，窥得了中国文化史的破晓时分。

破晓时分的图像总是朦胧不清的，我们只能高一脚低一脚地随机摸索。终于有了殷墟、有了文字、有了由文字连带出来的一切，黎明的景象越来越看得清晰。今后我们的谈论，会是另一种面貌了。

老子和孔子

一

在河南安阳的殷墟遗址，我曾不断地向东瞭望，遥想着一条古道上的大批行走者，由东朝西而来。

那是三千三百年前商王朝首都的一次大迁徙，由国王盘庚带领。

他们的出发地，是今天山东曲阜，当时叫奄。他们的目的地，就是殷，今天的河南安阳。

这次大迁徙带来了商王朝的黄金时代，也极大地提升了中华民族的早期生命力。我们从甲骨文、妇好墓、青铜器中看到的那种伟大气韵，都是这次大迁徙的结果。

但是，当时商王朝中有很多贵族是不赞成迁都的，还唆使民众起来反对，年轻的盘庚遇到了极大阻力。

我们今天在艰深的《尚书》里还能读到他为这件事发表的几次演讲。这些演讲不知后人是否加过工，但我想，大体上还应该是这位真正的“民族领路人”的声音。

听起来，盘庚演讲时的神情是威严而动情的。

我且把《尚书·盘庚（中）》里所记载的他的一次演讲，简单摘译几句：

现在我打算领着你们迁徙，来安定邦国。你们不体谅我的苦心，还想动摇我，真是自找麻烦。就像坐在船上却不愿渡河，只能坏事，一起沉没。你们这样不愿合作，只图安乐，不想灾难，怎么还有未来？怎么活得下去？

现在我命令你们同心合一，不要再用谣言糟践自己，也不让别人来玷污你们的身心。我祈求上天保佑你们，而不会伤害你们。我，只会帮助你们。

盘庚在这次演讲最后所说的话，《尚书》记载的原文倒比较浅显——

往哉生生！今予将试以汝迁，永建乃家。

译成白话文大概是：

去吧，去好好地过日子吧！现在我就打算领着你们迁徙，到那里永久地建立你们的家园。

于是，迁都的队伍浩浩荡荡出发了。

有很多单辕双轮的牛车，装货，也载人。

商族在建立商王朝之前，早就驯服了牛。被王国维先生考证为商族“先公”之一的王亥，就曾在今天商丘一带赶着牛车，到有易部落进行贸易，或者直接以牛群作为贸易品。这便是中国最早对“商业”的印象。

因此，商人驭牛，到盘庚大迁徙时早已驾轻就熟。

至于乘马，早在王亥之前好几代的“相土”时期就已经学会了。但不太普遍，大多是贵族的专有。

迁徙队伍中，更多的是负重荷货的奴隶，簇拥在牛车、马骑的四周，蹒跚而行。

向西，向西。摆脱九世衰乱的噩梦，拔离贵族私门的巢穴，走向太阳落山的地方。

西风渐紧，衣衫飘飘，远处，有一个新的起点。

半道上，他们渡过了黄河。

我们现在已经不清楚他们当时是怎么渡过黄河的。用的是木筏，还是木板造的船？一共渡了多少时间？有多少人在渡河中伤亡？但是，作为母亲河，黄河知道，正是这次可歌可泣的集体渡河，从根本上改变了这片大地的质量，惠及百世。

渡过黄河，再向西北行走，茫茫绿野洹水间，有一个在当时还非常安静但终究会压住整部中国历史的地名——殷。

由于行走而变得干净利落的商王朝，理所当然地发达起来了。

二

两百多年后，商王朝又理所当然地衰落了，被周王朝所取代。

有一个叫微子的商王室成员，顺应了这次历史变革，没有与商王朝一起灭亡，他便是孔子的远祖。由此，孔子一再说自己“殷人也”。

大概是到了孔子的前五代吧，孔氏家族又避祸到山东曲阜一带来了。

孔子出生的时候，离盘庚迁殷的旧事，大概已有七八百年。这一个来回，绕得够久远，又够经典。

那个西迁的王朝和它后继的王朝一起，创造了灿烂的商周文明，孔子所在的鲁国地区也获得了深厚的滋润。严格说来，当时鲁国已经成为礼乐气氛最浓郁的文化中心，这也是孔子能在这里成为孔子的原因。

在文化的意义上，曲阜，这个出发点又成了归结点。这一个来回，绕得也是够久远，又够经典。

孔子知道，自己已成为周王朝礼乐制度的主要维护者，但周王朝的历史枢纽一直在自己家乡的西边，他从年轻时候开始就一再地深情西望。三十四岁那年，他终于向西方出发，到名义上还是天下共主的周天子所在地洛邑（今洛阳）去“问礼”。

他已经度过了自己所划定的“而立”之年，确立了自己的人生观念和行为方向，也在社会上取得了不小的声誉，因此他的这次西行有一点派头。鲁国的君主鲁昭公为他提供了车马仆役，还有人陪同。于是，沿着滔滔黄河，一路向西。

从山东曲阜到河南洛阳，在今天的交通条件下也不算近，而在孔子的时代，实在是一条漫漫长路。

孔子一路上想得最多的，是洛阳城里的那位前辈学者老子。

千里奔波，往往只是为了一个人。这次要拜访的这个人，很有学问，熟悉周礼，是周王朝的国家图书馆馆长。当然，也可以说是档案馆馆长，也可以说是管理员，史书上记载他的身份是“周守藏室之史”。这里所说的“史”，也就是“吏”。

老子这个人太神秘了，连司马迁写到他的时候也是扑朔迷离，结果，对于他究竟比孔子大还是比孔子小，孔子到底有没有向他问过礼的问题，历来在学术界颇多争议。我的判断很明确，老子比孔子大，孔子极有可能向他问过礼。做出这种判断的学术程序很复杂，不便在一篇散文中详细推演。

记得去年在美国休斯敦中央银行大礼堂里讲中国文化史，有一位华裔历史学家递纸条给我，说他看到有资料证明，老子比孔子晚了一百多年，请我帮助他做一点解释。我说，你一定是看到有的史书里把老子和太史儋当做同一人。老子曾经西出函谷关，太史儋也曾经西出函谷关去找秦献公，而太史儋出关的时间是在孔子去世一百多年之后，事情就这样搞混了。此外，也有一些学者根据《老子》一书中的某些语言习惯，断定此书修编于孔子之后。我的观点是，更可信的资料证明，把老子和太史儋搞混是汉代初年的事，按照老子的出世思想，他怎么可能出关去投奔秦献公呢？至于书中的语言习惯，则与后世学派门徒的不断发挥、补充有关，先秦不少古籍都有这种情况。

我相信孔子极有可能向老子问过礼，不仅有《礼记》《庄子》《孔子家语》《吕氏春秋》等古籍互证，而且还出于一种心理分析：儒道两家颇有对峙，儒家如此强盛尚且不想否认孔子曾向老子问礼，只有一个原因，那就是难于否认。

接下来的问题是，孔子向老子问了什么，老子又是怎么回答的？

这就有很多说法了，不宜轻易采信。其实，各种说法都在猜测最大的可能。

我觉得有两种说法比较有意思。一种说法是，孔子问老子周礼，老子说天下一切都在变，不应该再固守周礼了。另一种说法是，老子以长辈的身份开导孔子，君子要深藏不露，避免骄傲和贪欲。

如果真有第二种说法，那就不大客气了。但在我想来，却很正常。当时，孔子才三十多岁，名声主要在故乡鲁国，远在洛阳的老子对他并不太了解。见到他来访时带有车马仆役，又听说是鲁昭公提供的，老子因此要他避免显耀、骄傲和贪欲，是完全有可能的。

按照老子的想法，周王朝没救了，也不必去救。一切都应该顺其自然，那才是天下大道。过于急切地治国平天下，一定会误国乱天下。因此，最好的归宿是长途跋涉，消失在谁也不知道的旷野。

孔子当然不赞成。他要对世间苍生负责，他要本着君子的仁爱之心，重建一个有秩序、有诚信、有宽恕的礼乐之邦。他的使命是教化弟子，然后带着他们一起长途跋涉，去向各国当权者游说。

他们都非常高贵，却一定谈不到一起，因为基本观念差别太大。但是，凭着老子的超脱和孔子的恭敬，他们也不会闹得不愉快。

鲁迅后来在小说《出关》中构想他们谈得很僵，而且责任在孔子，这是出于“五四”这代人对孔子的某种成见，当然更出于小说家的幽默和调侃。

认真说起来，这是两位真正站在全人类思维巅峰之上的伟大圣哲的见面，这是中华民族两个精神原创者的会合。两千五百多年前这一天的洛阳，应有凤鸾长鸣。不管那天是晴是阴，是风是雨，都贵不可言。

他们长揖作别。

稀世天才是很难遇到另一位稀世天才的，他们平日遇到的总是追随者、崇拜者、嫉妒者、诽谤者。这些人不管多么热烈或歹毒，都无法左右自己的思想。只有真正遇到同样品级的对话者，最好是对手，才会产生着了魔一般的精神淬砺。淬砺的结果，很可能改变自己，但更有可能是强化自己。这不是固执，而是因为获得了最高层次的反证而达到新的自觉。这就像长天和秋水蓦然相映，长天更明白了自己是长天，秋水也更明白了自己是秋水。

今天在这里，老子更明白自己是老子，孔子也更明白自己是孔子了。

他们会更明确地走一条相反的路。什么都不一样，只有两点相同：

一、他们都是百代君子；二、他们都会长途跋涉。

他们都要把自己伟大的学说变成长长的脚印。

三

老子否认自己有伟大的学说，甚至不赞成世间有伟大的学说。

他觉得最伟大的学说就是自然。自然是什么？说清楚了又不自然了。所以他说“道可道，非常道；名可名，非常名”。

本来，他连这几个字也不愿意写下来。因为一写，就必须框范道、限定道，而道是不可框范和限定的；一写，又必须为了某种名而进入归类，不归类就不成其为名，但一归类就不再是它本身。那么，如果完全不碰道、不碰名，你还能写什么呢？

把笔丢弃吧。把自以为是的言辞和概念，都驱逐吧。

年岁已经不小，他觉得，盼望已久的日子已经到来了。

他活到今天，没有给世间留下一篇短文、一句教诲。现在，可以到关外的大漠荒烟中，去隐居终老了。

他觉得这是生命的自然状态，无悲可言，也无喜可言。归于自然之道，才是最好的终结，又终结得像没有终结一样。

在他看来，人就像水，柔柔地、悄悄地向卑下之处流淌，也许滋润了什么、灌溉了什么，却无迹可寻。终于渗漏了、蒸发了、汽化了，变成了云阴，或者连云阴也没有，这便是自然之道。人也该这样，把生命渗漏于沙漠、蒸发于旷野，这就谁也无法侵凌了，“以其终不自为大，故能成其大”。

“大”，在老子看来就是“道”。

现在他要出发了，骑着青牛，向函谷关出发。

向西。还是古道西风，西风古道。

洛阳到函谷关也不近，再往西就要到潼关了，已是今天的陕西地界。老子骑在青牛背上，慢慢地走着。要走多久？不知道。好在，他什么也不急。

到了函谷关，接下来的事情大家都听说过了。守关的官吏关尹喜是个文化爱好者，看到未曾给世间留下过文字的国家图书馆馆长要出关隐居，便提出一个要求：能否留下一篇著作，作为批准出关的条件？

这个要求，对老子来说有些过分、有些为难。好在老子总是遇事不争的，写就写吧，居然一口气写下了五千字。那就是我们现在看到的《道德经》，也就是《老子》。

写完，他就出关了。司马迁说："莫知其所终。"

这个结局最像他。《道德经》的真正结局在旷野沙漠，没有留给关尹喜。

鲁迅《出关》中的这一段写得不错：

> 老子再三称谢，收了口袋，和大家走下城楼，到得关口，还要牵着青牛走路；关尹喜竭力劝他上牛，逊让一番后，终于也骑上去了。作过别，拨转牛头，便向峻坂的大路上慢慢地走去。
>
> 不多久，牛就放开了脚步。大家在关口目送着，走了两三丈远，还辨得出白发、黄袍、青牛、白口袋，接着就尘头逐步而起，罩着人和牛，一律变成灰色，再一会，已只有黄尘滚滚，什么也看不见了。

老子的白口袋里，装着他在关口写作并讲解《道德经》的报酬——十五个饽饽，这又是鲁迅的小说手法了。我喜欢鲁迅对于老子出关后景象的散文化描写，尤其是把白、黄、青全都变成灰色，再变成黄尘的色彩转换。而且，还写到关尹喜回到关上之后，“窗外起了一阵风，刮起黄尘来，遮得半天暗”。老子会怎么样，很让人担忧了。

不管怎么说，这是中国第一代圣哲的背影。

关尹喜是怎么处理那五千个中国字的，我们不清楚，只知道它们是留下来了。两千五百多年后，据联合国教科文组织统计，世界上几千年来被翻译成外文而广泛传播的著作，第一是《圣经》，第二是《老子》。《纽约时报》公布，人类古往今来最有影响的十大写作者，老子排名第一。全世界哲学素养最高的德国，据调查，《老子》几乎每家一册。

四

老子写完五千个中国字之后出关的时间，我们也不清楚，只知道孔子在拜别老子的二十年后，也开始了长途跋涉。

其实这二十年间孔子也一直在走路、教育、考察、游说、做官，也到过泰山东北边的齐国，只是走得不太远。五十五岁那年，他终于离开故乡鲁国，带着学生开始周游列国。

当时所谓的“列国”，都是一些地方性的诸侯邦国，虽然与秦汉帝国之后的国家概念不太一样，却也是一个个独立的政治实体和军事实体。除了征服或结盟，谁也管不了谁。

孔子的这次上路，有点匆忙，也有点惆怅。他一心想在鲁国做一个施行仁政的实验，自己也曾掌握过一部分权力，但最后还是拗不过那里由来已久的“以众相凌，以兵相暴”的政治传统，他被鲁国的贵族抛弃了。

他以前也曾对邻近的齐国怀抱过希望，但齐国另有一番浩大开阔的政治理念，与他的礼乐思维并不合拍。例如那位小个子的杰出宰相晏婴，虽然也讲“礼”却又觉得孔子的“礼”过于繁琐和倒退。更何况，孔子还曾为了鲁国的外交利益得罪过齐国。因此，别无选择，他还是沿着黄河向西，去卫国。

向西，总是向西，仍然是古道西风，西风古道。

二十年前到洛邑向老子问礼，也是朝西走，当时走南路，这次走北路。老子已经去了更西的西方，孔子怎么也不会走得像老子那么远。老子的“道”，止于流沙黄尘；孔子的“道”，止于宫邑红尘。

是啊，红尘。眼前该是卫国的地面了吧？孔子仔细地看着路边的景象，高兴地说：“这儿人不少啊！”

他身边的学生问：“一个地方有了足够的人口，接下来应该对他们做什么呢？”

孔子只回答两个字：“富之。”

“富了以后呢？”学生又问。

还是两个字：“教之。”

孔子用最简单的回答方式表明，他对如何治国早就考虑成熟。考虑成熟的标志，是毫不犹豫、毫不啰唆。

学生们早已习惯于一路捡拾老师随口吐出的精金美玉。就这样，师生一行有问有答，信心满满地抵达了卫国的首都帝丘。这地方，在今天河南濮阳的西南部。

孔子住在学生颜涿聚家里。很快，卫国的君主卫灵公接见了孔子。

卫灵公一开始就打听孔子在鲁国的俸禄，孔子回答说俸米六万斗，卫灵公立即答应按同样的数字给予。不需上班而奉送高官俸禄，这听起来很爽快，但接下来的事情就让人郁闷了。孔子一路风尘仆仆，并不是来领取俸禄，而是来问政的，卫国宫廷没有给他任何这方面的机会。反而，后来因为卫国的一个名人牵涉到某个政治事件，孔子曾经与他有交往，因此也受到怀疑并被监视，只能仓皇离去。

这个开头，在以后孔子周游列国十四年间不断重复。

大多数国君一开始都表示欢迎和尊重孔子，也愿意给予较好的物质待遇，却完全不在意他的政治主张，更加不希望他参与国政。

孔子只能一次次失望离去，每次离去总是仰天长叹，每次到达又总是满怀希望。

正是这种希望，使他的旅行一直结束不了。

五

这十四年，是他从五十五岁到六十八岁。这个年龄，即便放在普遍寿命大大延长的今天，也不适合流浪在外了。而孔子，这么一位大学者，却把垂暮晚年付之于无休无止的漫漫长途，实在让人震撼。

更让人震撼的是，这十四年，他遇到的，有冷眼，有嘲讽，有摇头，有威胁，有推拒，有轰逐，却一点儿也没有让他犹豫停步。

他不是无处停步。任何地方都愿意欢迎一个光有名声和学问却没有政治主张的他。任何地方都愿意赡养他、供奉他、崇拜他，只要他只是一个话语不多的偶像。但是，他绝不愿意这样。

因此，他总在路上。

“在路上”，曾是二十世纪西方现代派文学的一个时髦命题，东方华人世界也出现过“不要问我从哪里来，我的故乡在远方”的流浪者潮流。不管是西方还是东方的青年流浪者们，大多玩过几年就结束流浪，开始用功读书。他们有可能读到孔子，一读，他们就不能不嘲笑自己了：原来早在两千五百年前，有一位人类精神巨匠直到六旬高龄还在进行自我放逐，还在一年年流浪，居然整整十四年没有下路、没有回过故乡！

最彻底的“现代派”出现在最遥远的古代，这也许会让今天某些永远只会拿着历史年表说事的研究者们稍稍放松一点了吧？

年年月月在路上，总有一种鸿蒙的力量支撑着他。一天孔子经过匡地（今河南长垣），让匡人误认为是残害过本地的阳虎，被拘禁了整整五天。刚刚逃出，才几十里地，又遇到蒲地的一场叛乱，被蒲人扣留，幸亏学生们又打斗又讲和，才勉强脱身。在最危险的时候，孔子安慰学生说：

文王既没，文不在兹乎？天之将丧斯文也，后死者不得与于斯文也。天之未丧斯文也，匡人其如予何！

意思是说：周文王不在了，文明事业不就落到我们身上了吗？如果天意不想再留斯文，那么从一开始就不会让我们这些后辈如此投入斯文了。如果天意还想留住斯文，那么这些匡人能把我怎么样！

那次从陈国到蔡国，半道上不小心陷入战场，大家近七天没有吃饭了，孔子还用琴声安慰着学生。

孔子看了大家一眼，说：“我们不是犀牛，也不是老虎，为什么总是徘徊在旷野？”

学生子路说：“恐怕是我们的仁德不够，人家不相信我们；也许是我们的智慧不够，人家难于实行我们的主张。”

孔子不赞成，说：“如果仁德就能使人相信，为什么伯夷、叔齐会饿死？如果智慧一定行得通，为什么比干会被杀害？”

学生子贡说：“可能老师的理想太高了，所以到处不能相容。老师能不能把理想降低一点？”

孔子回答说：“最好的农民不一定有最好的收成，最好的工匠也不一定能让人满意。一个人即使能把自己的学说有序地传播，也不一定能被别人接受。你如果不完善自己的学说，只追求世人的接受，志向就太低了。”

学生颜回说：“老师理想高，别人不相容，这才显出君子本色。如果我们的学说不完善，那是我们的耻辱；如果我们的学说完善了却仍然不能被别人接受，那是别人的耻辱。”

孔子对颜回的回答最满意。他笑了，逗趣地说：“你这个颜家后生啊，什么时候赚了钱，我给你管账！”

说笑完了，还是饥肠辘辘。后来，幸亏子贡一个人潜出战地，与负函地方（今河南信阳）的守城大夫沈诸梁接上了头，才获得解救。

六

路上的孔子，一直承担着一个矛盾：一方面，觉得凡是君子都应该让世间充分接受自己；另一方面，又觉得凡是君子不可能被世间充分接受。

这个矛盾，高明如他，也无法解决；中庸如他，也无法调和。

在我看来，这不是君子的不幸，反而是君子的大幸，因为“君子”这个概念的主要创立者从一开始就把“二律背反”输入其间，使君子立即变得深刻。是真君子，就必须承担这个矛盾。用现在的话说，一头是广泛的社会责任，一头是自我的精神固守，看似完全对立、水火不容，却在互相抵牾和撞合中构成了一个近似于周易八卦的互补涡旋。在互补中仍然互斥，虽互斥又仍然互补，就这样紧紧咬在一起，难分彼此，永远旋动。

这便是大器之成，这便是大匠之门。

单向的动机和结果，直线的行动和回报，虽然也能做成一些事，却永远形不成云谲波诡的大气象。后代总有不少文人喜欢幸灾乐祸地嘲笑孔子到处游说而被拒、到处求官而不成的狼狈，这真是以小人之心度君子之腹了。孔子要做官、要隐居、要出名、要埋名，都易如反掌，但那样陷于一端的孔子就不会垂范百世了。垂范百世的必定是一个强大的张力结构，而任何张力结构都必须有相反方向的撑持和制衡。

在我看来，连后人批评孔子保守、倒退都是多余的，这就像批评泰山，为什么南坡承受了那么多阳光，还要让北坡去承受那么多风雪。

可期待的回答只有一个："因为我是泰山。"

伟大的孔子自知伟大，因此从来没有对南坡的阳光感到得意，也没有对北坡的风雪感到耻辱。

那次是在郑国的新郑吧，孔子与学生走散了，独个儿恓恓惶惶地站在城门口。有人告诉还在寻找他的学生："有一个高个儿老头气喘吁吁的像一条丧家犬，站在东门外。"学生找到他后告诉他，他高兴地说："说我像一条丧家犬？真像！真像！"他的这种高兴，让人着迷。

我同意有些学者的说法，孔子对我们最大的吸引力，是一种迷人的"生命情调"——至善、宽厚、优雅、快乐，而且健康。他以自己的苦旅，让君子充满魅力。

君子之道在中国历史上难于实行，基于君子之道的治国之道更是坎坷重重，但是，远远望去，就在这个道那个道的起点上，那个高个儿的真君子，却让我们永远地感到温暖和真切。

七

然而，太阳总要西沉，黄昏时刻的西风有点凄凉。

孔子回到故乡时已经六十八岁，回家一看，妻子已经在一年前去世。孔子自从五十五岁那年开始远行，再也没有见到过妻子。这位在世间不断宣讲伦理之道的男子，此刻颤颤巍巍地肃立在妻子墓前。老夫不知何言，吾妻！

七十岁时，独生子孔鲤又去世了。白发人送黑发人，老人悚然惊悸。他让中国人真正懂得了家，而他的家却在他自己脚下，碎了。

此时老人的亲人，只剩下了学生。

但是，学生啊学生，也是很难拉住。七十一岁时，他最喜爱的学生颜回去世了。他终于老泪纵横，连声呼喊："天丧予！天丧予！"（老天要我的命啊！老天要我的命啊！）

七十二岁时，对他忠心耿耿的学生子路也去世了。子路死得很英勇、很惨烈。几乎同时，另一位他很看重的学生冉耕也去世了。

孔子在这不断的死讯中，一直在拼命般地忙碌。前来求学的学生越来越多，他还在大规模地整理"六经"（即《诗》《书》《礼》《乐》《易》、《春秋》）。尤其是《春秋》，他耗力最多。这是一部编年史，从此确定了后代中国史学的一种重要编写模式。他在这部书中表达了正名分、大一统、天命论、尊王攘夷等一系列社会历史观念，深刻地塑造了千年中国精神。

一天，正在编《春秋》，听说有人在西边猎到了仁兽麒麟，他立刻怦然心动，觉得似乎包含着一种"天命"的信息，叹道："吾道穷矣！"随即在《春秋》中记下"西狩获麟"四字，罢笔，不再修《春秋》。他的编年史就此结束，以后的《春秋》文本出自他弟子之手。

"西狩获麟"，又是西方！他又一次抬起头来，看着西边。天命仍然从那里过来，从盘庚远去的地方，从老子消失的地方。古道西风，西风古道。

渐渐地，高高的躯体一天比一天疲软，疾病接踵而来，他知道大限已近。

那天他想唱几句。开口一试，声音有点颤抖，但仍然浑厚。他拖着长长的尾音唱出三句：

泰山其颓乎！
梁木其坏乎！
哲人其萎乎！

唱过之后七天，这座泰山真的倒了。连同南坡的阳光、北坡的风雪，一起倒了。

千里古道，万丈西风，顷刻凝缩到了他卧榻前那双麻履之下。

黑色光亮

一

诸子百家，其实就是中国人不同的心理色调。

我觉得，孔子是堂皇的棕黄色，近似于我们的皮肤和大地；老子是缥缈的灰白色，近似于天际的雪峰和老者的须发；庄子是飘逸的银褐色；韩非子是沉郁的金铜色……

我还期待着一种颜色。它使其他颜色更加鲜明，又使它们获得定力。它甚至有可能不被认为是颜色，却是宇宙天地的始源之色。它，就是黑色。

它对我来说有点陌生，因此正是我的缺少。既然是缺少，我就没有理由躲避它，而应该恭敬地向它靠近。

二

是他，墨子。墨，黑也。

据说，他原姓墨胎（胎在此处读作怡），省略成墨，名叫墨翟。诸子百家中，除了他，再也没有用自己的名号来称呼自己的学派的。你看，儒家、道家、法家、名家、阴阳家，每个学派的名称都表达了理念和责任，只有他，干脆利落，大大咧咧地叫墨家。黑色，既是他的理念，也是他的责任。

设想一个图景吧，诸子百家大集会，每派都在滔滔发言，只有他，一身黑色入场，就连脸色也是黝黑的，就连露在衣服外面的手臂和脚踝也是黝黑的，他只用颜色发言。

为什么他那么执着于黑色呢？

这引起了近代不少学者的讨论。有人说，他固守黑色，是不想掩盖自己作为社会低层劳动者的立场。有人说，他想代表的范围可能还要更大，包括比低层劳动者更低的奴役刑徒，因为“墨”是古代的刑罚。钱穆先生说，他要代表“苦似刑徒”的贱民阶层。

有的学者因为这个黑色，断言墨子是印度人。这件事现在知道的人不多了，而我则曾经产生过很大的好奇。胡怀琛先生在一九二八年说，古文字中，“翟”和“狄”通，墨翟就是“墨狄”，一个黑色的外国人，似乎是印度人；不仅如此，墨子学说的很多观点，与佛学相通，而且他主张的“摩顶放踵”，就是光头赤足的僧侣形象。太虚法师则撰文说，墨子的学说不像是佛教，更像是婆罗门教。这又成了墨子是印度人的证据。在这场讨论中，有的学者如卫聚贤先生，把老子也一并说成是印度人。有的学者如金祖同先生，则认为墨子是阿拉伯的伊斯兰教信徒。

非常热闹，但证据不足。最终的证据还是一个色彩印象：黑色。当时不少中国学者对别的国家知之甚少，更不了解在中亚和南亚有不少是雅利安人种的后裔，并不黑。

不同意“墨子是印度人”这一观点的学者，常常用孟子的态度来反驳。孟子在时间和空间上都离墨子很近，他很讲地域观念，连有人学了一点南方口音都会当做一件大事严厉批评；他又很排斥墨子的学说，如果墨子是外国人，真不知会做多少文章。但显然，孟子没有提出过一丝一毫有关墨子的国籍疑点。

我在仔细读过所有的争论文章后笑了，更加坚信：这是中国的黑色。

中国，有过一种黑色的哲学。

三

那天，他听到一个消息，楚国要攻打宋国，正请了鲁班（也就是公输般）在为他们制造攻城用的云梯。

他立即出发，急速步行，到楚国去。这条路实在很长，用今天的政区概念，他是从山东的泰山脚下出发，到河南，横穿河南全境，也可能穿过安徽，到达湖北，再赶到湖北的荆州。他日夜不停地走，走了整整十天十夜。脚底磨起了老趼，又受伤了，他撕破衣服来包扎伤口，再走。就凭这十天十夜的步行，就让他与其他诸子划出了明显的界限。其他诸子也走长路，但大多骑马、骑牛或坐车，而且到了晚上总得找地方睡觉。哪像他，光靠自己的脚，一路走去，一次次从白天走入黑夜。黑夜、黑衣、黑脸，从黑衣上撕下的黑布条去包扎早已满是黑泥的脚。

终于走到了楚国首都，找到了他的同乡鲁班。

接下来他们两人的对话，是我们都知道的了。但是为了不辜负他十天十夜的辛劳，我还要讲述几句。

鲁班问他，步行这么远的路过来，究竟有什么急事？

墨子在路上早就想好了讲话策略，就说：北方有人侮辱我，我想请你帮忙，去杀了他。酬劳是二百两黄金。

鲁班一听就不高兴，沉下了脸，说：我讲仁义，绝不杀人！

墨子立即站起身来，深深作揖，顺势说出了主题。大意是：你帮楚国造云梯攻打宋国，楚国本来就地广人稀，一打仗，必然要牺牲本国稀缺的人口，去争夺完全不需要的土地，这明智吗？再从宋国来讲，它有什么罪？却平白无故地去攻打它，这算是你的仁义吗？你说你不会为重金去杀一个人，这很好，但现在你明明要去杀很多很多的人！

鲁班一听有理，便说：此事我已经答应了楚王，该怎么办？

墨子说：你带我去见他。

墨子见到楚王后，用的也是远譬近喻的方法。他说：有人不要自己的好车，去偷别人的破车；不要自己的锦衣，去偷别人的粗服；不要自己的美食，去偷别人的糟糠，这是什么人？

楚王说：这人一定有病，患了偷盗癖。

接下来可想而知，墨子通过层层比较，说明楚国打宋国也是有病。

楚王说：那我已经让鲁班造好云梯啦！

墨子与鲁班一样，也是一名能工巧匠。他就与鲁班进行了一场模型攻守演练。结果，一次次都是鲁班输了。

鲁班最后说：要赢还有一个办法，但我不说。

墨子说：我知道，我也不说。

楚王问：你们说的是什么办法啊？

墨子说：鲁班以为天下只有我一个人能赢过他，如果把我除了，也就好办了。但我要告诉你们，我的三百个学生已经在宋国城头等候你们多时了。

楚王一听，就下令不再攻打宋国。

这就是墨子对于他的“非攻”理念的著名实践，同样的事情还有过很多。原来，这个长途跋涉者只为一个目的在奔忙：阻止战争，捍卫和平。

一心想攻打别人的，只是上层统治者。社会低层的民众有可能受了奴役或欺骗去攻打别人，但从根本上说，却不可能为了权势者的利益而接受战争。这是黑色哲学的一个重大原理。

这件事情化解了，但还有一个幽默的结尾。

为宋国立下了大功的墨子，十分疲惫地踏上了归途，仍然是步行。在宋国时，下起了大雨，他就到一个门檐下躲雨，但看门的人连门檐底下也不让他进。

我想，这一定与他的黑衣烂衫、黑脸黑脚有关。这位淋在雨中的男人自嘲了一下，暗想："运用大智慧救苦救难的，谁也不认；摆弄小聪明争执不休的，人人皆知。"

四

在大雨中被看门人驱逐的墨子，有没有去找他派在宋国守城的三百名学生？我们不清楚，因为古代文本中没有提及。

清楚的是，他确实有一批绝对服从命令的学生。整个墨家弟子组成了一个带有秘密结社性质的团体，组织严密，纪律严明。

这又让墨家罩上了一层神秘的黑色。

诸子百家中的其他学派，也有亲密的师徒关系，最著名的有我们曾经多次讲过的孔子和他的学生。但是，不管再亲密，也构不成严格的人身约束。在这一点上墨子又显现出了极大的不同，他立足于低层社会，不能依赖文人与文人之间的心领神会。君子之交淡如水，而墨子要的是浓烈，是黑色黏土般的成团成块。历来低层社会要想凝聚力量，只能如此。

在墨家团体内有三项分工：一是"从事"，即从事技艺劳作，或守城卫护；二是"说书"，即听课、读书、讨论；三是"谈辩"，即游说诸侯，或做官从政。所有的弟子中，墨子认为最能干、最忠诚的有一百八十人，这些人一听到墨子的指令都能“赴汤蹈火，死不旋踵”。后来，墨学弟子的队伍越来越大，照《吕氏春秋》的记载，已经到了“徒属弥众，弟子弥丰，充满天下”的程度。

墨子以极其艰苦的生活方式、彻底忘我的牺牲精神，承担着无比沉重的社会责任，这使他的人格具有一种巨大的感召力。他去世之后，这种感召力不仅没有消散，而且还表现得更加强烈。

据记载，有一次墨家一百多名弟子受某君委托守城，后来此君因受国君追究而逃走，墨家所接受的守城之托很难再坚持，一百多名弟子全部自杀。自杀前，墨家首领派出两位弟子离城远行去委任新的首领，两位弟子完成任务后仍然回城自杀。新被委任的首领阻止他们这样做，他们也没有听。按照墨家规则，这两位弟子虽然英勇，却又犯了规，因为他们没有接受新任首领的指令。

为什么集体自杀？为了一个“义”字。既被委托，就说话算话，一旦无法实行，宁肯以生命的代价保全信誉。

慷慨赴死，对墨家来说是一件很平常的事。

这不仅在当时的社会大众中，而且在以后的漫长历史上，都开启了一种感人至深的精神力量。司马迁所说的“其言必信，其行必果，已诺必成，不爱其躯”的“任侠”精神，就从墨家渗透到中国民间。千年崇高，百代刚烈，不在朝廷兴废，更不在书生空谈，而在这里。

五

这样的墨家，理所当然地震惊四方，成为显学。后来连法家的主要代表人物韩非子也说：“世之显学，儒墨也。”

但是，这两大显学，却不能长久共存。

墨子熟悉儒家，但终于否定了儒家。其中最重要的，是以无差别的“兼爱”否定了儒家有等级的“仁爱”。他认为，儒家的爱，有厚薄，有区别，有层次，集中表现在自己的家庭，家庭里又有亲疏差异，其实最后的标准是看与自己关系的远近，因此核心还是自己。这样的爱是自私之爱。他主张“兼爱”，也就是祛除自私之心，爱他人就像爱自己。

《兼爱》篇说——

> 若使天下兼相爱，国与国不相攻，家与家不相乱，盗贼无有，君臣父子皆能孝慈，若此则天下治……故天下兼相爱则治，交相恶则乱。故子墨子曰：不可以不劝爱人者，此也。

这话讲得很明白，而且已经接通了“兼爱”和“非攻”的逻辑关系。是啊，既然“天下兼相爱”，为什么还要发动战争呢？

墨子的这种观念，确实碰撞到了儒家的要害。儒家“仁爱”的前提和目的都是礼，也就是重建周礼所铺陈的等级秩序。在儒家看来，社会没有等级，世界是平的了，何来尊严，何来敬畏，何来秩序？在墨家看来，世界本来就应该是平的，只有公平才有所有人的尊严。在平的世界中，根本不必为了秩序来敬畏什么上层贵族。要敬畏，还不如敬畏鬼神，让人们感到冥冥之中有一种督察之力、有一番报应手段，由此建立秩序。

由于碰撞到了要害，儒家急了。孟子挖苦说，兼爱，也就是把陌生人当做自己父亲一样来爱，那就是否定了父亲之为父亲，等于禽兽。这种推理，把兼爱推到了禽兽，看来也实在是气坏了。

墨家也被激怒了，说，如果像儒家一样把爱分成很多等级，一切都以自我为中心，那么，总有一天也能找到杀人的理由。因为有等级的爱最终着眼于等级而不是爱，一旦发生冲突，放弃爱是容易的，而爱的放弃又必然导致仇。

在这个问题上，墨家反复指出儒家之爱的不彻底。《非儒》篇说，在儒家看来，君子打了胜仗就不应该再追败逃之敌，敌人卸了甲就不应该再射杀，敌人败逃的车辆陷入了岔道还应该帮着去推。这看上去很仁爱，但在墨家看来，本来就不应该有战争。如果两方面都很仁义，打什么？如果两方面都很邪恶，救什么？

《耕柱》篇说，墨家告诉儒家，君子不应该斗来斗去。儒家说，猪狗还斗来斗去呢，何况人？墨家笑了，说，你们儒家怎么能这样，讲起道理来满口圣人，做起事情来却自比猪狗？

作为遥远的后人，我们可以对儒、墨之间的争论做几句简单评述。在爱的问题上，儒家比较实际，利用了人人都有的私心，层层扩大，向外类推，因此也较为可行；墨家比较理想，认为在爱的问题上不能玩弄自私的儒术，但他们的“兼爱”难于实行。

如果要问我倾向何方，我会毫不犹豫地回答：墨家。虽然难于实行，却为天下提出了一种纯粹的爱的理想。这种理想就像天际的光照，虽不可触及，却让人明亮。儒家的仁爱，由于太讲究内外亲疏的差别，造成了人际关系的迷宫，直到今天仍难于走出。当然，不彻底的仁爱终究也比没有仁爱好得多，在漫无边际的历史残忍中，连儒家的仁爱也令人神往。

六

除了“兼爱”问题上的分歧，墨家对儒家的整体生态都有批判。例如，儒家倡导的礼仪过于繁缛隆重，丧葬之时葬物多到像死人搬家一样，而且居丧三年天天哭泣的规矩也对子女太不公平，又太像表演。儒家倡导的礼乐精神，过于追求琴瑟歌舞，耗费天下人太多的心力和时间。

从思维习惯上，墨家批评儒家一心复古，只传述古人经典而不鼓励有自己的创作，即所谓“述而不作，信而好古”。墨家认为，只有创造新道，才能增益世间之好。在这里，墨家指出了儒家的一个逻辑弊病。儒家认为“述而不作，信而好古”的人才是君子，而成天在折腾自我创新的则是小人。墨家说，你们所遵从的古，也是古人自我创新的成果呀，难道这些古人也是小人，那你们不就在遵从小人了？

墨家还批评儒家“不击则不鸣”的明哲保身之道，提倡为了天下兴利除弊、“击亦鸣，不击亦鸣”的勇者责任。

墨家在批评儒家的时候，对儒家常有误读，尤其是对“天命”中的“命”，“礼乐”中的“乐”，误读得更为明显。但是，即使在误读中，我们也更清晰地看到了墨家的自身形象。既然站在社会低层大众的立场上，那么，对于面对上层社会的秩序理念，确实有一种天然的隔阂。误读，太不奇怪了。

更不奇怪的是，上层社会终于排斥了墨家。这种整体态度，倒不是出于误读。上层社会不会不知道，连早已看穿一切的庄子，也曾满怀钦佩地说“墨子真天下之好也，将求之不得也，虽枯槁不舍也”；连被统治者视为圭臬的法家，也承认他们的学说中有不少是“墨者之法”；公认为经典的《礼记》中的“大同”理想，也与墨家的理想最为接近。但是，由于墨家所代表的社会力量是上层社会万分警惕的，又由于墨家曾经系统地抨击过儒家，上层社会也就很自然地把它从主流意识形态中区隔出来了。秦汉之后，墨家衰落，历代文人学士虽然也偶有提起，往往句子不多、评价不高，这种情景一直延续到清后期。俞樾在为孙诒让《墨子闲诂》写的序言中说：

> 乃唐以来，韩昌黎外，无一人能知墨子者。传诵既少，注释亦稀，乐台旧本，久绝流传，阙文错简，无可校正，古言古字，更不可晓，而墨学尘霾终古矣。

这种历史命运实在让人一叹。但是，情况很快就改变了。一些急欲挽救中国的社会改革家发现，旧时代的主流意识形态必须改变，而那些数千年来深入民间社会的精神活力则应该调动起来。因此，大家又惊喜地重新发现了墨子。

孙中山先生在《民报》创刊号中，故意不理会孔子、孟子、老子、庄子，而独独把墨子推崇为“平等”“博爱”的中国宗师。后来他又经常提到墨子，例如：

> 仁爱也是中国的好道德，古时最讲“爱”字的莫过于墨子。墨子所讲的兼爱，与耶稣所讲的博爱是一样的。

梁启超先生更是在《新民丛报》上断言：“今欲救亡，厥唯学墨。”他在《墨子学案》中甚至把墨子与西方的思想家亚里士多德、培根、穆勒作对比，认为一比较就会知道孰轻孰重。他伤感地说：

> 只可惜我们做子孙的没出息，把祖宗遗下的无价之宝，埋在地窖里两千年。今日我们在世界文化民族中，算是最缺乏论理精神、缺乏科学精神的民族，我们还有面目见祖宗吗？如何才能够一雪此耻，诸君努力啊！

孙中山和梁启超，是最懂得中国的人。他们的深长感慨中，包含着历史本身的呼喊声。

墨子，墨家，黑色的珍宝，黑色的光亮，中国亏待了你们，因此历史也亏待了中国。

七

我读《墨子》，总是能产生一种由衷的感动。虽然是那么遥远的话语，却能激励自己当下的行动。我的集中阅读也是在那个灾难的年代。往往是在深夜，每读一段我都会站起身来，走到窗口。我想着两千多年前那个黑衣壮士在黑夜里急速穿行在中原大地的身影。然后，我又亟亟地返回书桌，再读一段。

记得是《公孟》篇里的一段对话吧，儒者公孟子对墨子说，行善就行善吧，何必忙于宣传？

墨子回答说：你错了。现在是乱世，人们失去了正常的是非标准，求美者多，求善者少，我们如果不站起来勉力引导，辛苦传扬，人们就不会知道什么是善了。

对于那些劝他不要到各地游说的人，墨子又在《鲁问》篇里进一步做了回答。他说：到了一个不事耕作的地方，你是应该独自埋头耕作，还是应该热心地教当地人耕作？独自耕作何益于民？当然应该立足于教，让更多的人懂得耕作。我到各地游说，也是这个道理。

《贵义》篇中写道，一位齐国的老朋友对墨子说，现在普天下的人都不肯行义，只有你还在忙碌，何苦呢？适可而止吧。

墨子又用了耕作的例子，说：一个家庭有十个儿子，其中九个都不肯劳动，剩下的那一个就只能更加努力耕作了，否则这个家庭怎么撑得下去？

在《鲁问》篇中，墨子对鲁国乡下一个叫吴虑的人做了一番诚恳表白。他说，为了不使天下人挨饿，我曾想去种地，但一年劳作下来又能帮助几个人？为了不使天下人挨冻，我曾想去纺织，但我的织物还不如一个妇女，能给别人带来多少温暖？为了不使天下人受欺，我曾想去帮助他们作战，但区区一个士兵，又怎么抵御侵略者？既然这些作为都收效不大，我就明白，不如以历史上最好的思想去晓示王侯贵族和平民百姓。这样，国家的秩序、民众的品德一定都能获得改善。

对于自己的长期努力一直受到别人诽谤的现象，墨子在《贵义》篇里也只好叹息一声。他说，一个长途背米的人坐在路边休息，站起再想把米袋扛到肩膀上的时候却没有力气了，看到这个情景的过路人不管老少贵贱都会帮他一把，将米袋托到他肩上。现在，很多号称君子的人看到肩负道义辛苦行路的义士，不仅不去帮一把，反而加以毁谤和攻击。你看，当今义士的遭遇还不如那个背米的人。

尽管如此，他在《尚贤》篇里还是勉励自己和弟子们：有力量就要尽量帮助别人，有钱财就要尽量援助别人，有道义就要尽量教诲别人。

那么，千说万说，墨子四处传播的道义中，有哪一些特别重要、感动过千年民间社会，并感动了孙中山、梁启超等人呢？

我想，就是那简单的八个字吧——

兼爱，非攻，尚贤，尚同。

“兼爱”“非攻”我已经在上文作过解释，“尚贤”“尚同”还没有，但这四个中国字在字面上已经表明了它们的基本含义：崇尚贤者，一同天下。所谓一同天下，也就是以真正的公平来构筑一个不讲等级的和谐世界。

我希望，人们在概括中华文明的传统精华时，不要遗落了这八个字。

那个黑衣壮士背着这八个字的精神粮食已经走了很久很久。他累了，粮食口袋搁在地上也已经很久很久。我们来背吧，请帮帮忙，托一把，扛到我的肩上。

稷下学宫

一

考察中国古代的精神主脉，泰山脚下的话题实在太多。几乎停留在任何一处，稍作打量都能找出值得长期钻研的理由。这对我来说，既是一片沃土，又是一个险境。

为什么说是险境？因为沃土最容易让人流连忘返，而我却已经没有这种权利。自从我下决心要与广大同胞一起来恢复文化记忆，就必须放弃书斋学者那种沉湎一点、不及其余的奢侈，那种自筑小院、自挂牌号的悠闲。我需要从宏观上找出中华文化的灵魂和脉络，因此不得不行色匆匆。

好些天来一直在与自己讨价还价：再留几处吧，或者，只留一处……

一处？

那就给齐国吧。

但是，齐国能随意碰得吗？一碰，一道巨大的天门打开了，那里有太多太多的精彩。

我不得不装成铁石心肠，故意不看姜子牙那根长长的钓竿，不看齐桓公沐浴焚香拜相管仲的隆重仪式，不看能言善辩的晏婴矫捷的身影，不看军事家孙武别齐去吴的那个清晨，也不看神医扁鹊一次次用脉诊让人起死回生的奇迹……

全都放弃吧，只跟着我，来到齐国都城临淄的稷门下。那里，曾是大名鼎鼎的稷下学宫的所在地。

二

稷下学宫创办于公元前四世纪中叶，延续了一百三十多年。

稷下学宫以极高的礼遇召集各地人才，让他们自由地发展学派，平等地参与争鸣，造成了学术思想的一片繁荣。结果，它就远不止是齐国的智库了，而是成了当时最大规模的中华精神会聚处、最高等级的文化哲学交流地。

齐国做事总是大手笔，而稷下学宫更是名垂百世的文化大手笔。我在考察各种文化的长途中不知多少次默默地感念过稷下学宫，因为正是它，使中华文化全面升值。

没有它，各种文化也在，诸子百家也在，却无法进入一种既高度自由又高度精致的和谐状态。因为世上有很多文化，自由而不精致；又有很多文化，精致而不自由。稷下学宫以尊重为基础，把这两者统一了。

因此，经由稷下学宫，中华文化成为一种“和而不同”的壮阔合力，进入了世界文明史上极少数最优秀的文化之列。

三

据史料记载，稷下学宫所在地是在齐国都城临淄的“西门”，叫“稷门”。但稷门应该由稷山得名，而稷山在都城之南。因此有学者认为不是西门而是南门。而且，地下挖掘也有利于南门之说。那就存疑吧，让我们一起期待着新的考古成果。

姑且不说西、南，只说稷门。从多种文献来看，当年的稷门附近实在气魄非凡，成了八方智者的向往目标。那里铺了宽阔的道路，建了高门大屋，吸引来的稷下学者最多时达数百千人。

诸子百家中几乎所有当时的代表人物都来过，他们大多像以前孔子一样带着很多学生，构成一个个以“私学”为基础的教学团队。我记得刘蔚华、苗润田先生曾经列述过稷下学者带领门徒的情况，还举出一些著名门徒的名字，并由此得出结论——“稷下学宫是当时的一所最高学府”，我很赞同。

如百溪入湖，孔子式的“流亡大学”在这里汇集了。流亡是社会考察，汇集是学术互视，对于精神文化的建设都非常重要。

稷下学宫是开放的，但也不是什么人想来就能来。世间那些完全不分等级和品位的争辩，都算不上“百家争鸣”。因为只要有几个不是“家”而冒充“家”的人进来搅局，那些真正的“家”必然不知所措、讷讷难言。这样，不必多久，学宫也就变成了一个以嗓门论是非的闹市，就像我们今天不少传媒的“文化版面”一样。

稷下学宫对于寻聘和自来的各路学者，始终保持着清晰的学术评估。根据他们的学问、资历和成就分别授予“客卿”“上大夫”“列大夫”以及“稷下先生”“稷下学士”等不同称号，而且已有“博士”和“学士”之分。这就使学宫在熙熙攘攘之中，维系住了基本的学术秩序。

四

稷下学宫所面临的最大难题是显而易见的：它是齐国朝廷建立的，具有政府智库的职能，却又如何摆脱政府的控制而成为一所独立的学术机构，一个自由的文化学宫？

出乎人们意料，这个难题在稷下学宫解决得很好。

学宫里的诸子不任官职，因此不必对自己的言论负行政责任。古籍中记载他们“不任职而论国事”“不治而议论”“无官守，无言责”等，都说明了这个特点。稷下学者中只有个别人偶尔被邀参与过一些外交事务，那是临时的智能和口才借用，算不上真正的参政。

一般认为，参政之后的议政才有效，稷下学宫断然否定了这种看法。

参政之后的议政很可能切中时弊，但也必然会失去整体超脱性和宏观监督性。那种在同一行政系统中的痛快议论，很容易造成言论自由的假象，其实说来说去还是一种“内循环”，再激烈也属于“自言自语”。这样的议论，像管仲、晏婴这样的杰出政治人物也能完成，那又何必还要浼请这样一批批的游士过来？

因此，保持思维对于官场的独立性，是稷下学宫的生命。

不参政，却问政。稷下学宫的自由思维，常常成为向朝廷进谏或被朝廷征询的内容。朝廷对稷下学者的态度很谦虚，而稷下学者也可以随时去找君主。孟子是稷下学宫中很受尊重的人物，《孟子》一书中提到他与齐宣王讨论政事就有十七处之多。齐宣王开始很重视孟子的观点，后来却觉得不切实用，没有采纳。但这种转变，并没有影响孟子在学宫中的地位。

齐国朝廷最感兴趣的是黄老之学（道家），几乎成了稷下学宫内的第一学问，但这一派学者的荣誉和待遇也没有因此比其他学者高。后来三为“祭酒”执掌学政而成为稷下学宫“老师中的老师”的荀子，并不是黄老学者，而是儒家的集大成者。他的学生韩非子则是法家的代表人物。

由于统治者的取舍并不影响各派学者的社会地位和言论自由，稷下学宫里的争鸣也就有了平等的基础。彼此可以争得很激烈，似乎已经水火难容，但最后还是达到了共生互补。甚至，一些重要的稷下学者到底属于什么派，越到后来越难于说清楚了。

学术争论的最高境界，就在于各派充分地展开自己的观点之后，又遇到了充分的驳难。结果，谁也不是彻底的胜利者或失败者，各方都“你中有我，我中有你”了，同上一个等级。

五

写到这里我不能不长叹一声。我们在现代争取了很久的学术梦想，原以为是多么了不起的新构思呢，谁知我们的祖先早在两千三百多年前就实行了，而且实行了一百多年！

稷门之下，系水之侧。今天邵家圈村西南角地下发掘发现，这里有规模宏大的古建筑群遗迹。漫步其间，无意中还能捡到瓦当碎片。要说遗迹，什么大大小小的建筑都见过，但在这里却矗立过中国精神文化的建筑群，因此让人舍不得离开。

这样的建筑群倒塌得非常彻底，但与其他建筑群不一样的是，它筑到了历代中国人的心上。稷下学宫随着秦始皇统一中国而终结，接下来是秦始皇焚书坑儒，为文化专制主义（亦即文化奴才主义）开了最恶劣的先例；一百年后汉武帝“罢黜百家，独尊儒术”，乍一看“百家争鸣”的局面已很难延续。但是，百家经由稷下学宫的陶冶，已经“罢黜”不了了。你看在以后漫长的历史上，中国的整体文化结构是儒道互补，而且还加进来一个佛家；中国的整体政治结构是表儒里法，而且还离不开一个兵家。这也就是说，在中国文化这所学宫里，永远无法由一家独霸，也永远不会出现真正“你死我活”的决斗。一切都是灵动起伏、中庸随和的，偶尔也会偏执和极端，但长不了，很快又走向中道。连很多学者的个体人格，往往也沉淀着很多“家”，有时由佛返儒，有时由儒归道，自由自在，或明或暗地延续着稷下学宫的丰富、多元和互融。

此外，稷下学者们独立于官场之外的文化立场虽然很难在不同的时代完整保持，而那种关切大政、一心弘道、忧国忧民、勇于进谏的品格却被广泛继承下来。反之，那种与稷下学宫格格不入的趋炎附势、无视多元、毁损他人、排斥异己的行为，则被永远鄙视。

这就是说，稷下学宫作为一个教学机构，即便在沦为废墟之后，还默默地在社会的公私领域传授着课程。

六

与稷下学宫遥相呼应，当时在西方的另一个文明故地也出现了一个精神文化的建筑群，我们一般称之为“雅典学派”或“雅典学园”。

“雅典学园”和“稷下学宫”，在名称上也可以亲密对仗。据我的推算，柏拉图创建雅典学园的时间，比稷下学宫的建立大概早了二十年，应该算是同时。

这是巧合吗？如果是，那也只是一个更宏大、更神奇的巧合的衍生而已。

那个更宏大、更神奇的巧合，我可以用一份年龄对照表来说明——

孔子可能只比释迦牟尼小十几岁；

孔子去世后十年左右，苏格拉底出生；

墨子比苏格拉底小一岁，比德谟克利特大八岁；

孟子比亚里士多德小十二岁；

庄子比亚里士多德小十五岁；

阿基米德比韩非子大七岁；

……

人类的历史那么长，怎么会让这么多开山立派的精神巨人、这么多无法超越的经典高峰，涌现于一时？为什么后来几千年的文化创造，不管多么杰出多么伟大，都只是步了那些年月的后尘？

“天意从来高难问。”那就不问了，我们只能面对“天意”的结果，反复惊叹。

有人说：“天不生仲尼，万古如长夜。”那么，其他民众也会说，世上如果没有释迦牟尼，没有苏格拉底、柏拉图、亚里士多德，人类的历史将会如何如何。这种称颂中包含着一个共同的判断，那就是：历史的自然通道本应该如万古长夜。从黑暗的起点，经由丛林竞争、血腥互残，通向黑暗的终点。万古长夜里应该也会有一些星星在天空闪耀吧？问题是，能使星星闪耀的光源在哪里？

于是，不知是什么伟大的力量为了回答这个问题，让几个最大的精神光源同时出现在世界上。顷刻之间，一切都不一样了。从此，人类也就从根本上告别荒昧，开始走向人文、走向理性、走向高贵。

精神光源与自然光源不一样，不具备直接临照山河的功能，必须经过教学和传播机制的中转，才能启迪民众。因此像稷下学宫和雅典学园这样的平台，足以左右一个民族对于文明光亮的领受程度。

七

说起来，雅典学园是一个总体概念，其中包括柏拉图、亚里士多德等人先后创立的好几家学园。差不多两千年后，意大利画家拉斐尔曾在梵蒂冈教皇宫创作过一幅名为《雅典学园》（又名《哲学》）的壁画，把那些学园合成了一体，描绘一大群来自希腊、罗马、斯巴达等地的不同年代、不同专业的学者围绕着柏拉图和亚里士多德共聚一堂的情景。拉斐尔甚至把自己和文艺复兴时的其他代表人物也画到了里边，表示大家都是雅典学园的一员。

大家都是雅典学园的一员——这个观念，正是文艺复兴运动的重要内容。

欧洲在走向近代的过程中又一次成了古希腊和古罗马的学生。这次重新上学的结果十分惊人，欧洲人把“向前看”和“向后看”这两件看似完全相反的事当做了同一件事，借助于人类早期的精神光源，摆脱了中世纪的束缚，使前进的脚步变得更经典、更本真、更人性了。

中国没有经历过文艺复兴这样的运动，这是比不上欧洲的地方。但另一个方面，中国也没有经历过中世纪，未曾发生过古典文明的千年中断，这又很难说比不上欧洲。当那些早就遗失的古希腊经典被阿拉伯商人藏在马队行囊中长途跋涉，又被那不勒斯一带的神学院一点点收集、整理的时候，中国的诸子经典一直堂而皇之地成为九州课本，风光无限。既然没有中断，当然也就不会产生欧洲式的发现、惊喜和激动，这便由长处变成了短处。

这些长长短短，是稷下学者们不知道的了。我们的遗憾是，一直没有出现一个历史机遇，能让拉斐尔这样的画家把稷下学宫和后代学者们画在一起，让所有的中国文人领悟：大家都与山东临淄那个老城门下的废墟有关。

第一诗人

一

我们的祖先远比我们更亲近诗。

这并不是指李白、杜甫的时代，而是还要早得多。至少，诸子百家在黄河流域奔忙的时候，就已经一路被诗歌所笼罩。

他们不管是坐牛车、马车，还是步行，心中经常会回荡起“诗三百篇”，也就是《诗经》中的那些句子。这不是出于他们对于诗歌的特殊爱好，而是出于当时整个上层社会的普遍风尚。而且，这个风尚已经延续了很久很久。

由此可知，我们远祖的精神起点很高。在极低的生产力还没有来得及一一推进的时候，就已经“以诗为经”了。这真是了不起，试想，当我们在各个领域已经狠狠地发展了几千年之后，不是越来越渴望哪一天能够由物质追求而走向诗意居息，重新企盼“以诗为经”的境界吗？

那么，“以诗为经”，既是我们的起点，又是我们的目标。《诗经》这两个字，实在可以提挈中华文明的首尾了。

当时流传的诗，应该比《诗经》所收的数量大得多。

司马迁在《史记》中说，是孔子把三千余篇古诗删成三百余篇的。这好像说得不大对，因为《论语》频频谈及诗三百篇，却从未提到删诗的事，孔子的学生和同时代人也没有提过，直到三百多年后才出现这样的记述，总觉得有点奇怪。而且，有资料表明，在孔子还是一个孩子的时候，《诗经》的格局已成。成年后的孔子可能订正和编排过其中的音乐，使之更接近原貌。

但是，无论是谁选的，也无论是三千选三百，还是三万选三百，《诗经》的选择基数很大，则是毋庸置疑的。

我本人一直非常喜欢《诗经》。过去在课堂上向学生推荐时，不少学生常常因一个“经”字望而却步，我总是告诉他们，那里有一种采自乡野大地的人间情味，像是刚刚收割的麦垛的气味那么诱鼻，却谁也无法想象这股新鲜气味竟然来自于数千年前。

我喜欢它的雎鸠黄鸟、蒹葭白露，喜欢它的习习谷风、霏霏雨雪，喜欢它的静女其姝、伊人在水……而更喜欢的，则是它用最干净的汉语短句，表达出了最典雅的喜怒哀乐。

这些诗句中，蕴藏着民风、民情、民怨，包含着礼仪、道德、历史，几乎构成了一部内容丰富的社会教育课本。这部课本竟然那么美丽而悦耳，很自然地呼唤出了一种普遍而悠久的吟诵。吟于天南，吟于海北；诵于百年，诵于千年。于是，也熔铸进了民族的集体人格，成为中国文脉的奠基。

中国文脉的奠基，分“天、地”二仪。天上的奠基，就是前面说过的那些神话；地上的奠基，就是《诗经》。

每次吟诵《诗经》，总会联想到一个梦境：在朦胧的夜色中，一群人马返回山寨要唱几句约定的秘曲，才得开门。《诗经》便是中华民族在夜色中回家的秘曲，一呼一应，就知道是自己人。

《诗经》是什么人创作的？应该是散落在黄河流域各阶层的庞大群体。这些作品，不管是各地进献的乐歌，还是朝廷采集的民谣，都会被一次次加工整理，因此也就成了一种集体创作，很少有留下名字的个体诗人。这也就是说，《诗经》所标志的，是一个缺少个体诗人的诗歌时代。

这是一种悠久的合唱，群体的美声。这是一种广泛的协调，辽阔的共鸣。这里呈现出一个个被刻画的形象，却很难找到刻画者的面影。

结束这个局面的，是一位来自长江流域的男人。

二

屈原，一出生就没有踩踏在《诗经》的土地上。

中华民族早期在地理环境上的进退和较量，说起来太冗长，我就简化为黄河文明和长江文明吧。两条大河，无疑是中华农耕文明的两条主动脉，但在很长的历史中，黄河文明的文章要多得多。

无论是那个以黄帝、炎帝为主角并衍生出夏、商、周人始祖的华夏集团，还是那个出现了太皞、少皞、蚩尤、后羿、伯益、皋陶等人的东夷集团，基本上都活动在黄河流域。由此断言黄河是中华民族的母亲河，一点不错。

长江流域活跃过以伏羲、女娲为代表的苗蛮集团，但在文明的程度和实力上，都无法与华夏集团相抗衡，最终确实也被战胜了。我们在史籍上见到的尧如何制服南蛮、舜如何更易南方风俗、禹如何完成最后的征战等等，都说明了黄河文明以强势统治长江文明的过程。

但是，黄河文明的这种强势统治，不足以消解长江文明。因为任何文明的底层，都与地理环境、气候生态、千古风习有关，伟大如尧、舜、禹也未必更易得了。幸好是这样，中华文明才没有在征服和被征服的战火中，走向单调。

自古沉浸在神秘奇谲的漫漫巫风中，长江文明不习惯过于明晰的政论和哲思。它的第一个代表人物不是霸主，不是名将，不是圣贤，而是诗人，是一种必然。

这位诗人不仅出生在长江边，而且出生在万里长江最险峻、最神奇、最玄秘、最具有概括力的三峡，更有一种象征意义。

我多次坐船过三峡，每次都要满心虔诚地寻找屈原的出生地。我知道，这是自然与人文两方面经过无数次谈判后才找到的一个交集点。

如果说，《诗经》曾经把温煦的民间礼仪化作数百年和声，慰藉了黄河流域的人伦离乱和世情失落，那么，屈原的使命就完全不同了。他只是个人，没有和声。他一意孤行，拒绝慰藉。他心在九天，不在世情……

他有太多太多的不一样，而每一个不一样又都与他身边的江流、脚下的土地有关。

请想一想长江三峡吧，那儿与黄河流域的差别实在太大了。那儿山险路窄，交通不便，很难构成庞大的集体行动和统一话语。那儿树茂藤密、物产丰裕，任何角落都能满足一个人的生存需要，因此也就有可能让他独晤山水、静对心灵。那儿云谲波诡，似仙似幻，很有可能引发神话般的奇思妙想。那里花开花落，物物有神，很难不让人顾影自怜、借景骋怀、感物伤情。那里江流湍急，惊涛拍岸，又容易启示人们在柔顺的外表下志在千里、百折不回。

相比之下，雄浑、苍茫的黄河流域就没有那么多奇丽，那么多掩荫，那么多自足，那么多个性。因此，从黄河到长江，《诗经》式的平原小合唱也就变成了屈原式的悬崖独吟曲。

如果说,《诗经》首次告诉我们,什么叫诗,那么,屈原则首次告诉我们,什么叫诗人。

于是,我们看到屈原走来了,戴着花冠,佩着长剑,穿着奇特的服装,挂着精致的玉佩,脸色高贵而憔悴,目光迷惘而悠远。这么一个模样出现在诸子百家风尘奔波的黄河流域是不可想象的,但是请注意,这恰恰是中国历史上第一个以个体形象出现的伟大诗人。《诗经》把诗写在万家炊烟间,屈原把诗写在自己的身心上。

其实屈原在从政游历的时候也到过黄河流域,甚至还去了百家会聚的稷下学宫(据我考证,可能是公元前三一一年),那当然不是这副打扮。他当时的身份,是楚国的官吏和文化学者,从目光到姿态都是理性化、群体化、政治化的。稷下学宫里见到过他的各家学人,也许会觉得这位远道而来的参访者风度翩翩,举手投足十分讲究,却不知道这是长江文明的最重要代表,而且迟早还要以他们无法预料的方式,把更大的范围也代表了,包括他们在内。

代表的资格无可争议,因为即使楚国可以争议,长江可以争议,政见可以争议,学派可以争议,而诗,无可争议。

三

我一直觉得,很多中国文学史家都从根子上把屈原的事情想岔了。

大家都在惋叹他的仕途不得志,可惜他在政坛上被排挤,抱怨楚国统治者对他的冷落。这些文学史家忘了一个最基本的问题:如果他在朝廷一直得志,深受君主重用,没有受到排挤,世界上还会有一个值得每一部中国文学史都辟出专章专节来恭敬叙述的屈原吗?

中国文化人总喜欢以政治来框范文化,让文化成为政治的衍生。他们不知道：一个吟者因冠冕而喑哑了歌声，才是真正值得惋叹的；一个诗人因功名而丢失了诗情，才是真正让人可惜的；一个天才因政务而陷入平庸，才是真正需要抱怨的。而如果连文学史也失去了文学坐标，那就需要把惋叹、可惜、抱怨加在一起了。

直到今天，很多文学史论著作还喜欢把屈原说成是“爱国诗人”。这也就是把一个政治概念放到了文学定位前面。“爱国”？屈原站在当时楚国的立场上反对秦国，是为了捍卫滋生自己生命的土地、文化和政权形式，当然合情合理，但是这里所谓的“国”并不是一般意义上的“国家”，我们不应该混淆概念。在后世看来，当时真正与“国家”贴得比较近的，反倒是秦国，因为正是它将统一中国，产生严格意义上的国家观念，形成梁启超所说的“中国之中国”。我们怎么可以把中国在统一过程中遇到的对峙性诉求，反而说成是“爱国”呢？

有人也许会辩解，这只是反映了楚国当时当地的观念。但是，把屈原说成“爱国”的是现代人。现代人怎么可以不知道，作为诗人的屈原早已不是当时当地的了。把速朽性因素和永恒性因素搓捏成一团，把局部性因素和普遍性因素硬扯在一起，而且总是把速朽性、局部性的因素抬得更高，这就是很多文化研究者的误区。

寻常老百姓比他们好得多，每年端午节为了纪念屈原包粽子、划龙舟的时候，完全不分地域。不管是当时被楚国侵略过的地方，还是把楚国灭亡的地方，都在纪念。当年的“国界”，早就被诗句打通，根本不存在政治爱恨了。那粽子，那龙舟，是献给诗人的。中国民众再慷慨，也不会把两千多年的虔诚，送给另一种人。

老百姓比文化人更懂得：文化无界，文化无价。

文化，切莫自卑。

在诸多同类著作中，我独独推崇章培恒、骆玉明主编的那一部《中国文学史》对屈原的分析。书中指出，屈原有美好的政治主张，曾经受到楚怀王的高度信任，但由于贵族出身又少年得志，参加政治活动时表现出理想化、情感化和自信的特点，缺少周旋能力，难于与环境协调。这一切，在造成人生悲剧的同时也造就了优秀文学。

这就说对了。正是政治上的障碍，指引了文学的通道。落脚点应该是文学。

我的说法可能会更彻底一点：那些日子，中国终于走到了应该有个性文学的高点上了，因此有一种神秘的力量派出一个叫屈原的人去领受各种心理磨炼。让他切身体验一系列矛盾和分裂，例如：信任和被诬、高贵和失群、天国和大地、神游和无助、去国和思念、等待和无奈、自爱和自灭，等等，然后再以自己的生命把这些悖论冶炼为美，向世间呈示出一个最高坐标：什么是第一等级的诗，什么是第一等级的诗人。

简单说来，这是一种通向辉煌的必要程序。

抽去任何一级台阶，就无法抵达目标，不管那些台阶对攀援者造成了多大的劳累和痛苦。即便是小人诽谤、同僚侧目、世人疑惑，也不可缺少。

甚至，对他自沉汨罗江，也不必投以过多的政治化理解和市井式悲哀。郭沫若认为，屈原是看到秦国军队攻破楚国首都郢，才悲愤自杀的，是“殉国难”。我觉得这恐怕与实际情况有一点出入。屈原自沉是在郢都攻破之前好几年，时间不太对。还有一些人认为是楚国朝廷中那些奸臣贼子不想让屈原活着，把他逼死的。在宽泛的意义上这样说说也未尝不可，但一定要编织出一个谋杀故事，却没有具体证据。

我认为，他做出自沉的选择有更深刻的因素。当然有对现实的悲愤，但也有对生命的感悟、对自然的皈服。在弥漫着巫风神话传统的山水间，投江是一种凄美的祭祀仪式。他投江后，民众把原来祭祀东君的日子转移到他的名下，前面说过的包粽子、划龙舟这样的活动，正是祭祀仪式的一部分。

说实话，我实在想不出屈原还有哪一种更好的方式作为生命的句号。世界上的其他文明，要到近代才有不少第一流的诗人哲学家做出这样的选择。海德格尔在解释这种现象时说，一个人对于自己生命的形成、处境、病衰都是无法控制的，唯一能控制的，就是如何结束生命。

我在北欧旅行时，知道那里每年有不少孤居寒林别墅中的高雅人士选择自杀。我看着短暂的白天留给苍原的灿烂黄昏，一次次联想到屈原。可惜那儿太寂寞，百里难见人迹，无法奢望长江流域湖湘地区初夏时节那勃郁四野的米香和水声。

这种想法是不是超越了时代？美国诗人惠特曼说：所谓诗人，就是那种把过去、现在和将来融为一体的人。当然，惠特曼所说的是少数真正的伟大诗人。

因此，屈原身上本来就包含着今天和明天。

四

自屈原开始，中国文人的内心基调改变了，有了更多的个人话语。虽然其中也关及朝廷和君主，但全部话语的起点和结局却都是自己。凭自己的心，说自己的话，说给自己听。被别人听到，并非本愿，因此也不可能与别人有丝毫争辩。

这种自我，非常强大又非常脆弱。强大到天地皆是自己，任凭纵横驰骋；脆弱到风露也成敌人，害怕时序更替，甚至无法承受鸟鸣花落、香草老去。

这样的自我一站立，中国文化不再是以前的中国文化。

帝王权谋可以伤害他，却不能控制他；儒家道家可以滋养他，却不能拯救他。一个多愁善感的孤独生命发出的声音似乎无力改易国计民生，却让每一个听到的人都会低头思考自己的生命。

因此，他仍然孤独却又不再孤独，他因唤醒了人们长久被共同话语掩埋的心灵秘窟而产生了强大的震撼效应。他让很多中国人把人生的疆场搬移到内心，渐渐领悟那里才有真正的诗和文学，因此，他也就从文化的边缘走到了中心。

从屈原开始，中国文人的被嫉受诬，将成为一个纵贯两千多年的主题。而且，所有的高贵和美好，也都将从这个主题中产生。

屈原为什么希望太阳不要过于急迫地西沉于崦嵫山？为什么担忧杜鹃啼鸣？为什么宣告要上下而求索？为什么发誓虽九死而无悔？因为一旦被嫉受诬，生命的时间和通道都被剥夺，他要竭尽最后一点力量争取。他的别离和不忍，也都与此有关。屈原的这个精神程序，已被此后的中国文化史千万次地重复，尽管往往重复得很不精彩。

从屈原开始，中国文学摆开了两重意象的近距离对垒。一边是嫉妒、谣诼、党人、群小、犬豕、贪婪、混浊、流俗、粪壤、萧艾，另一边是美人、幽兰、秋菊、清白、中正、求索、飞腾、修能、昆仑、凤凰。这种对垒，有写实，更是象征，诗人就生存在两边中间，因此总是在磨难中追求，又在追求中磨难。诗人本来当然想置身在美人、幽兰一边，但另一边总是奋力地拉扯他，使他不得不终生处于挣扎之中。

屈原的挣扎启示后代读者，常人都有物质上的挣扎和生理上的挣扎，但诗人的挣扎不在那里。屈原的挣扎更告诉中国文学，何谓挣扎中的高贵，何谓高贵中的挣扎。

屈原的高贵由内至外无所不在，但它的起点却是承担了使命之后的痛苦。由痛苦直接酿造高贵似乎不可思议，屈原提供了最早的范本。

屈原不像诸子百家那样总是表现出大道在心，平静从容，不惊不诧。相反，他有那么多的惊诧，那么多的无奈，那么多的不忍，因此又伴随着那么多的眼泪和叹息。他对幽兰变成萧艾非常奇怪，他更不理解为什么美人总是难见、明君总是不醒。他更惊叹众人为何那么喜欢谣言，又那么冷落贤良……总之，他有太多的疑问、太多的困惑。他曾写过著名的《天问》，其实心中埋藏着更多的《世问》和《人问》。他是一个询问者，而不是解答者，这也是他与诸子百家的重大区别。

而且，与诸子百家的主动流浪不同，屈原还开启了一种大文化人的被迫流浪。被迫中又不失有限的自由和无限的文采，于是也就掀开了中国的贬官文化史。

由此可见，屈原为诗做了某种定位，为文学做了某种定位，也为诗人和文人做了某种定位。

但是恕我直言，这位在中国几乎人人皆知的屈原，两千多年来依然寂寞。虽然有很多模仿者，却总是难得其神。有些文人在经历和精神上与他有局部相遇，却终究又失之交臂。至于他所开创的自我形态、分裂形态、挣扎形态、高贵形态和询问形态，在中国文学中更是大半失落。

这是一个大家都在回避的沉重课题，在这篇文章中也来不及详述。我只能花费很长时间，把屈原的《离骚》翻译成了现代散文。为什么花费很长时间？因为我要经过颇为复杂的学术考订，拂去覆盖在这个作品上面的大量枯藤厚尘，好让我们的屈原，真的走近我们。

《离骚》今译

我是谁？

为何忧伤？

为何孤独？

为何流浪？

我是古代君王高阳氏的后裔，父亲的名字叫伯庸。我出生在寅年寅月庚寅那一天，父亲一看日子很正，就给我取了个好名叫正则，又加了一个字叫灵均。我既然拥有先天的美质，那就要重视后天的修养。于是我披挂了江蓠和香芷，又把秋兰佩结在身上。

天天就像赶不及，唯恐年岁太匆促。早晨到山坡摘取木兰，傍晚到洲渚采撷宿莽。日月匆匆留不住，春去秋来不停步。我只见草木凋零，我只怕美人迟暮。何不趁着盛年远离污浊，何不改一改眼下的法度？那就骑上骏马驰骋吧，我愿率先开路。

古代三王德行纯粹，众多贤良聚集周旁：申椒和菌桂交错杂陈，蕙草和香芷联结成行。遥想尧舜耿介坦荡，选定正道一路顺畅；相反桀纣步履困窘，想走捷径而陷于猖狂。现在那些党人苟且偷安，走的道路幽昧而荒唐。我并不是害怕自身遭殃，而只是恐惧国家败亡。我忙忙碌碌奔走先后，希望君王能效法先王。但是君王不体察我的一片真情，反而听信谗言而怒发殿堂。我当然知道忠直为患，但即便隐忍也心中难放。我指九天为证，这一切都是为了你，我的君王！

说好了黄昏时分见面，却为何半道改变路程？[1]既然已经与我约定，却为何反悔而有了别心？我并不难以与你离别，只伤心你数次变更。

我已经栽植了九畹兰花，百亩蕙草。还种下了几垄留夷和揭车、杜衡和芳芷。只盼它们枝叶峻茂，到时候我来收摘。万一萎谢了也不要紧，怕只怕整个芳苑全然变质，让我哀伤。

众人为什么争夺得如此贪婪，永不满足总在索取。又喜欢用自己的标尺衡量别人，凭空生出那么多嫉妒。看四周大家都在奔跑追逐，这绝非我心中所需。我唯恐渐渐老之将至，来不及修身立名就把此生虚度。

早晨喝几口木兰的清露，晚上吃一把秋菊的残朵。只要内心美好坚定，即便是面黄肌瘦也不觉其苦。我拿着木根系上白芷，再把薜荔花蕊串在一起，又将蕙草缠上菌桂，搓成一条长长的绳索。我要追寻古贤，绝不服从世俗。虽不能见容于今人，也要走彭咸[2]遗留的道路。

我擦着眼泪长叹，哀伤人生多艰。我虽然喜好修饰，也知道严于检点。但早晨刚刚进谏，傍晚就丢了官位。既责备我佩戴蕙草，又怪罪我手持茝兰。然而，只要我内心喜欢，哪怕九死也不会后悔。

只抱怨君王无思无虑，总不能理解别人心绪。众女嫉妒我的美色，便造谣说我淫荡无度。时俗历来投机取巧，背弃规矩进退失据。颠倒是非追慕邪曲，争把阿谀当做制度。我抑郁烦闷心神不定，一再自问为何独独困于此时此处。我宁肯溘死而远离，也不忍作态如许。

---

[1] 原文为“曰黄昏以为期兮，羌中道而改路”。宋代洪兴祖《楚辞补注》认为这两句可能是衍文，或为后人所增。我倒是欣赏其间出现的突兀之奇，又不伤整体文气，所以保留。

[2] 彭咸，相传为殷代贤大夫，谏其君而不听，自投水而死。见王逸《楚辞章句》注。

鹰雀不能合群，自古就是殊途。方圆岂可重叠，相安怎能异路。屈心而抑志，只能忍耻而含辱。保持清白而死于直道，本为前代圣贤厚嘱。我后悔没有看清道路，伫立良久决定回去。掉转车舆回到原路吧，赶快走出这短短的迷途。且让我的马在兰皋漫步，再到椒丘暂时驻足。既然进身不得反而获咎，那就不如退将下来，换上以前的衣服。

把荷叶制成上衣，把芙蓉集成下裳。无人赏识就由它去，只要我内心依然芬芳。高高的帽子耸在头顶，长长的佩带束在身上，芳香和汗渍交糅在一起，清白的品质毫无损伤。忽然回头远远眺望，我将去游观浩茫四荒。佩戴着缤纷的装饰，散发出阵阵清香。人世间各有所乐，我独爱修饰已经习以为常。即使是粉身碎骨，岂能因惩戒而惊慌。

大姐着急地反复劝诫："大禹的父亲过于刚直而死于羽山之野，你如此博学又有修养，为何也要坚持得如此孤傲？人人身边都长满了野草，你为何偏偏洁身自好？民众不可能听你的解释，有谁能体察你的情操？世人都在勾勾搭搭，你为何独独不听劝告？"

听完大姐劝说我心烦闷，须向先圣求公正。渡过了沅湘再向南，我要找舜帝陈述一番。

我说，大禹的后代夏启得到了乐曲《九辩》《九歌》，只知自纵自娱，不顾危难之局，终因儿子作乱而颠覆。后羿游玩过度，沉溺打猎，爱射大狐。淫乱之徒难有善终，那个寒浞就占了他的妻女。至于寒浞的儿子浇，强武好斗不加节制，终日欢娱，结果身首异处。夏桀一再违逆常理，怎能不与大祸遭遇。纣王行施酷刑，殷代因此难以长续。

相比之下，商汤、夏禹则虔恭有加。周朝的君王谨守大道，推举贤达，遵守规则，很少误差。皇天无私，看谁有德就帮助他。是啊，只有拥有圣哲的德行，才能拥有完整的天下。

瞻前而顾后，观人而察本，试问：谁能不义而可用？谁能不善而可行？我虽然面对危死，反省初心仍无一处悔恨。不愿为了别人的斧孔，来削凿自己的木柄，一个个前贤都为之牺牲。我唏嘘心中郁悒，哀叹生不逢辰，拿起柔软的蕙草来擦拭眼泪，那泪水早已打湿衣襟。

终于，我把衣衫铺在地上屈膝跪告：我已明白该走的正道，那就是驾龙乘风，飞上九霄。

清晨从苍梧出发，傍晚就到了昆仑。我想在这神山上稍稍停留，抬头一看已经暮色苍茫。太阳啊你慢点走，不要那么急迫地落向西边的崦嵫山。前面的路又长又远，我将上下而求索。

我在咸池饮马，又从神木扶桑上折下枝条，遮一遮刺目的光照，以便在天国逍遥。我要让月神作为先驱，让风神跟在后面，然后再去动员神鸟。我令凤凰日夜飞腾，我令云霓一路侍从，整个队伍分分合合，上上下下一片热闹。

终于到了天门，我请天帝的守卫把天门打开，但是，他却倚在门边冷眼相瞧。太阳已经落山，我纽结着幽兰等得苦恼。你看世事多么混浊，总让嫉妒把好事毁掉。

第二天黎明，渡过神河白水，登上高丘阆风。拴好马匹眺望，不禁涕泪滂滂：高丘上，没有看见女人。

我急忙从春宫折下一束琼枝佩戴在身，趁鲜花还未凋落，看能赠予哪一位佳人。我叫云师快快飞动，去寻访古帝伏羲的宓妃洛神。我解下佩带寄托心意，让臣子蹇修当个媒人。谁知事情离合不定，宓妃古怪地摇头拒人。说是晚上要到穷石居住，早晨要到洧盘濯发。仗着相貌如此乖张，整日游逛不懂礼节，我便转过头去另作寻访。

四极八方观察遍，我周游一圈下九霄。巍峨的瑶台在眼前，有娀氏美女住里边。我让鸩鸟去说媒，情况似乎并不好。鸣飞的雄鸠也可用，但又嫌它太轻佻。犹豫是否亲自去，又怕违礼被嘲笑。找到凤凰送聘礼，但晚了，古帝高辛已先到。

想去远方无处落脚，那就随意游荡无聊。心中还有悠远夏朝，两位姑娘都是姓姚。可惜媒人全都太笨，事情还是很不可靠。

人世浑浊嫉贤妒才，大家习惯蔽美扬恶，结果谁也找不到美好。历代佳人虚无缥缈，贤明君主睡梦颠倒。我的情怀向谁倾诉？我又怎么忍耐到生命的终了？

拿着芳草竹片，请巫师灵氛为我占卜。

占问："美美必合，谁不慕之？九州之大，难道只有这里才有佳人？"

卜答："赶紧远逝，别再狐疑。天下何处无芳草，何必总是怀故土？"

是啊，世间昏暗又混乱，谁能真正了解我？人人好恶各不同，此间党人更异样：他们把艾草塞满腰间，却宣称不能把幽兰佩在身上；他们连草木的优劣也分不清，怎么能把美玉欣赏；他们把粪土填满了私囊，却嘲笑申椒没有芳香。

想要听从占卜，却又犹豫不定。正好巫咸[1]要在夜间降临，我揣着花椒精米前去拜问。百神全都来了，几乎挤满天庭。九嶷山的诸神也纷纷出迎，光芒闪耀显现威灵。

巫咸一见我，便告诉我很多有关吉利的事情。他说：勉力上下求索，寻找同道之人。连汤、禹也曾虔诚寻找，这才找到伊尹、皋陶协调善政。只要内心真有修为，又何必去用媒人？传说奴隶傅岩筑墙，商王武丁充

---

[1] 巫咸，据《山海经》之《大荒西经》所记，巫咸为"灵山十巫"之一。

分信任；吕望曾经当街操刀，周文王却把他大大提升；宁戚叩击牛角讴歌，齐桓公请来让他辅政……

该庆幸的是年岁还轻，时光未老。怕只怕杜鹃过早鸣叫，使百花应声而凋，使荃蕙化而为茅。

是啊，为什么往日的芳草，如今都变成了萧艾？难道还有别的什么理由，实在只因为它们缺少修养。我原以为兰花可靠，原来也是空有外相。委弃美质沉沦世俗，只能勉强列于众芳。申椒变得谄媚嚣张，榝草自行填满香囊。一心只想往上钻营，怎么还能固守其香？既然时俗都已同流，又有谁能坚贞恒常？既然申兰也都如此，何况揭车、江蓠之辈，不知会变成什么模样。

独可珍贵我的玉佩，虽被遗弃历尽沧桑，美好品质毫无损亏，至今依然散发馨香。那就让我像玉佩那样协调自乐吧，从容游走，继续寻访。趁我的服饰还比较壮观，正可以上天下地、行之无疆。

灵氛告诉我已获吉占，选个好日子我可以启程远方。

折下琼枝做佳肴，碾细玉屑做干粮。请为我驾上飞龙，用象牙、美玉装饰车辆。离心之群怎能同在，远逝便是自我流放。向着昆仑前进吧，长路漫漫正好万里爽朗。云霓的旗帜遮住了天际，玉铃的声音叮叮当当。早晨从天河的渡口出发，晚上就到达西天极乡。凤凰展翅如举云旗，雄姿翩翩在高空翱翔。

终于我进入了流沙地带，沿着赤水一步步徜徉。指挥蛟龙架好桥梁，又命西皇援手相帮。前途遥远而又艰险，我让众车侍候一旁。经过不周山再向左转，一指那西海便是方向。

集合起我的千乘车马，排齐了玉轮一起鸣响。驾车的八龙蜿蜒而行，长长的云旗随风飞扬。定下心来我按辔慢行，心神却是邈邈茫茫。那就奏起九歌、舞起韶乐吧，借此佳日尽情欢畅。

升上高天一片辉煌，忽然回首看到了故乡。我的车夫满脸悲戚，连我的马匹也在哀伤，低头曲身停步彷徨。

唉，算了吧。既然国中无人知我，我又何必怀恋故乡？既然不能实行美政，我将奔向彭咸所在的地方。

（译于壬辰年春日）

历史母本

一

在中国文化史上，让我佩服的人很多，让我感动的人很少。

这很自然。因为文人毕竟只是文人，他们或许能写出不少感动人的故事，自己却很少有这种故事。

有时仿佛也出现这种故事了，例如有的文人舍己救驾，有的文人宁死不降，但这又与文化史关系不大。他们在做这些事情的时候，是以忠臣或守将的身份进入了政治史和军事史，而不是以文人的身份推进着文化史。

既能够牵动中国文化史，又能够牵动我们泪眼的人物在哪里？

还有比墨子和屈原更让我们感动的人物吗？

有。他叫司马迁。

我早就确认他是中国文化史上第一让我感动的人物，却一直难于表达感动的程度。

读者诸君也许会想，司马迁的感人处，不就是以刑残之身写出了一部重要的历史著作嘛，怎么会一直难于表达呢？

是的，我想表达的内容要艰深得多。

二

今天我想冒一下险，把司马迁最艰深的感人之处试着表述一下，而且故意放在这篇文章的最前面，触犯写文章绝不能“由深入浅”的大忌，望读者诸君硬着头皮忍耐一下。

我认为司马迁最艰深的感人之处，有以下三个层次。

第一，司马迁让所有的中国人成了“历史中人”。

《史记》以不可超越的“母本”形态一鸣惊人，成为以后两千多年一代代编史者自觉仿效的通例。因此，是他，使中华民族形成了前后一贯的历史兴趣、历史使命和历史规范，成为世界上罕见的始终有史可循、以史立身的文明群体。

从某种意义上说，他本人虽然早已去世，却是全部“二十五史”的总策划。他使书面上和大地上的两千多年历史变成同一部通史。

他使历朝历代所有的王侯将相、游侠商贾、文人墨客在做每一件大事的时候都会想到悬在他们身后的那支巨大史笔。他给了纷乱的历史一束稳定的有关正义的目光，使这种历史没有在一片嘈杂声中戛然中断。中华文明能够独独地延伸至今，可以潇洒地把千百年前的往事看成自家日历上的昨天和前天，都与他有关。司马迁交给每个中国人一份有形无形的“家谱”，使他们中的绝大多数，不会成为彻底的不肖子孙。

第二，司马迁以人物传记为主干来写史，开启了一部“以人为本”的中国史。

这是又一个惊人的奇迹，因为其他民族留存的历史大多以事件的纪年为线索，各种人物只是一个个事件的参与者，招之即来，挥之即去。司马迁把它扭转了过来，以一个个人物为核心，让各种事件招之即来，挥之即去。

这并不是一种权宜的方法，而是一种大胆的观念。在他看来，所有的事件都是川上逝水，唯有人物的善恶、气度、性格，永远可以被一代代后人体验。真正深刻的历史，不是异代师生对已往事件的死记硬背，而是后人对前人的理解、接受、选择、传扬。司马迁在《史记》中描写的那些著名人物，早已成为中国文化的“原型”，也就是一种精神模式和行为模式，衍生久远，最终组成中国人集体人格的重要部件。

这种轻事而重人的选择，使司马迁这位史学家能够“究天人之际，通古今之变，成一家之言”，因而同时具备了文学家和哲学家的素质。

然而更重要的是，他的这种选择使早已应该冷却的中国历史始终保持着人的体温和呼吸。中国长久的专制极权常常会采取一系列反人性的暴政，但是有了以人为本的历史观念，这种暴政实行的范围和时段都受到了制衡。人伦之常、人情人品，永远实实在在地掌控着千里巷陌、万家灯火。

第三，他在为中国文化创建“以史立身”“以人为本”传统的时候，自己正承受着难以启齿的奇耻大辱。

他因几句正常的言论获罪，被处以“宫刑”，又叫“腐刑”，也就是被切割了生殖器。当时他三十八岁，作为一个年岁已经不轻的大学者，面对如此奇祸，几乎没有例外都会选择赴死，但是，就在这个生死关口上，让我产生巨大感动的吊诡出现了——

他决定活下来，以自己非人的岁月来磨砺以人为本的历史，以自己残留的日子来梳理中国的千秋万代，以自己沉重的屈辱来换取民族应有的尊严，以自己失性的躯体来呼唤大地刚健的雄风。

而且，他一一做到了，他全部做到了，他真的做到了！

我想，说到这里，我已经约略勾画了司马迁最艰深的感人之处。然而，还是无法倾吐我的全部感受。

我经常会站在几乎占据了整整一堵墙的“二十五史”书柜前长时间发呆。想到一代代金戈铁马、王道霸道、市声田歌都在这里会聚，而全部会聚的起点却是那样一位男性：苍白的脸，失去光彩的眼神。

我还会在各种有关中华文化的豪言壮语、激情憧憬前突然走神，想到这种浩荡之气的来源——汉代，那些凉气逼人的孤独夜晚。

历代中国文人虽然都熟读《史记》，静静一想却会觉得无颜面对那盏在公元前九十年之后不知道何年何月最后熄灭的油灯。

我曾无数次地去过西安，当地很多读者一直问我为什么不写一篇有关西安的文章，我总是讷讷难言，心中却一直想着西安东北方向远处滔滔黄河边的龙门——司马迁的出生地。我知道韩城还有司马迁的墓和祠，却又无法预计会不会有太多现代痕迹让我失望，不敢去。但我想，迟早还会去一次。

那年历险几万公里考察其他人类文明回来，曾到黄帝陵前祭拜，我撰写的祭文上有“禀告始祖，此行成矣”之句。第二天过壶口瀑布，黄河上下坚冰如砥，我也向着南边的龙门默念祭文上的句子。因为在我看来，黄帝需要禀告，司马迁也需要禀告。

甚至可以说，司马迁就是一位无可比拟的“文化君主”。我对他的恭敬，远远超过秦汉和大唐的那些皇帝。

三

司马迁在蒙受奇耻大辱之前，是一个风尘万里的杰出旅行家。

博学、健康、好奇、善学，利用各种机会考察天下，他肯定是那个时代走得最远的青年学者。他用自己的脚步和眼睛，使以前读过的典籍活了起来。他用辽阔的空间来捕捉悠远的时间。他把个人的游历线路作为网兜，捞起了沉在水底的千年珍宝。

因此，要读他笔下的《史记》，首先要读他脚下的路程。

路程，既衡量着文化体质，又衡量着文化责任。

司马迁是二十岁开始漫游的，那一年应该是公元前一一五年。这里出现了一个学术争议：他究竟出生在哪一年？对此，过去一直有不同看法。到了近代，大学者王国维和梁启超都主张他出生在公元前一四五年，至今沿用。但也有现代研究者如李长之、赵光贤等认为应该延后十年，即公元前一三五年。我仔细比照了各种考证，决定放弃王国维、梁启超的定论，赞成后一种意见。

二十岁开始的那次漫游，司马迁到了哪些地方？为了读者方便，我且用现在的地名加以整理排列——

从西安出发，经陕西丹凤、河南南阳、湖北江陵，到湖南长沙，再北行访屈原自沉的汨罗江。

然后，沿湘江南下，到湖南宁远访九嶷山。再经沅江，至长江向东，到江西九江，登庐山。再顺长江东行，到浙江绍兴，探禹穴。

由浙江到江苏苏州，看五湖，再渡江到江苏淮阴，访韩信故地。然后北赴山东，到曲阜，恭敬参观孔子遗迹。又到临淄访齐国都城，到邹城访邹泽山，再南行到滕州参观孟尝君封地。

继续南行，到江苏徐州、沛县、丰县，以及安徽宿州，拜访陈胜、吴广起义以及楚汉相争的诸多故地。这些地方收获最大、感受最深，却因为处处贫困，路途不靖，时时受阻，步履维艰。

摆脱困境后，行至河南淮阳，访春申君故地。再到河南开封，访战国时期魏国首都，然后返回长安。

这次漫游，大约花费了两年多的时间。按照当时的交通条件，算是快的。我们可以想象那个意气风发的青年男子疾步行走在历史遗迹间的神情。他用青春的体力追赶着祖先的脚步，根本不把任何艰苦放在眼里。尤其在楚汉相争的故地，遇到了很大的困难，却也因为心在古代而兴致勃勃。从后来他的全部著作中可以发现，他在贫瘠的大地上汲取的是万丈豪气、千里雄风。

这是汉武帝的时代，剽悍强壮是整个民族的时尚。这位从一出生就听到了黄河惊涛的青年学者，几乎是以无敌剑客的心态来完成这次文化考察的。从他的速度、步履和兴奋状态，也可推断他对整个中华文化的感悟。

这次漫游之后，他得到了一个很低的官职——郎中，需要侍从汉武帝出巡了。虽然有时只不过为皇帝做做守卫、侍候车驾，但毕竟也算靠近皇帝了，在别人看起来相当光彩。而司马迁高兴的，是可以借着侍从的名义继续出行。后来，朝廷为了安顿西南地区的少数民族，也曾派他这样身强力壮的年轻小官出使，他就走得更远了。

因此，我们需要继续排列他的行程。

二十三岁至二十四岁，他侍从汉武帝出巡，到了陕西凤翔，山西夏县、万荣，河南荥阳、洛阳，陕西陇县，甘肃清水，宁夏固原，回陕西淳化甘泉山。

二十五岁，他出使四川、云南等西南少数民族地区。

二十六岁，他刚刚出使西南回来，又侍从汉武帝出巡山东泰山、河北昌黎、河北卢龙、内蒙古五原。

二十七岁，又到了山东莱州、河南濮阳。

二十八岁，他升任太史令，侍从汉武帝到陕西凤翔、宁夏固原、河北涿州、河北蔚县、湖南宁远、安徽潜山、湖北黄梅、安徽枞阳、山东胶南，又到泰山。

我在排列司马迁青年时代的这些旅行路线时，一边查阅着古今地名表，一边在地图上画来画去，终于不得不惊叹，他实在是几乎走遍了当时能够抵达的一切地方。那个时期，由于汉武帝的雄才大略、励精图治，各地的经济状况和社会面貌都有很大进展，司马迁的一路观感大致不错；当然，也看到了大量他后来在《史记》里严厉批评的各种问题。

这是汉武帝的土地和司马迁的目光相遇，两边都隐含着一种不言而喻的伟岸。只要是汉武帝的土地，任何智者见了都会振奋，何况是司马迁的目光；只要是司马迁的目光，任何图景都会变得深远辽阔，何况是汉武帝的土地。

司马迁已经开始著述，同时他还忙着掌管和革新天文历法。汉武帝则忙着开拓西北疆土，并不断征战匈奴，整个朝廷都被山呼海啸般的马蹄声所席卷。

就在这样的气氛中，司马迁跨进了他的极不吉利的三十七岁，也就是天汉二年，公元前九十九年。

四

终于要说说那个很不想说的事件了。

别人已经说过很多遍，我要用自己的方式来说，尽量简短一点。

这是一个在英雄的年代发生的悲惨故事。

匈奴无疑是汉朝最大的威胁，彼此战战和和，难有信任。英气勃勃的汉武帝当政后，对过去一次次让汉家女儿外嫁匈奴来乞和的政策深感屈辱，接连向匈奴出兵而频频获胜，并在战争中让大家看到了杰出的将军卫青和霍去病。匈奴表面上变得驯顺，却又不断制造麻烦。汉武帝怎么能够容忍？便派将军李广利带领大队骑兵征讨匈奴。这时又站出来一位叫李陵的将军，历史名将李广的孙子，他声言只需五千步兵就能战胜匈奴，获得了汉武帝的准许。李陵出战后一次次以少胜多，战果累累，但最后遇到包围，寡不敌众，无奈投降。

汉武帝召集官员讨论此事，大家都落井下石，责斥李陵。问及司马迁时，他认为李陵的战功已经远超自己兵力所能，他一次次击败了敌人，眼下只是身陷绝境才做出此番选择。凭着他历来的人品操守，相信很快就会回来报效汉廷的。

汉武帝一听就愤怒，认为司马迁不仅为叛将辩护，而且还影射了李广利的主力部队不得力，因此下令处死司马迁。

为什么不能影射李广利的主力部队？因为李广利的妹妹是汉武帝最宠爱的李夫人。李夫人英年早逝，临终前托汉武帝好生照顾哥哥。汉武帝出于对李夫人的思念，也就以极度的敏感保护着李广利。这一切，都是司马迁在回答汉武帝问话时想不到的。

说是处死，但没有立即执行。当时的法律有规定，死刑也还有救，第一种办法是以五十万钱赎身，第二种办法是以腐刑代替死刑。

司马迁家庭贫困，根本拿不出那么多钱来。他官职太低，又得不到权势人物的疏通。以前的朋友们，到这时都躲得远远的，生怕自己惹着了什么。连亲戚们也都装得好像根本没有发生过这回事一样，谁也不愿意凑钱来救其命。这时候，司马迁只好“独与法吏为伍，深幽囹圄之中”。

司马迁在监狱里静静地等了一阵，也像是什么也没有等。他很明白地知道，自己的选择只有两项了：死，或者接受腐刑。

死是最简单、最自然的。在那个弥漫着开疆拓土之势、征战杀伐之气的时代，人们对死亡看得比较随便。司马迁过去侍从汉武帝出巡时，常常看到当时的大官由于没有做好迎驾的准备而自杀，就像懊丧地打一下自己的头一样简单，周围的官员也不以为意，例如当时河东太守和陇西太守都是这样死的。这次李陵投降的消息传来，不久前报告李陵战功的官员也自杀了。据统计，在李陵事件前二十余年，汉武帝所用的五位丞相中，有四位属于非自然死亡。因此，人们都预料司马迁必定会选择痛快一死，而没有想到他会选择腐刑，承受着奇耻大辱活下来。

出乎意料的选择，一定有出乎意料的理由。这个理由的充分呈现，需要千百年的时间。

腐刑也没有很快执行，司马迁依然被关在监狱里。到了第二年，汉武帝心思有点活动，想把李陵从匈奴那边接回来。但从一个俘虏口中听说，李陵正在帮匈奴练兵呢。这下又一次把汉武帝惹火了，立即下令杀了李陵家人，并对司马迁实施腐刑。

刚刚血淋淋地把一切事情做完，又有消息传来——那个俘虏搞错了，帮匈奴练兵的不是李陵，而是另一个姓李的人。

五

司马迁在监狱里关了三年多，公元前九十六年出狱。

那个时代真是有些奇怪，司马迁刚出狱又升官了，而且升成了官职不小的中书令。汉武帝好像不把受刑、监禁当一回事，甚至他并没有把罪人和官员分开来看，觉得两者是可以频繁轮班的。

不少雄才大略的君主是喜欢做这种大贬大升的游戏的，他们在这种游戏中感受着权力收纵的乐趣。

升了官就有了一些公务，但此时的司马迁，全部心思都在著述上了。

据他在《报任安书》里的自述，那个时候的他，精神状态发生了极大的变化，过去的意气风发再也找不到了。

> 仆以口语遇遭此祸，重为乡党所笑，以污辱先人，亦何面目复上父母之丘墓乎？虽累百世，垢弥甚耳！是以肠一日而九回，居则忽忽若有所亡，出则不知其所往。每念斯耻，汗未尝不发背沾衣也！

这段自述通俗似白话文，不必解释了。总之，他常常处于神不守舍的状态之中，无法摆脱强烈的耻辱感。越是高贵的人越会这样。

在一次次的精神挣扎中，最终战胜的，总是关于生命价值的思考。他知道，那个时代由于大家把死看得过于平常，因此爽然求死虽然容易却似九牛失其一毛，或似蝼蚁淹于滴水，实在不值一提。相比之下，只有做了一些有价值的事情之后再死，才大不一样。正是想到这里，他说了一句现在大家都知道了的话："人固有一死，或重于泰山，或轻于鸿毛，用之所趋异也。"

在他心中，真正重于泰山的便是《史记》。他屈辱地活着，就是要缔造和承载这种重量。

人的低头有两种可能，一种是真正的屈服，一种是正在试练着扛起泰山的姿态，但看起来也像是屈服。

司马迁大概是在四十六岁那年完成《史记》的。据王国维考证，最后一篇是《匈奴列传》，那是公元前九十年写就的。

我们记得，司马迁遭祸的原因之一，是由于为李陵辩护时有可能

"影射"了汉武帝所呵护的将军李广利不得力。就在公元前九十年，李广利自己也向匈奴投降了。司马迁把这件事平静地写进了《匈奴列传》，他觉得，一个与自己有关的悬念落地了，他已经可以停笔。

这之后，再也没有他的任何消息。他到底活了多久，又是怎么逝世的，逝世在何处，都不清楚。

有学者从卫宏的《汉书旧仪》、葛洪的《西京杂记》和桓宽的《盐铁论》等著作中的某些说法判断，司马迁最后还是因为老有怨言而下狱被杀。但在我看来，这些材料过于简约和暧昧，尚不足凭信。当然，简约和暧昧也可能是出于一种仁慈，不愿意让人们领受司马迁的二度悲哀。

他，就这样无声无息、无影无踪地消失了。

他写了那么多历史人物的精彩故事，自己的故事却没有结尾。

也许，这才是真正的大结尾。他知道有了《史记》，不需要再安排一个终结仪式。

他知道只要历史还没有终结，《史记》和他都终结不了。

六

文章已经可以结束。忽然又想到一层意思，再拖拉几句。

多年来我一直被问写作散文受谁的影响最深，我曾经如实地回答是"司马迁"，立即被提问者认为是无厘头式的幽默。

"我们问的是散文啊，您怎么拉出来一个古代的历史学家？"

我不知如何解释，后来遇到同样的问题也就不作回答了。

年岁越长，披阅越多，如果自问最倾心哪位散文家，我的答案依然没变。

散文什么都可以写，但最高境界一定与历史有关。这是因为，历史本身太像散文了，不能不使真正的散文家怦然心动。

历史没有韵脚，没有虚构，没有开头和结尾；但是历史有气象，有情节，有收纵，有因果，有大量需要边走边叹、夹叙夹议的自由空间，有无数不必刻意串络却总在四处闪烁的明亮碎片，这不是散文是什么？而且也只能是散文，不是话本，不是传奇，不是策论，不是杂剧。

既然历史本是如此，司马迁也就找到了写史的最佳方式。他一径以第三人称的叙述主体从容地说着，却与一般历史著作的冷若冰霜不同。他说得那么富有表情，有时赞赏，有时倾心，有时怀念，有时祭奠，有时愤怒，有时讥讽，有时鄙视。但这一切，都只是隐约在他的眉眼唇齿间，而没有改变叙述基调的连贯性。

有时，他的叙述中出现了较完整的情节，有人物，有性格，有细节，有口气，有环境，像一则则话本小说。但是，他绝不满足于人们对故事情节的世俗期待，绝不沦入说唱文学的眉飞色舞，叙述的步履依然经天纬地，绝无丝毫哗众取宠之嫌。

有时他不得不评论了，除了每篇最后的“太史公曰”，也会在叙述半道上拍案指点，却又点到为止、继续说事。事有轻重远近，他如挥云霓，信手拈来又随手撇去，不作纠缠。

这样一来，他的笔下就出现了各种色调、各种风致、各种意绪、各种情境的大组合。明君、贤相、恶吏、谋士、义侠、刺客，各自牵带出鲜明的人生旋律，构成天道人心、仁政至德的丰富交响。这便是真正的“历史文化大散文”。

《史记》的这种散文格局如云似海，相比之下，连唐宋八大家也显得剪裁过度、意图过甚，未免小气了。

若问：以散文写史，是否符合历史科学？我的回答是：既然历史的本相是散文状态而不是论文状态，那么，越是以近似的形态去把握，便越合适。否则，就会像捕云驯海，谁都劳累。

又问：把《史记》作为散文范本，是否大小失度？我的回答是：写天可以取其一角，但必先感受满天气象；画地可以选其一隅，也必先四顾大地苍茫。历史散文的范本应该比寻常散文开阔得多，才能摆脱琐碎技巧而获得宏大神韵。

除了内容，散文的基元是语言。在这一点上，司马迁也称得上是千古一笔。

司马迁的文笔，是对他周围流行文字的艰苦挣脱。在他之前，文坛充斥着浓郁的辞赋之风。以枚乘、司马相如等人为代表，追求文学上的铺张和奢侈。到了司马迁时代，此风愈演愈烈。好像是要呼应汉武帝所开创的大国风范和富裕局面，连散文也都竞相追求工丽、整齐、空洞、恣肆，甚至还要引经据典、磨砺音节。虽然确也不乏文采，却总是华而不实、装腔作态。这种倾向发展到以后，就成了过度讲究藻饰、骈偶、声律、用典的六朝骈文，致使到唐代，韩愈、柳宗元他们还要发起一个运动来反对。

知道了司马迁的文字环境，就可以明白他文笔的干净、朴实、灵动，包含着多大的突破。他尤其像躲避瘟疫一般躲避着整齐的骈偶化句式，力求明白如话、参差错落的自然散句。他又要把这种散句熔炼得似俗而雅、生动活泼，实在是把握住了散文写作的基础诀窍。他还不让古代语文以佶屈聱牙的形态出现在自己的文章中，而必须改得平易流畅，适合当代人阅读。我们如果在他的书中看到某种整齐、对称、排比的句子，基本可以断定不是出于他自己的手笔。例如后世专家们看到某篇文章中有一段以四字为韵的句法，一致肯定为后人羼入。

说到这里，我实在无法掩盖积存已久的现代悲哀。我们的时代，离两汉六朝已那么遥远，不知何时突然掀起了一种不伦不类的当代骈文——一味追求空洞套话的整齐排列，文采当然远不及古代骈体，却也总是不怕重复地朗朗上口。有一次我被邀去参加一所大学的校庆，前来祝贺的官员居然有五位完全重复一个同样的开头："金秋十月，桂子飘香，莘莘学子，欢聚一堂。"后来又有一位官员只把"金秋十月"改成"金风送爽"，后面十二个字还是一模一样。我想大笑又不能不掩口，因为四周的人都觉得这才像是好文章。

有一次我在传媒上启发年轻人写作少用成语、形容词、对偶句和排比句，回归质朴叙事。这是多么常识性的意见啊，据说却引起一片哗然，都说少了成语、形容词、对偶句和排比句，何来"文学性"？大家竟然都不知道，这种不像正常人说话的所谓"文学性"，其实是最为低俗的"伪文学形态"。中国人已经摆脱了两千年，到了唐代又狠狠地摆脱了一次，到了五四再彻底摆脱过一次。而且，每次被摆脱的文体都比现在流行的一套好得多了。

我想，大家还是应该更认真地读《史记》，除了认识历史学上的司马迁之外，还应该认识文学上的司马迁。

昨夜写作此文稍憩，从书架上取下聂石樵先生写的《司马迁论稿》翻阅，没想到第一眼就看到一段话，不禁会心而笑。他说：

> 我国古代散文成就最高的是汉代，汉代散文成就最高的是传记文学，传记文学成就最高的是《史记》。

这个观点，颇合我意。

就此，我真的可以用几句话结束这篇文章了：《史记》，不仅是中国历史的母本，也是中国文学的母本。看上去它只与文学中的诗有较大的差别，但鲁迅说了，与《离骚》相比，它只是“无韵”而已。

两千年前就把文史熔于一炉的这位伟人，其实也就是把真、善、美一起熔炼了，熔炼在那些不真、不善、不美的夜晚。

熔炉就是那盏小油灯。

难道，它真的熄灭了？

那一家

一

行路，走到一个高爽之地，必然会驻足停步，深深地吸一口气，然后极目远望。这时候，只觉得天地特别开阔又特别亲近，自己也变得器宇轩昂。

前面还有一个高爽之地，远远看去云蒸霞蔚，很想快速抵达，但是，低头一看，中间隔着一片丛林。丛林间一定有大量丘壑、沼泽、烟瘴、虎啸、狼嚎吧？让人心生畏怯。然而，对于勇敢的行路者来说，这反而是最想深入的地方。不仅仅是为了穿越它而抵达另一个高爽之地，它本身就蕴藏着无限美丽。

我很想借着这种旅行感受，来说一说历史。

汉代和唐代显然都是历史的高爽之地。我们有时喜欢把中华文明说成是“汉唐文明”，实在是声势夺人。但是，不要忘了，在汉代和唐代这两个历史高爽地之间，也夹着一个历史的丛林地带，那就是三国两晋南北朝。

在这个历史的丛林地带，没有天高地阔的一致，没有俯瞰一切的开朗，处处都是混乱和争逐，时时都是逃奔和死亡。每一个角落都是一重权谋，每一个身影都是一串故事。然而，即便把这一切乱象加在一起，也并不令人沮丧。因为，乱象的缝隙间还有一些闪闪烁烁的图景。你看——

何处麻袍一闪，年长的华佗还在行医；夜间炉火点点，炼丹师葛洪分明已经成为一位杰出的原始化学家；中原飘来啸吟，这是“竹林七贤”在清谈和饮酒；南方也笑声隐隐，那是王羲之和朋友们在聚会，转眼间《兰亭序》墨色淋漓；大画家顾恺之的《女史箴图》刚刚画完，数学家祖冲之已经造出了指南车、编出了《大明历》、算出了圆周率，而地理学家郦道元的《水经注》则正好写了一半……

正是这一切，让我们喜欢上了那个乱世。

文化在乱世中会产生一种特殊的魅力。它不再纯净，而总是以黑暗为背景，以邪恶为邻居，以不安为表情。大多正邪相生、黑白相间，甚至像波德莱尔所说的，是“恶之花”。

再也没有比三国两晋南北朝的历史丛林地带，更能体现这种文化魅力的了。

说到这里，我们的目光已经瞟向云霭底下那个被人褒贬不一的权势门庭。

一个父亲，两个儿子，丛林边的那一家。

曹家。

二

先说那个父亲，曹操。

一个丛林中的强人，一度几乎要统一天下秩序，重建山河规范。为此他不得不使尽心计、用尽手段，来争夺丛林中的其他权势领地。他一次次失败，又一次次成功，终于战胜了所有对手，却没有能够战胜自己的寿数和天命，在取得最后成功前离开了人世。

如果他亲自取得了最后成功，开创了又一个比较长久的盛世，那么，以前的一切心计和手段都会被染上金色。但是，他没有这般幸运，他的儿子又没有这般能耐，因此只能永久地把自己的政治业绩沉埋在非议的泥沙之下。

人人都可以从不同的方面猜测他、议论他、丑化他。他的全部行为和成就都受到了质疑。无可争议的只有一项：他的诗。

想起他的诗，我产生了一种怪异的设想：如果三国对垒不是从军事上着眼，而是从文化上着眼，互相之间将如何一分高下？

首先出局的应该是东边的孙吴集团。骨干是一帮年轻军人，英姿勃勃：周瑜全面指挥赤壁之战击败曹军时，只有三十岁；陆逊全面指挥夷陵之役击败蜀军时，也只有三十岁。清代学者赵翼在《廿二史札记》中说，三国对垒，曹操张罗的是一种权术组合，刘备张罗的是一种性情组合，孙权张罗的是一种意气组合。沿用这种说法，当时孙权手下的年轻军人们确实是意气风发。这样的年轻军人，天天追求着火烟烈焰中的潇洒形象，完全不屑于吟诗作文。这种心态也左右着上层社会的整体气氛，因此，孙吴集团中没有出现过值得我们今天一谈的文化现象。

顺便提一句，当时的东吴地区，农桑经济倒是不错，航海事业也比较发达。但是，经济与军事一样，都不能直接通达文化。

对于西边刘备领导的巴蜀集团，本来也不能在文化上抱太大的希望。谁知，诸葛亮的两篇军事文件改变了这个局面。一篇是军事形势的宏观分析，叫《隆中对》；一篇是出征之前的政治嘱托，叫《出师表》。

《隆中对》的文学价值，在于对乱世的清晰梳理。清晰未必有文学价值，但是，大混乱中的大清晰却会产生一种逻辑快感。当这种逻辑快感转换成水银泻地般的气势和节奏，文学价值也就出现了。

相比之下，《出师表》的文学价值要高得多。这种价值，首先来自于文章背后全部人际关系的整体背景。诸葛亮从二十六岁开始就全力辅佐刘备了，写《出师表》的时候是四十六岁，正好整整二十年。这时刘备已死，留给诸葛亮的是一个难以收拾的残局和一个懦弱无能的儿子。刘备遗嘱中曾说，如果儿子实在不行，诸葛亮可以“自取”最高权位。诸葛亮没有这么做，而是继续领军征伐。这次出征前他觉得胜败未卜，因此要对刘备的儿子好好嘱咐一番。为了表明自己的话语权，还要把自己和刘备的感情关系说一说，一说，眼泪就出来了。

这个情景，就是一篇好文章的由来。文章开头，干脆利落地指出局势之危急——“先帝创业未半而中道崩殂，今天下三分，益州疲敝，此诚危急存亡之秋也”；文章中间，由军政大局转向个人感情——“臣本布衣，躬耕于南阳，苟全性命于乱世，不求闻达于诸侯”；文章结尾，更是万马阵前老臣泪，足以让所有人动容——“今当远离，临表涕零，不知所言”。这么一篇文章，美学效能强烈，当然留得下来。

我一直认为，除开《三国演义》中的小说形象，真实的诸葛亮之所以能够在中国历史上获得超常名声，多半是因为这篇《出师表》。历史上比他更具政治能量和军事成就的人物太多了，却都没有留下这样的文学印记，因此也都退出了人们的记忆。而一旦有了文学印记，那么，即便是一次失败的行动，也会使一代代拥有英雄情怀的后人感同身受。杜甫诗中所写的“出师未捷身先死，长使英雄泪满襟”，就是这个意思。当然，杜甫一写，《出师表》的文学地位也就更巩固了。

说过了诸葛亮，我们就要回到曹操身上了。

不管人们给《出师表》以多高的评价，不管人们因《出师表》而对诸葛亮产生多大的好感，我还是不能不说：在文学地位上，曹操不仅高于诸葛亮，而且高出太多太多。

同样是战阵中的作品，曹操的那几首诗，已经足可使他成为中国历史上第一流的文学家，但诸葛亮不是。任何一部《中国文学史》，遗漏了曹操是难于想象的，而加入了诸葛亮也是难于想象的。

那么，曹操在文学上高于诸葛亮的地方在哪里呢?

在于生命格局。

诸葛亮在文学上表达的是君臣之情，曹操在文学上表达的是天地生命。

曹操显然看不起那种阵前涕泪。他眼前的天地是这样的：

东临碣石，
以观沧海。
水何澹澹，
山岛竦峙。
树木丛生，
百草丰茂。
秋风萧瑟，
洪波涌起。
日月之行，
若出其中。
星汉灿烂，
若出其里。
幸甚至哉，
歌以咏志。

他心中的生命是这样的：

神龟虽寿，
犹有竟时。
螣蛇乘雾，
终为土灰。
老骥伏枥，
志在千里；
烈士暮年，
壮心不已。
盈缩之期，
不但在天；
养怡之福，
可得永年。

当天地与生命产生抵牾，他是这样来处置人生定位的：

对酒当歌，
人生几何？
譬如朝露，
去日苦多。
慨当以慷，
忧思难忘。
何以解忧，
唯有杜康。

青青子衿，
悠悠我心。
但为君故，
沉吟至今。
呦呦鹿鸣，
食野之苹。
我有嘉宾，
鼓瑟吹笙。
……
月明星稀，
乌鹊南飞。
绕树三匝，
何枝可依？
山不厌高，
海不厌深。
周公吐哺，
天下归心。

我在抄写这些熟悉的句子时，不能不再一次惊叹其间的从容大气。一个人可以掩饰和伪装自己的行为动机，却无法掩饰和伪装自己的生命格调。这些诗作传达出一个身陷乱世权谋而心在浩阔时空的强大生命，强大到没有一个不够强大的生命能够模仿。

这些诗作还表明，曹操一心想做军事巨人和政治巨人而十分辛苦，却不太辛苦地成了文化巨人。

但是，这也不是偶然所得。与诸葛亮起草军事文件不同，曹操是把诗当做真正的诗来写的。他又与历来喜欢写诗的政治人物不同，没有丝毫附庸风雅的嫌疑。这也就是说，他具有充分的文学自觉。

他所表述的，都是宏大话语，这很容易流于空洞，但他却融入了强烈的个性特色。这种把宏大话语和个性特色合为一体而酿造浓厚气氛的本事，就来自于文学自觉。此外，在《却东西门行》《苦寒行》《蒿里行》等诗作中，他又频频使用象征手法，甚至与古代将士和当代将士进行移位体验，进一步证明他在文学上的专业水准。

曹操的诗，干净朴实，简约精悍，与我历来厌烦的侈靡铺陈正好南辕北辙，这就更让我倾心。人的生命格局一大，就不会在琐碎妆饰上沉陷。真正自信的人，总能够简单得铿锵有力。

三

文化上的三国对垒，更让人哑口无言的，是曹操的一大堆儿子中有两个非常出色。父子三人拢在一起，占去了当时华夏的一大半文化。真可谓“天下三分月色，两分尽在曹家”。

丛林边上的曹家，真是好生了得！

我想不起，在历史的高爽地带，像汉代、唐代、宋代那样长久而又安定的环境中，哪一个名门望族在文化聚集的浓度和高度上赶得上曹家。有的以为差不多了，放远了一看还是完全不能相提并论。

这么一个空前绝后的曹家，为什么只能形成于乱世而不是盛世？

对于这个问题我现在还没有找到明确的答案，容我以后再仔细想想。

在没有想明白之前，我们不妨推门进去，到曹家看看。

哥哥曹丕，弟弟曹植，兄弟俩关系尴尬。有一个大家都知道的传说，对曹丕不大有利。说的是，曹操死后曹丕继位，便想着法儿迫害弟弟曹植，有一次居然逼弟弟在七步之内写成一首诗，否则就将其处死。曹植立即吟出四句：

煮豆燃豆萁，
豆在釜中泣。
本是同根生，
相煎何太急？

这个传说的真实性无法考证。记得刘义庆《世说新语》里已有记载，但诗句有些出入。我的判断是：传说中的曹丕，那天的举动过于残暴又过于儿戏，不太像他这么一个要面子的聪明人的行为；但这四句诗的比喻却颇为得体，很可能确实出于曹植之口，只不过传说者虚构了一个面对面的话语情境。

中国人最经受不住传说的冲击。如果传说带有戏剧性和刺激性，那就更会变成一种千古爱憎。但是，越是带有戏剧性和刺激性，大多离真实性也就越远，因此很多千古爱憎总是疑点重重，想起来真让人害怕。

传说中的曹操是违背朝廷伦理的，传说中的曹丕是违背家庭伦理的。中国古代的主流思维，无非是朝廷伦理再加上家庭伦理，结果，全被曹家颠覆了。父子两人，正好成了主流思维两部分的反面典型。

在历史上，曹丕登了大位，曹植终生失意，但这是在讲政治。如果从文化的视角看去，他们的高低要交换一下，也就是曹植的地位要比曹丕高得多。

应该说，曹丕也是杰出的文学家。我此刻粗粗一想，可以说出三项理由。其一，他写了不少带有民歌色彩的好诗，其中一半是乐府歌辞，并且由他首创了形式完整的七言诗；其二，他写了文学理论作品《典论·论文》，第一次宏观地论述了文学的意义、体裁、风格、气质；其三，他曾是一个热心的文坛领袖，身边集合了很多当时的文人，形成过一个文学集团。

曹丕的作品，本来也很可读读，尤其像两首《燕歌行》。但他不幸受到了围堵性对比，上有父亲，下有弟弟。一比，比下去了。

曹植由于官场失意，反倒使他具备了另一番凄凄凉凉的诗人气质。他的诗，前期透露出贵公子的豪迈、高雅和空泛，后期在曹丕父子的严密监视下，日子越来越不好过，笔下也就出现了对纯美的幻觉、对人生的绝望，诗境大有推进。其代表作，应该是《洛神赋》和《赠白马王彪》吧。他的风格，钟嵘在《诗品》中概括为"骨气奇高，词采华茂"，大致合适，又稍稍有点过。在我看来，曹植的问题可能正是出在"词采华茂"上。幸好他喜爱民歌，还保存着不少质朴。近人黄侃在评述《诗品》的这个评价时，觉得曹植还有"不离闾里歌谣之质"的一面，这是必要的补充。

父子三人的文学成就应该如何排序？

先要委屈一下曹丕，排在第三。不要紧，他在家里排第三，但在中国历代皇帝中却可以排第二，第一要让给比他晚七百多年的李煜。

那么，家里的第一、第二该怎么排？多数文学史家会把曹植排在第一，而我则认为是曹操。曹植固然构筑了一个美艳的精神别苑，而曹操的诗，则是礁石上的铜铸铁浇。

四

父子三人，权位悬殊、生态各异、性格不一，但一碰到文学，却都不约而同地感悟到了人世险峻、人生无常。

这是丛林边这一家子的共同语言。

或者说，这是那个时代一切智者的共同语言，却被他们父子三人最深切地感悟了、最郑重地表达了。

照理，三人中比较缺少这种感悟的是曹丕，但是实际情况并非如此。例如三十岁的时候他被立为魏太子，应该是最春风得意的时候吧，但就在这一年，中原瘟疫大流行，原来曹丕的文学密友“建安七子”中仅余的四子，即徐干、陈琳、应玚、刘桢，全部都在那场灾难中丧生。这让曹丕极其伤感。他在写给另一位友人吴质的书信中，回忆了当年文学社团活动的热闹情景，觉得那些青年才俊身在快乐而不知，确信自己能够长命百岁，但仅仅数年，全都凋零而死，名字进入“鬼录”，身体化为粪土。由此曹丕想到，这些亡友虽然不如古人，却都很杰出，活着的人赶不上他们了。至于更年轻的一代，则让人害怕，不可轻视，但我们大概也无缘和他们来往了。想想自己，素质仅如犬羊，外表却如虎豹，四周没有星星，却被蒙上了虚假的日月之光，一举一动都成了人们的观瞻对象。这种情景，何时能够改变？

这封私人通信，因写得真切而成了一篇不错的散文。

从这封信中可知，这位万人追捧的魏太子，内心也是清醒而悲凉的。

内心悲凉的人，在出入权位时反倒没有太多的道德障碍。这一点，曹丕与父亲曹操有共同之处，只不过在气魄上小得多了。

至于曹植，一种无权位的悲凉贯穿了他的后半生，他几乎对人生本体提出了怀疑。天命可疑，神仙可疑，时间可疑，一切可疑。读读他那首写给同父异母的弟弟曹彪的诗，就可以知道。

曹家的这些感悟，最集中地体现在他们生命的最后归宿——墓葬上。

将人生看做“朝露”的曹操，可以把有限的一生闹得轰轰烈烈，却不会把金银财宝堆在死后的墓葬里享受虚妄的永恒。作为一个生命的强者，他拒绝在生命结束之后的无聊奢侈。他甚至觉得，那些过于奢侈的墓葬频频被盗，真是活该。

在戎马倥偬的年月，很多大大小小的军事团队都会以就地盗掘富豪之墓的方式来补充兵饷。据说，曹操也曾命令军士做过这样的事，甚至在军中设置过一个开发墓丘的官职，叫“发丘中郎将”。这个名称，有点幽默。

曹操既鄙视厚葬，又担心自己的坟墓被盗，因此竭力主张薄葬。他死时，遗嘱“敛以时服，无藏金银财宝”。所谓“时服”，也就是平常所穿的衣服。

他的遗嘱是这样，但他的继位者会不会出于一种哀痛中的崇敬，仍然给以厚葬呢？这就要看曹丕的了。他是继位者，一切由他决定。

我们并不知道曹丕当时是怎么做的，但从他自己七年后临死时立的遗嘱，可以推想七年前不可能违背曹操薄葬的意愿。

曹丕的遗嘱，对薄葬的道理和方式说得非常具体。他说，葬于山林，就应该与山林浑然合于一体，因此不建寝殿、园邑、神道。他说，葬就是藏，也就是让人见不着，连后代也找不到，这才好。他说，“自古及今，未有不亡之国，亦无不掘之墓”，尤其厚葬更会引来盗墓，导致暴尸荒野，只有薄葬才有可能使祖先稍稍安静。最后，他立下最重的诅咒，来防止后人改变遗嘱，说：“若违今诏，妄有所变改造施，吾为戮尸地下，戮而又戮，死而重死。”真是情辞剀切，信誓旦旦，丝毫不留余地了。

那么，我敢肯定，曹氏父子确实是薄葬了。

由于他们坚信葬就是藏，而且要藏得今人和后人都不知其处，时间一长，就产生了“曹操七十二疑冢”的传说。

大约是从宋代开始的吧，说曹操为了不让别人盗墓，在漳河一带筑了七十二座坟墓，其中只有一座是真的。后来又有传闻，说是有人找到过，是渔民，或者是农人，好像找到了真的一座，又好像是七十二冢之外的……

于是当时就有文人写诗来讥讽曹操了：

生前欺天绝汉统，
死后欺人设疑冢。
人生用智死即休，
何有余机到丘垄？
人言疑冢我不疑，
我有一法君未知：
尽发疑冢七十二，
必有一冢藏君尸。

诗一出来，立即有人夸奖为“诗之斧钺”。用现在的话，就是把诗作为武器，直刺九百年前的曹操。

这就是我很不喜欢的中国文人——根据一个谣传，立即表示“我不疑”，而且一开头就上升到政治宣判，断言曹操之罪是绝了“汉统”。根据我们前面的分析，仅凭曹操的那些诗，就足以说明他是汉文化的合格继承者，他们所说的“汉统”，大概是指汉朝的皇族血统吧。如果是，那么，汉朝本身又曾经绝了什么朝、什么统？再以前呢？再以后呢？比曹操晚生九百年而经历了魏、晋、南北朝、隋、唐、五代十国，却还在追求汉朝血统，这样的文人真是可气。

更可气的是，这个写诗的人不知怎么突然自我膨胀，居然以第二人称与曹操对话起来，说自己想出了一个绝招可以使曹操的“疑冢阴谋”彻底破败，那就是把七十二冢全挖了。

我不知道读者听了他的这个绝招作何感想，我觉得他实在是像其他很多中国文人，把愚蠢当做了聪明，也不怕别人牙酸了。就凭这样的智力、这样的文笔，也敢与曹操对话?

我想，即便把这样的低智族群除开，曹家在绝大多数情况下也是找不到对话者的。以前曾经有过一些，却都在那次瘟疫中死了。因此，他们也只能消失在大地深处。

魏晋绝响

一

这是一个真正的乱世。

出现过一批名副其实的铁血英雄，播扬过一种烈烈扬扬的生命意志，普及过“成者为王，败者为寇”的政治逻辑，即便是再冷僻的陋巷荒陌，也因震慑、崇拜、窥测、兴奋而变得炯炯有神。

突然，英雄们相继谢世了。英雄和英雄之间龙争虎斗了大半辈子，他们的年龄大致相仿，因此也总是在差不多的时间离开人间。像骤然挣脱了条条绷紧的绳索，历史一下子变得轻松，却又剧烈摇晃起来。

英雄们留下的激情还在，后代还在，部下还在，亲信还在，但统治这一切的巨手却已在阴暗的墓穴里枯萎。与此同时，过去被英雄们的伟力所掩盖和制伏着的各种社会力量又猛然涌起，为自己争夺权力和地位。这两种力量的冲撞，与过去英雄们的威严抗衡相比，低了好几个社会价值等级。于是，宏谋远图不见了，壮丽的鏖战不见了，历史的诗情不见了，代之以明争暗斗、上下其手、投机取巧，代之以权术、策反、谋害。

当初的英雄们也会玩弄这一切，但玩弄仅止于玩弄，他们的争斗主题仍然是响亮而富于人格魅力的。当英雄们逝去之后，手段性的一切成了主题，历史失去了放得到桌面上来的精神魂魄，进入到一种无序状态。专制的有序会酿造黑暗，混乱的无序也会酿造黑暗。我们习惯所说的乱世，就是指无序的黑暗。

魏晋，就是这样一个无序和黑暗的“后英雄时期”。

这中间，最可怜的是那些或多或少有点政治热情的文人名士了，他们最容易被英雄人格所吸引，何况这些英雄以及他们的家族中有一些人本身就是文采斐然的大知识分子，在周围自然而然地形成了文人集团。等到政治斗争一激烈，这些文人名士便纷纷成了刀下鬼，比政治家死得更多更惨。

我一直在想，为什么在魏晋乱世，文人名士的生命会如此不值钱，思考的结果是：看似不值钱恰恰是因为太值钱。当时的文人名士，有很大一部分人承袭了春秋战国和秦汉以来的哲学、社会学、政治学、军事学思想，无论在实际的智能水平还是在广泛的社会声望上都能有力地辅佐各个政治集团。因此，争取他们，往往关及政治集团的品位和成败；杀戮他们，则是因为确确实实地害怕他们，提防他们为其他政治集团效力。

相比之下，当初被秦始皇所坑的儒生，作为知识分子的个体人格形象还比较模糊，而到了魏晋时期被杀的知识分子，无论在哪一个方面都不一样了。他们早已是真正的名人，姓氏、事迹、品格、声誉，都随着他们的鲜血，渗入中华大地，渗入文明史册。文化的惨痛，莫过于此；历史的恐怖，莫过于此。

何晏，玄学的创始人、哲学家、诗人、谋士，被杀；

张华，政治家、诗人、《博物志》的作者，被杀；

潘岳，与陆机齐名的诗人，中国古代最著名的美男子，被杀；

谢灵运，中国古代山水诗的鼻祖，直到今天还有很多名句活在人们口边，被杀；

范晔，写成了皇皇史学巨著《后汉书》的杰出历史学家，被杀；

……

这个名单可以开得很长，置他们于死地的罪名很多，而能够解救他们、为他们辩护的人却一个也找不到。对他们的死，大家都十分漠然，也许有几天会成为谈资，但浓重的杀气压在四周，谁也不敢多谈，待到时过境迁，新的纷乱又杂陈在人们眼前，翻旧账的兴趣早已索然。文化名人的成批被杀居然引不起太大的社会波澜，后代史册写到这些事情时笔调也平静得如古井死水。

真正无法平静的，是血泊边上那些侥幸存活的名士。吓坏了一批，吓得庸俗了、胆怯了、圆滑了、变节了、噤口了，这是自然的，人很脆弱，从肢体结构到神经系统都是这样，不能深责；但毕竟还有一些人从惊吓中回过神来，重新思考哲学、历史以及生命的存在方式，于是，一种独特的人生风范，便从黑暗、混乱、血腥的挤压中飘然而出。

二

当年曹操身边曾有一个文才很好、深受重用的书记官叫阮瑀，生了个儿子叫阮籍。曹操去世时阮籍正好十岁，因此他注定要面对“后英雄时期”的乱世，目睹那么多鲜血和头颅了，不幸他又充满了历史感和文化感，内心会承受多大的磨难，我们无法知道。

我们只知道，阮籍喜欢一个人驾木车游荡，木车上载着酒，没有方向地向前行驶。泥路高低不平，木车颠簸着，酒缸摇晃着，他的双手则抖抖索索地握着缰绳。突然马停了，他定睛一看，路走到了尽头。真的没路了？他哑着嗓子自问，眼泪已夺眶而出。终于，声声抽泣变成了号啕大哭。哭够了，持缰驱车向后转，另外找路。另外那条路走着走着也到了尽头了，他又大哭，走一路哭一路，荒草野地间谁也没有听见，他只哭给自己听。

一天，他就这样信马由缰地来到了河南荥阳的广武山，他知道这是楚汉相争最激烈的地方。山上还有古城遗迹，东城屯过项羽，西城屯过刘邦，中间相隔二百步，还流淌着一条广武涧，涧水汩汩，城基废弛，天风浩荡，落叶满山。阮籍徘徊良久，叹一声："时无英雄，使竖子成名！"

他这声叹息，不知怎么被传到了世间。也许那天出行因路途遥远，他破例带了个同行者？或是他自己在何处记录了这个感叹？反正这声叹息成了今后千余年许多既有英雄梦又有寂寞感的历史人物的共同心声。直到二十世纪，寂寞的鲁迅还引用过，毛泽东读鲁迅书时发现了，也写进了一封更有寂寞感的家书中。鲁迅凭记忆引用，记错了两个字，毛泽东也跟着错。

遇到的问题是，阮籍的这声叹息，究竟指向着谁？

可能是指刘邦。刘邦在楚汉相争中胜利了，原因是他的对手项羽并非真英雄。在一个没有真英雄的时代，只能让区区小子成名。

也可能是同时指刘邦、项羽。因为他叹息的是"成名"而不是"得胜"，刘、项无论胜负都成名了，在他看来，他们都不值得成名，都不是英雄。

甚至还可能是反过来，他承认刘邦、项羽都是英雄，但他们早已远去，剩下眼前这些小人徒享虚名，面对着刘、项遗迹，他悲叹着现世的寥落。好像苏东坡就是这样理解的，曾有一个朋友问他：阮籍说"时无英雄，使竖子成名"，其中"竖子"是指刘邦吗？苏东坡回答说："非也，伤时无刘、项也。竖子指魏晋人耳。”

既然完全相反的理解也能说得通，那么我们也只能用比较超拔的态度来对待这句话了。茫茫九州大地，到处都是为争做英雄而留下的斑斑疮痍，但究竟有哪几个时代出现了真正的英雄呢？既然没有英雄，世间又为什么如此热闹？也许，正因为没有英雄，世间才如此热闹的吧？

我相信，广武山之行使阮籍更厌烦尘嚣了。在中国古代，凭吊古迹是文人一生中的一件大事，在历史和地理的交错中，雷击般的生命感悟甚至会使一个人脱胎换骨。那应是黄昏时分吧，离开广武山之后，阮籍的木车在夕阳衰草间越走越慢，这次他不哭了，但仍有一种沉重的气流涌向喉头，他长长一吐，音调浑厚而悠扬，喉音、鼻音翻卷了几圈，最后把音收在唇齿间，变成一种口哨声飘洒在山风暮霭之间。这口哨声并不尖利，却是婉转而高亢。

这也算一种歌吟方式吧，阮籍以前也从别人嘴里听到过，好像称之为“啸”。啸不承担切实的内容，不遵循既定的格式，只随心所欲地吐露出一派风致、一腔心曲，因此特别适合乱世名士。尽情一啸，什么也抓不住，但什么都在里边了。这天阮籍在木车中真正体会到了啸的厚味，美丽而孤寂的心声在夜气中回翔。

对阮籍来说，更重要的一座山是苏门山。苏门山在河南辉县，当时有一位有名的隐士孙登隐居其间，苏门山因孙登而著名，而孙登也常被人称为“苏门先生”。阮籍上山之后，蹲在孙登面前，询问他一系列重大的历史问题和哲学问题，但孙登好像什么也没有听见，一声不吭，甚至连眼珠也不转一转。

阮籍傻傻地看着泥塑木雕般的孙登，突然领悟到自己的重大问题是多么没有意思，那就快速斩断吧——能与眼前这位大师交流的或许是另外一个语汇系统？好像被一种神奇的力量催动着，他缓缓地啸了起来。

啸完一段，再看孙登，孙登竟笑眯眯地注视着他，说："再来一遍！"阮籍一听，连忙站起身来，对着群山云天，啸了好久。啸完回身，孙登又已平静入定。阮籍知道自己已经完成了与这位大师的一次交流，此行没有白来。

阮籍下山了，有点高兴又有点茫然。刚走到半山腰，一种奇迹发生了，如天乐开奏，如梵琴拨响，如百凤齐鸣，一种难以想象的音乐突然充溢于山野林谷之间。阮籍震惊片刻后立即领悟了，这是孙登大师的啸声，如此辉煌和圣洁，把自己的啸不知比到哪里去了。但孙登大师显然不是要与他争胜，而是在回答他的全部历史问题和哲学问题。阮籍仰头聆听，直到啸声结束。然后疾步回家，写下了一篇《大人先生传》。

他从孙登身上知道了什么叫做"大人"。他在文章中说，"大人"是一种与造物同体、与天地并生、逍遥浮世、与道俱成的存在，相比之下，天下那些束身修行、足履绳墨的君子是多么可笑。天地在不断变化，君子们究竟能固守住什么礼法呢？说穿了，躬行礼法而又自以为是的君子，就像寄生在裤裆缝里的虱子。爬来爬去都爬不出裤裆缝，还标榜说是循规蹈矩；饿了咬人一口，还自以为找到了什么风水吉宅。

文章辛辣到如此地步，我们就可知道他自己要如何处世行事了。

三

平心而论，阮籍本人一生的政治遭遇并不险恶，因此，他的奇特举止也不能算是直接的政治反抗。直接的政治反抗再英勇、再激烈也只属于政治范畴，而阮籍似乎执意要在生命形态和生活方式上闹出一番新气象。

政治斗争的残酷性他是亲眼目睹了，但在他看来，既然没有一方是英雄的行为，他也不想去认真地评判谁是谁非。鲜血的教训，难道一定要用新的鲜血来记述吗？不，他在一批批认识的和不认识的文人名士的新坟丛中，猛烈地憬悟到生命的极度卑微和极度珍贵，他横下心来伸出双手，要以生命的名义索回一点自主和自由。他到过广武山和苏门山，看到过废墟，听到过啸声，他已是一个独特的人，正在向他心目中的“大人”靠近。

人们都会说他怪异，但在他眼里，明明生就了一个大活人却像虱子一样活着，才叫真正的怪异，做了虱子还扬扬自得地冷眼瞧人，那是怪异中的怪异。

首先让人感到怪异的，大概是他对官场的态度。对于历代中国人来说，垂涎官场、躲避官场、整治官场、对抗官场，这些都能理解，而阮籍给予官场的却是一种游戏般的洒脱，这就使大家感到十分陌生了。

阮籍躲过官职任命，但躲得并不彻底。有时心血来潮，也做做官。正巧遇到政权更迭期，他一躲不仅保全了生命，而且被人看做是一种政治远见，其实是误会了他。例如曹爽要他做官，他说身体不好，隐居在乡间，一年后曹爽倒台，牵连很多名士，他安然无恙；但胜利的司马昭想与他联姻，每次到他家说亲他都醉着，整整两个月都是如此，联姻的想法也就告吹。

有一次阮籍漫不经心地对司马昭说：“我曾经到东平（今属山东）游玩过，很喜欢那儿的风土人情。”司马昭一听，就让他到东平去做官了。阮籍骑着驴到东平之后，察看了官衙的办公方式，东张西望了不多久便立即下令，把府舍衙门重重叠叠的墙壁拆掉，让原来关在各自屋子里单独办公的官员们一下子置于互相可以监视、内外可以沟通的敞亮环境之中，办公内容和办公效率立即发生了重大变化。这一着，即便用一千多年后今天的行政管理学来看也可以说是抓住了“牛鼻子”，国际上许多现代化企业的办公场所不都在追求着一种高透明度的集体气氛吗？但我们的阮籍只是骑在驴背上稍稍一想便想到了。除此之外，他还大刀阔斧地精简了法令，大家心悦诚服，完全照办。他觉得东平的事已经做完，仍然骑上那头驴子，回到洛阳来了。一算，他在东平总共逗留了十余天。

后人说，阮籍一生正儿八经地上班，也就是这十余天。

唐代诗人李白对阮籍做官的这种潇洒劲头钦佩万分，曾写诗道：

阮籍为太守，
乘驴上东平。
剖竹十余日，
一朝风化清。

只花十余天，便留下一个官衙敞达、政通人和的东平在身后，而这对阮籍来说，只是玩了一下而已。玩得如此漂亮，让无数老于宦海而毫无作为的官僚们立刻显得狼狈。

他还想用这种迅捷高效的办法来整治其他许多地方的行政机构吗？在人们的这种疑问中，他突然提出愿意担任军职，并明确要担任北军的步兵校尉。但是，他要求担任这一职务的唯一原因是步兵校尉兵营的厨师特别善于酿酒，而且打听到还有三百斛酒存在仓库里。到任后，除了喝酒，阮籍一件事也没有管过。在中国古代，官员贪杯的多得很，贪杯误事的也多得很，但像阮籍这样堂而皇之纯粹是为仓库里的那几斛酒来做官的，实在绝无仅有。把金印作为敲门砖随手一敲，敲开的却是一个芳香浓郁的酒窖，所谓“魏晋风度”也就从这里飘散出来了。

除了对待官场的态度外，阮籍更让人感到怪异的，是他对于礼教的轻慢。

众所周知，礼教对于男女间接触的防范极严，叔嫂间不能对话，朋友的女眷不能见面，邻里的女子不能直视，如此等等的规矩，成文和不成文地积累了一大套。中国男子，一度几乎成了最厌恶女性的一群奇怪动物，可笑的不自信加上可恶的淫邪推理，既装模作样又战战兢兢。对于这一切，阮籍断然拒绝。有一次嫂子要回娘家，他大大方方地与她告别，说了好些话，完全不理叔嫂不能对话的礼教。隔壁酒坊里的小媳妇长得很漂亮，阮籍经常去喝酒，喝醉了就在人家脚边睡着了，他不避嫌，小媳妇的丈夫也不怀疑。

特别让我感动的一件事是：一位兵家女孩，极有才华又非常美丽，不幸还没有出嫁就死了。阮籍根本不认识这家的任何人，也不认识这个女孩，听到消息后却莽撞赶去吊唁，在灵堂里大哭一场，把满心的哀悼倾诉完了才离开。阮籍不会装假，毫无表演意识，他那天的滂沱泪雨全是真诚的。这眼泪，不是为亲情而洒，不是为冤案而流，只是献给一具美好而又速逝的生命。荒唐在于此，高贵也在于此。有了阮籍那一天的哭声，中国数千年来其他许多死去活来的哭声就显得太具体、太实在，也太自私了。终于有一个真正的男子汉像模像样地哭过了，没有其他任何理由，只为美丽，只为青春，只为异性，只为生命，哭得抽象又哭得淋漓尽致。依我看，男人之哭，至此尽矣。

礼教的又一个强项是“孝”。孝的名目和方式叠床架屋，已与子女对父母的实际感情没有什么关系。最惊人的是父母去世后的繁复礼仪，三年服丧、三年素食、三年寡欢，甚至三年守墓，一分真诚扩充成十分伪饰，让活着的和死了的都长久受罪，在最不该虚假的地方大规模地虚假着。正是在这种空气中，阮籍的母亲去世了。

那天他正好和别人在下围棋，死讯传来，下棋的对方要停止，阮籍却铁青着脸不肯歇手，非要决个输赢。下完棋，他在别人惊恐万状的目光中要过酒杯，饮酒两斗，然后才放声大哭，哭的时候，口吐大量鲜血。几天后母亲下葬，他又吃肉喝酒，然后才与母亲遗体告别，此时他早已因悲伤过度而急剧消瘦，见了母亲遗体又放声痛哭，吐血数升，几乎死去。

他完全不拘礼法，在母丧之日喝酒吃肉，但他对于母亲死亡的悲痛之深，又有哪个孝子比得上呢？这真是千古一理了：许多叛逆者往往比卫道者更忠于层层外部规范背后的内核。阮籍冲破“孝”的礼法来真正行孝，与他的其他作为一样，只想活得真实和自在。

他的这种做法，有极广泛的社会启迪作用。何况魏晋时期因长年战乱而早已导致礼教日趋懈弛，由他这样的名人用自己哄传遐迩的行为一点化，足以移风易俗。据《世说新语》所记，阮籍的这种行为即便是统治者司马昭也乐于容纳。阮籍在安葬母亲后不久，应邀参加了司马昭主持的一个宴会。宴会间自然免不了又要喝酒吃肉，当场一位叫何曾的官员站起来对司马昭说：“您一直提倡以孝治国，但今天处于重丧期内的阮籍却坐在这里喝酒吃肉，大违孝道，理应严惩！”司马昭看了义愤填膺的何曾一眼，慢悠悠地说：“你没看到阮籍因过度悲伤而身体虚弱吗？身体虚弱吃点喝点有什么不对？你不能与他同忧，还说些什么！”

魏晋时期的一大好处，是生态和心态的多元。礼教还在流行，而阮籍的行为又被允许，于是人世间也就显得十分宽阔。记得阮籍守丧期间，有一天朋友裴楷前去吊唁，在阮籍母亲的灵堂里哭拜，而阮籍却披散着头发坐着，既不起立也不哭拜，只是两眼发直，表情木然。裴楷吊唁出来后，立即有人对他说：“按照礼法，吊唁时主人先哭拜，客人才跟着哭拜。这次我看阮籍根本没有哭拜，你为什么独自哭拜？”说这番话的大半是挑拨离间的小人，且不去管他了，我对裴楷的回答却很欣赏，他说："阮籍是超乎礼法的人，可以不讲礼法；我还在礼法之中，所以遵循礼法。"我觉得这位裴楷虽是礼法中人却颇具魏晋风度，他自己不太圆通却愿意让世界圆通。

既然阮籍如此干脆地扯断了一根根陈旧的世俗经纬而直取人生本义，那么，他当然也不会受制于人际关系的重负。他是名人，社会上要结交他的人很多，而这些人中间有很大一部分是以吃食名人为生的：结交名人为的是分享名人，边分享边觊觎，一有风吹草动便告密起哄、兴风作浪，刹那间把名人围诼得累累伤痕。阮籍身处乱世，在这方面可谓见多识广。他深知世俗友情的不可靠，因此绝不会被一个似真似幻的朋友圈所迷惑。他要找的人都不在了：刘邦、项羽只留下了一座废城，孙登大师只留下满山长啸，亲爱的母亲已经走了，甚至像才貌双全的兵家女儿那样可爱的人物，在听说的时候已不在人间。难耐的孤独包围着他，他厌烦身边虚情假意的来来往往，常常白眼相向。时间长了，阮籍的白眼也就成了一种明确无误的社会信号、一道自我卫护的心理障壁。但是，当阮籍向外投以白眼的时候，他的内心也不痛快。他多么希望少翻白眼，能让自己深褐色的瞳仁去诚挚地面对另一对瞳仁！他一直在寻找，找得非常艰难。在母丧守灵期间，他对前来吊唁的客人由衷地感谢，但感谢也仅止于感谢而已。人们发现，甚至连官位和社会名声都不低的嵇喜前来吊唁时，闪烁在阮籍眼角里的，也仍然是一片白色。

人家吊唁他母亲他也白眼相向！这件事很不合情理，嵇喜和随员都有点不悦，回家一说，被嵇喜的弟弟听到了。这位弟弟听了不觉一惊，支颐一想，猛然憬悟，急速地备了酒、挟着琴来到灵堂。酒和琴，与吊唁灵堂多么矛盾，但阮籍却站起身来，迎了上去。你来了吗，与我一样不顾礼法的朋友，你是想用美酒和音乐来送别我操劳一生的母亲？阮籍心中一热，终于把深褐色的目光浓浓地投向这位青年。

这位青年叫嵇康，比阮籍小十三岁，今后他们将成为终身的朋友，而后代一切版本的中国文化史则把他们俩的名字永远地排列在一起，怎么也拆不开。

四

嵇康是曹操的曾孙女婿，与那个已经逝去的英雄时代的关系，比阮籍还要直接。

嵇康堪称中国文化史上第一等的可爱人物，他虽与阮籍并称于世，而且又比阮籍年少，但就整体人格论之，他在我心目中的地位要比阮籍高出许多，尽管他一生一直钦佩着阮籍。我曾经多次想过产生这种感觉的原因，想来想去终于明白：对于自己反对什么追求什么，嵇康比阮籍更明确、更透彻，因此他的生命乐章也就更清晰、更响亮了。

他的人生主张让当时的人听了惊心动魄："非汤武而薄周孔""越名教而任自然"。他完全不理会种种传世久远、名目堂皇的教条礼法，彻底厌恶官场仕途，因为他心中有一个使他心醉神迷的人生境界。这个人生境界的基本内容，是摆脱约束、回归自然、享受悠闲。罗宗强教授在《玄学与魏晋士人心态》一书中说，嵇康把庄子哲学人间化，因此也诗化了，很有道理。嵇康是个身体力行的实践者，长期隐居山阳（在今河南焦作东南），后来到了洛阳城外，竟然开了个铁匠铺，每天在大树下打铁。他给别人打铁不收钱，如果有人以酒肴作为酬劳他就会非常高兴，在铁匠铺里拉着别人开怀痛饮。

一个稀世的大学者、大艺术家，竟然在一座大城市的附近打铁！没有人要他打，只是自愿；也没有实利目的，只是觉得有意思。与那些远离人寰、瘦骨嶙峋的隐士们相比，与那些皓首穷经、弱不禁风的书生们相比，嵇康实在健康得让人羡慕。

嵇康长得非常帅气，这一点与阮籍堪称伯仲。魏晋时期的士人为什么都长得那么挺拔呢？你看严肃的《晋书》写到阮籍和嵇康等人时都要在他们的容貌上花不少笔墨，写嵇康更多，说他已达到了“龙章凤姿、天质自然”的地步。朋友山涛曾用如此美好的句子来形容嵇康（叔夜）：

> 叔夜之为人也，岩岩若孤松之独立。其醉也，傀俄若玉山之将崩。

现在，这棵岩岩孤松、这座巍巍玉山正在打铁。强劲的肌肉，愉悦的吆喝，炉火熊熊，锤声铿锵。难道，这个打铁佬就是千秋相传的《声无哀乐论》《太师箴》《难自然好学论》《管蔡论》《明胆论》《释私论》《养生论》和许多美妙诗歌的作者？这铁，打得真好！

嵇康打铁不想让很多人知道，更不愿意别人来参观。他的好朋友、文学家向秀知道他的脾气，悄悄地来到他身边，也不说什么，只是埋头帮他打铁。说起来向秀也是了不得的人物，文章写得好，精通《庄子》，但他更愿意做一个最忠实的朋友，赶到铁匠铺来当下手，安然自若。向秀还曾到山阳帮另一位朋友吕安种菜灌园，吕安也是嵇康的好友。这些朋友，都信奉回归自然，因此都干着一些体力活。向秀奔东走西地多处照顾，怕朋友们太劳累，怕朋友们太寂寞。

嵇康与向秀在一起打铁的时候，不喜欢议论世人的是非曲直，因此话并不多。唯一的话题是谈几位朋友，除了阮籍和吕安，还有山涛。吕安的哥哥吕巽，和他关系也不错。称得上朋友的也就是这么五六个人，他们都十分珍惜。在淳朴自然的生态中，他们绝不放弃亲情的慰藉。这种亲情彼此心照不宣，浓烈到近乎淡泊。

正这么叮叮当当地打铁呢，忽然看到一支华贵的车队从洛阳城里驶来。为首的是当时朝廷宠信的一个贵公子，叫钟会。钟会是大书法家钟繇的儿子，钟繇做过魏国太傅，而钟会本身也博学多才。钟会对嵇康素来景仰，一度曾到敬畏的地步，例如当初他写完《四本论》后很想让嵇康看一看，又缺乏勇气，只敢远远地把文章扔到嵇康住处的门里，转身就走。现在他的地位已经不低，听说嵇康在洛阳城外打铁，决定隆重拜访。钟会的这次来访十分排场，照《魏氏春秋》的记述，是“乘肥衣轻、宾从如云”。

钟会把拜访的排场搞得这么大，可能是出于对嵇康的尊敬，也可能是为了向嵇康显示点什么。但嵇康一看却非常抵拒。这种突如其来的喧闹，严重地侵犯了他努力营造的安适境界。他扫了一眼钟会，连招呼也不打，便与向秀一起埋头打铁了。他抡锤，向秀拉风箱，旁若无人。

这一下可把钟会推到了尴尬的境地：出发前他向宾从们夸过海口，现在宾从们都疑惑地把目光投向他。他只能悻悻地注视着嵇康和向秀，看他们不紧不慢地干活。看了很久，嵇康仍然没有与之交谈的意思，钟会向宾从扬扬手，上车驱马，准备回去了。

刚走了几步，嵇康却开口了：“何所闻而来？何所见而去？”

钟会一惊，立即回答：“闻所闻而来，见所见而去。”

问句和答句都简洁而巧妙，但钟会心中实在不是味道。鞭声数响，庞大的车队回洛阳去了。

嵇康连头也没有抬，只有向秀怔怔地看了一会儿车队后面扬天的尘土，眼光中泛起一丝担忧。

五

对嵇康来说，真正能从心灵深处干扰他的，是朋友。友情之外的造访，他可以低头不语，挥之即去，但对于朋友就不一样了，哪怕是一丁点儿的心理隔阂，也会使他焦灼和痛苦。因此，友情有多深，干扰也有多深。

这种事情，不幸就在他和好朋友山涛之间发生了。

山涛也是一个很大气的名士，当时就有人称赞他的品格“如璞玉浑金”。他与阮籍、嵇康不同的是，有名士观念却不激烈，对朝廷、对礼教、对前后左右的各色人等，他都能保持一种温和而友好的关系。但也并不庸俗，又忠于友谊，有长者风，是一个很靠得住的朋友。他当时担任尚书吏部郎，做着做着不想做了，要辞去，朝廷要他推荐一个合格的人继任，他真心诚意地推荐了嵇康。

嵇康知道此事后，立即写了一封绝交信给山涛。山涛字巨源，因此这封信名为《与山巨源绝交书》。我想，说它是中国文化史上最重要的一封绝交书也不过分吧，反正只要粗涉中国古典文学的人都躲不开它，直到千余年后的今天仍是这样。

这是一封很长的信，其中有些话说得有点伤心——

听说您想让我去接替您的官职，这事虽没办成，从中却可知道您很不了解我。也许您这个厨师不好意思一个人屠宰下去了，拉一个祭师做垫背吧……

阮籍比我淳厚贤良，从不多嘴多舌，也还有礼法之士恨他；我这个人比不上他，惯于傲慢懒散，不懂人情物理，又喜欢快人快语，一旦做官，每天会招来多少麻烦事！……我如何立身处世，自己早已明确，即便是在走一条死路也咎由自取，您如果来勉强我，则非把我推入沟壑不可！

我的母亲和哥哥刚死，心中凄切，女儿才十三岁，儿子才八岁，尚未成人，又体弱多病，想到这一些，真不知该说什么。现在我只想住在简陋的旧屋里教养孩子，常与亲友们叙叙离情、说说往事，浊酒一杯，弹琴一曲，也就够了。不是我故作清高，而是实在没有能力当官，就像我们不能把贞洁的美名加在阉人身上一样。您如果想与我共登仕途，一起欢乐，其实是在逼我发疯，我想您对我没有深仇大恨，不会这么做吧？

我说这些，是使您了解我，也与您诀别。

这封信很快在朝野传开，朝廷知道了嵇康的不合作态度，而山涛，满腔好意却换来一个断然绝交，当然也不好受。但他知道，一般的绝交信用不着写那么长，写那么长，是嵇康对自己的一场坦诚倾诉。如果友谊真正死亡了，完全可以冷冰冰地三言两语，甚至不置一词，了断一切。总之，这两位昔日好友，诀别得断丝飘飘、不可名状。

嵇康还写过另外一封绝交书，绝交对象是吕巽，即上文提到过的向秀前去帮助种菜灌园的那位朋友吕安的哥哥。本来吕巽、吕安两兄弟都是嵇康的朋友，但这两兄弟突然间闹出了一场震惊远近的大官司。原来吕巽看上了弟弟吕安的妻子，偷偷地占有了她。为了掩饰，竟给弟弟安了一个“不孝”的罪名上诉朝廷。

吕巽这么做，无疑是衣冠禽兽，但他却是原告！“不孝”在当时是一个很重的罪名，哥哥控告弟弟“不孝”，很能显现自己的道德形象，朝廷也乐于借以重申孝道；相反，作为被告的吕安虽被冤屈却难以自辩，一个文人怎么能把哥哥霸占自己妻子的丑事公诸士林呢？而且这样的事，证据何在？妻子何以自处？家族门庭何以避羞？

面对最大的无耻和无赖，受害者往往一筹莫展。因为制造无耻和无赖的人早已把受害者不愿启齿的羞耻心、社会公众容易理解和激愤的罪名全都考虑到了，受害者除了泪汪汪地引项就戮，别无办法。如果说还有最后一个办法、最后一道生机，那就是寻找最知心的朋友倾诉一番。在这种情况下，许多平日引为知己的朋友早已一一躲开，朋友之道的脆弱性和珍罕性同时显现。有口难辩的吕安想到了他心目中最尊贵的朋友嵇康。嵇康果然是嵇康，立即拍案而起。吕安已因“不孝”而获罪，嵇康不知官场门路，唯一能做的是痛骂吕巽一顿，宣布绝交。

这次的绝交信写得极其悲愤，怒斥吕巽诬陷无辜、包藏祸心；后悔自己以前无原则地劝吕安忍让，觉得自己对不起吕安；对于吕巽，除了决裂，无话可说。我们一眼就可看出，这与他写给山涛的绝交信完全是两回事了。

“朋友”，这是一个多么怪异的称呼，嵇康实在被它搞晕了。他太看重朋友，因此不得不一次次绝交。他一生选择朋友如此严谨，没想到一切大事都发生在他仅有的几个朋友之间。他想通过绝交来表白自身的好恶，他也想通过绝交来论定朋友的含义。他太珍惜了，但越珍惜，能留住的也就越稀少。

尽管他非常愤怒，他所做的事情却很小——在一封私信里为一个蒙冤的朋友说两句话，同时识破一个假朋友，如此而已。但仅仅为此，他被捕了。

理由很简单：他是“不孝者的同党”。

从这个无可理喻的案件，我明白了一个冤案的构建为什么那么容易，而构建起来的冤案又怎么会那么快速地扩大株连面。上上下下并不太关心事件的真相，而热衷于一个最通俗、最便于传播又最能激起社会公愤的罪名；这个罪名一旦建立，事实的真相便变得无足轻重。谁还想提起事实来扫大家的兴，立即沦为同案犯一起扫除；成了同案犯，发言权也就被彻底剥夺。因此，请原谅古往今来所有深知冤情而闭口的朋友吧，他们敌不过那种并不需要事实的世俗激愤，也担不起“同党”“同案犯”等随时可以套在头上的恶名。

现在，轮到为嵇康判罪了。

一个“不孝者的同党”，该受何种处罚？

统治者司马昭在宫廷中犹豫。我们记得，阮籍在母丧期间喝酒吃肉也曾被人控告为不孝，司马昭内心对于孝不孝的罪名并不太在意。他比较在意的倒是嵇康写给山涛的那封绝交书，把官场仕途说得如此厌人，总要给他一点颜色看看。

就在这时，司马昭所宠信的一个年轻人求见，他就是钟会。他深知司马昭的心思，便悄声进言：

> 嵇康，卧龙也，千万不能让他起来。您现在统治天下已经没有什么担忧的了，我只想提醒您稍稍提防嵇康这样傲世的名士。您知道他为什么给他的好朋友山涛写那样一封绝交信吗？据我所知，他是想帮助别人谋反，山涛反对，因此没有成功，他恼羞成怒而与山涛绝交。过去姜太公、孔夫子都诛杀过那些危害社会、扰乱礼教的所谓名人，现在嵇康、吕安这些人言论放荡，诽谤圣人经典，任何统治者都是容不了的。您如果太仁慈，不除掉嵇康，可能无以匡正风俗、清洁王道。（参见《晋书·嵇康传》《世说新语·雅量》注引《文士传》。）

我特地把钟会的这番话大段地译出来，望读者能仔细一读。他避开了孝不孝的问题，几乎每一句话都打在司马昭的心坎上。在道义人格上，他是小人；在诽谤技巧上，他是大师。

钟会一走，司马昭便下令：判处嵇康、吕安死刑，立即执行。

六

这是中国文化史上最黑暗的日子之一，居然还有太阳。

嵇康身戴木枷，被一群兵丁从大狱押到刑场。

刑场在洛阳东市，路途不近。嵇康一路上神情木然而缥缈。他想起了一生中好些奇异的遭遇。

他想起，他也曾像阮籍一样，上山找过孙登大师，并且跟随大师不短的时间。大师平日几乎不讲话，直到嵇康临别，才深深一叹："你性情刚烈而才貌出众，能避免祸事吗？"

他又想起，早年曾在洛水之西游学，有一天夜宿华阳，独个儿在住所弹琴。夜半时分，突然有客来访，自称是古人，与嵇康共谈音律。来客谈着谈着来了兴致，向嵇康要过琴去，弹了一曲《广陵散》，声调绝伦，弹完便把这个曲子传授给了嵇康，并且反复叮嘱，千万不要再传给别人了。然后这个人飘然而去，没有留下姓名。

嵇康想到这里，满耳满脑都是《广陵散》的旋律。他遵照那个神秘来客的叮嘱，没有向任何人传授过。一个叫袁孝尼的人不知从哪儿打听到嵇康会演奏这个曲子，多次请求传授，他也没有答应。刑场已经不远，难道，这个曲子就永久地断绝了？——想到这里，他微微有点慌神。

突然，嵇康听到前面有喧闹声，而且闹声越来越响。原来，有三千名太学生正拥挤在刑场边上请愿，要求朝廷赦免嵇康，让嵇康担任太学的导师。显然，太学生们想以这样一个请愿向朝廷提示嵇康的社会声誉和学术地位。但这些年轻人不知道，他们这种聚集三千人的行为已经成为一种政治示威，司马昭怎么会让步呢?

嵇康望了望黑压压的年轻学子，有点感动。孤傲了一辈子的他，因仅有的几个朋友而死的他，把诚恳的目光投向四周。一个官员冲过人群，来到刑场高台上宣布：朝廷旨意，维持原判！

刑场上一片山呼海啸。

大家的目光都注视着已经押上高台的嵇康。

身材伟岸的嵇康抬起头来，眯着眼睛看了看太阳，便对身旁的官员说："行刑的时间还没到，我弹一个曲子吧。"不等官员回答，便对在旁送行的哥哥嵇喜说："哥哥，请把我的琴取来。"

琴很快取来了，在刑场高台上安放妥当，嵇康坐在琴前，对三千名太学生和围观的民众说："请让我弹一遍《广陵散》。过去袁孝尼多次要学，都被我拒绝。《广陵散》于今绝矣！"

刑场上一片寂静，神秘的琴声铺天盖地。

弹毕，嵇康从容赴死。

这是公元二六二年夏天，嵇康三十九岁。

七

有几件后事必须交代一下。

嵇康被司马昭杀害的第二年，阮籍被迫写了一篇劝司马昭进封晋公的《劝进箴》，语意进退含糊。几个月后阮籍去世，终年五十三岁。

帮着嵇康一起打铁的向秀，在嵇康被杀后心存畏惧，接受司马氏的召唤而做官。在赴京城洛阳途中，绕道前往嵇康故居凭吊。当时正值黄昏，寒冷彻骨，从邻居房舍中传出呜咽的笛声。向秀追思过去几个朋友在这里欢聚饮宴的情景，不胜感慨，写了《思旧赋》。写得很短，刚刚开头就煞了尾。向秀后来做官做到散骑侍郎、黄门侍郎和散骑常侍，但据说他在官位上并不做实际事情，只是避祸而已。

山涛在嵇康被杀害后又活了二十年，大概是当时名士中寿命最长的一位了。嵇康虽然给他写了著名的绝交书，但临终前却对自己十岁的儿子嵇绍说："只要山涛伯伯活着，你就不会成为孤儿！"果然，后来对嵇绍照顾最多、恩惠最大的就是山涛。等嵇绍长大后，由山涛出面推荐他入仕做官。

阮籍和嵇康的后代，完全不像他们的父亲。阮籍的儿子阮浑，是一个极本分的官员，平生竟然没有一次醉酒的记录。被山涛推荐而做官的嵇绍，成了一个为皇帝忠诚保驾的驯臣。有一次晋惠帝兵败被困，文武百官纷纷逃散，唯有嵇绍衣冠端正地以自己的身躯保护了皇帝，死得忠心耿耿。

……

八

还有一件后事。

那曲《广陵散》被嵇康临终弹奏之后，渺不可寻。但后来据说在隋朝的宫廷中发现了曲谱，到唐朝又流落民间，宋高宗时代又收入宫廷，由明代朱元璋的儿子朱权编入《神奇秘谱》。近人根据《神奇秘谱》重新整理，于今还能听到。然而，这难道真是嵇康在刑场高台上弹的那首曲子吗？相隔的时间那么长，所经历的朝代那么多，时而宫廷时而民间，其中还有不少空白的时间段落，居然还能传下来？而最本源的问题是，嵇康那天的弹奏，是如何进入隋朝宫廷的？

不管怎么说，我不会去聆听今人演奏的《广陵散》。在我心中，《广陵散》到嵇康手上就结束了，就像阮籍和孙登在山谷里的玄妙长啸，都是遥远的绝响，我们追不回来了。

然而，为什么这个时代、这批人物、这些绝响，老是让我们割舍不下？我想，这些在生命的边界线上艰难跋涉的人物，似乎为整部中国文化史做了某种悲剧性的人格奠基。他们追慕宁静而浑身焦灼，他们力求圆通而处处分裂，他们以昂贵的生命代价第一次标志出一种自觉的文化人格。在他们的血统系列上，未必有直接的传代者，但中国的审美文化从他们的精神酷刑中开始屹然自立。

在嵇康、阮籍去世之后的百年间，书法家王羲之、画家顾恺之、诗人陶渊明相继出现；二百年后，文论家刘勰、钟嵘也相继诞生；如果把视野拓宽一点，这期间，化学家葛洪、天文学家兼数学家祖冲之、地理学家郦道元等大科学家也一一涌现。这些人在各自的领域几乎都称得上是开天辟地的巨匠。魏晋名士们的焦灼挣扎，开拓了中国知识分子自在而又自为的一方心灵秘土，文明的成果就是从这方心灵秘土中蓬勃地生长出来的，以后各个门类的千年传代也都与此有关。但是，当文明的成果逐代繁衍之后，当年精神开拓者们的奇异形象却难以复见。嵇康、阮籍他们在后代眼中越来越显得陌生和乖戾，陌生得像非人，乖戾得像神怪。

有过他们，是中国文化的幸运；失落他们，是中国文化的遗憾。

我想，时至今日，我们勉强能对他们说的亲近话只有一句当代熟语："不在乎天长地久，只在乎曾经拥有！"

田园何处

一

任何一个时代，文化都会分出很多层次，比社会生活的其他方面复杂得多。

你看，我们要衡量曹操和诸葛亮这两个人在文化上的高低，就远不如对比他们在军事上的输赢方便，因为他们的文化人格判然有别，很难找到统一的数字化标准。但是，如果与后来那批沉溺于清谈、喝酒、吃药、打铁的魏晋名士比，他们两个人的共性反倒显现出来了。不妨设想一下，他们如果多活一些年月，听到了那些名士们的清谈，一定完全听不懂，宁肯回过头来对着昔日疆场的对手眨眨眼、耸耸肩。这种情景就像当代两位年迈的军人，不管曾经举着不同的旗帜对抗了多少年，今天一脚陷入孙儿们的摇滚乐天地，才发现真正的知音还是老哥儿俩。

然而，如果再放宽视野，引出另一个异类，那么就会发现，连曹操、诸葛亮与魏晋名士之间也有共同之处了，例如，他们都名重一时，他们都意气高扬，他们都喜欢扎堆……而我们要引出的异类正相反，鄙弃功名，追求无为，固守孤独。

他，就是陶渊明。

于是，我们眼前出现了这样的重峦叠嶂——

第一重，慷慨英雄型的文化人格；

第二重，游戏反叛型的文化人格；

第三重，安然自立型的文化人格。

这三重文化人格，层层推进，逐一替代，构成了那个时期文化演进的深层原因。

其实，这种划分也进入了寓言化的模式，因为几乎每一个文化转型期都会出现这几种人格类型。

荣格说，一切文化都会沉淀为人格。因此，深刻意义上的文化史，也就是集体人格史。

二

不同的文化人格，在社会上被接受的程度很不一样。正是这种不一样，决定了一个民族、一个社会的素质。

一般说来，在我们中国，最容易接受的，是慷慨英雄型的文化人格。

这种文化人格，以金戈铁马为背景，以政治名义为号召，以万民观瞻为前提，以惊险故事为外形，总是特别具有可讲述性和可鼓动性。正因为这样，这种文化人格又最容易被民众的口味所改造，而民众的口味又总是偏向于夸张化和漫画化的。例如我们最熟悉的三国人物，刘、关、张的人格大抵被夸张了其间的道义色彩而接近于圣，曹操的人格大抵被夸张了其间的邪恶成分而接近于魔，诸葛亮的人格大抵被夸张了其间的智谋成分而接近于仙（鲁迅说“近于妖”），然后变成一种易读易识的人格图谱，传之后世。

有趣的是，民众的口味一旦形成就相当顽固。这种乱世群雄的漫画化人格图谱会长久延续，即便在群雄退场之后，仍然对其他人格类型保持着强大的排他性。中国每次社会转型，总是很难带动集体文化人格的相应推进，便与此有关。

中国民众最感到陌生的，是游戏反叛型的文化人格。

魏晋名士对于三国群雄，是一种反叛性的脱离。这种脱离，并不是敌对。敌对看似势不两立，其实大多发生在同一个语法系统之内，就像同一盘棋中的黑白两方。魏晋名士则完全离开了棋盘，他们虽然离三国故事的时间很近，但对那里的血火情仇已经毫无兴趣。开始，他们是迫于当时司马氏残酷的专制极权采取“佯谬”的方式来自保，但是这种“佯谬”一旦开始就进入了自己的逻辑，不再去问社会功利，不再去问世俗目光，不再去问礼教规范，不再去问文坛褒贬。如此几度不问，等于几度隔离，他们在宁静和孤独中发现了独立精神活动的快感。

从此开始，他们在玄谈和奇行中，连向民众作解释的过程也舍弃了；只求幽虚飘逸，不怕惊世骇俗，沉浮于一种自享自足的游戏状态。这种思维方式，很像二十世纪德国布莱希特提倡的“间离效果”，或曰“陌生化效果”。在布莱希特看来，人们对社会事态和世俗心态的过度关注，是深思的障碍、哲学的坟墓。因此，必须追求故意的间离、阻断和陌生化。

我发觉即使是今天的文化学术界，对于魏晋名士的评价也往往包含着很大的误解。例如，肯定他们的，大多着眼于他们“对严酷社会环境的侧面反抗”。其实，他们注重的是精神主体，对社会环境真的不太在意，更不会用权谋思维来选择正面反抗还是侧面反抗。否定他们的，总是说他们“清谈误国”。其实，精神文化领域的最高标准永远不应该是实用主义，这些文人的谈论虽然无助于具体社会问题的解决，却把中国文化的形而上部位打通了，就像打通了仙窟云路。一种大文化，不能永远匍匐在“立竿见影”的泥土上。

以魏晋名士为代表的游戏反叛型文化人格，直到今天还常常能够见到现代化身。每当文化观念严重滞后的历史时刻，一些人出现了，他们绝不和种种陈旧观念辩论，也不把自己打扮成受害者或反抗者的形象，而只是在社会一角专注地做着自己的事，唱着奇奇怪怪的歌，写着奇奇怪怪的诗，穿着奇奇怪怪的服装，说着奇奇怪怪的话。他们既不正统，也不流行。当流行的风潮撷取他们的局部创造而风靡世间的时候，他们又走向了孤独的小路。随着年岁的增长、家庭的建立，他们迟早会告别这种生态，但他们一定不会后悔，因为正是那些奇奇怪怪的岁月，使他们成了文化转型的里程碑。

当然，这里也会滋生某种虚假。一些既没有反叛精神又没有游戏意识的平庸文人常常会用一些故作艰深的空谈，来冒充魏晋名士的后裔，或换称现代主义的精英，而且队伍正日渐扩大。要识破这些人并不难，因为什么都可以伪造，却很难伪造人格。魏晋名士再奇特，他们的文化人格还是强大而响亮的。

三

对于以陶渊明为代表的安然自立型的文化人格，中国民众不像对魏晋名士那样陌生，也不像对三国群雄那样热络，处在一种似远似近、若即若离的状态之中。

这就需要多说几句了。

现在有不少历史学家把陶渊明也归入魏晋名士一类，可能有点粗略。陶渊明比曹操晚了二百多年。他出生的时候，阮籍、嵇康也已经去世一百多年。他与这两代人，都有明显区别。他对三国群雄争斗权谋的无果和无聊看得很透，这一点与魏晋名士是基本一致的。但细加对比，他会觉得魏晋名士虽然喜欢老庄却还不够自然，在行为上有点故意、有点表演、有点“我偏要这样”的做作，这就与道家的自然观念有距离了。他还会觉得，魏晋名士身上残留着太多都邑贵族子弟的气息，清谈中过于互相依赖、过于在乎他人的视线，而真正彻底的放达应该进一步回归自然个体，回归僻静的田园。

于是，我们眼前出现了非常重要的三段跳跃：从漫长的古代史到三国群雄，中国的文化人格基本上是与军事人格和政治人格密不可分的；魏晋名士用极端的方式把它解救出来，让它回归个体，悲壮而奇丽地当众燃烧；陶渊明则更进一步，不要悲壮，不要奇丽，更不要当众，也未必燃烧，只在都邑的视线之外过自己的生活。

安静，是一种哲学。在陶渊明看来，魏晋名士的独立如果达不到安静，也就无法长时间保持，要么凄凄然当众而死，要么惶惶然重返仕途。中国历史上出现过大量立誓找回自我并确实做出了奋斗的人物，但他们没有为找回来的自我安排合适的去处，因此，找回不久又走失了，或者被绑架了。陶渊明说了，这个合适的去处只有一个，那就是安静。

在陶渊明之前，屈原和司马迁也得到过被迫的安静，但他们的全部心态已与朝廷兴衰割舍不开，因此即使身在安静处也无时无刻不惦念着那些不安静的所在。陶渊明正好相反，虽然在三四十岁之间也外出断断续续做点小官，但所见所闻使他越来越殷切地惦念着田园。回去吧，再不回去，田园荒芜了。他天天自催。

照理，这样一个陶渊明，应该更使民众感到陌生。尽管他的言辞非常通俗，绝无魏晋名士的艰涩，但民众的接受从来不在乎通俗，而在乎轰动，而陶渊明恰恰拒绝轰动。民众还在乎故事，而陶渊明又恰恰没有故事。

因此，陶渊明理所当然地处于民众的关注之外。同时，他也处于文坛的关注之外，因为几乎所有的文人都学不了他的安静，他们不敢正眼看他。他们的很多诗文其实已经受了他的影响，却还是很少提他。

到了唐代，陶渊明还是没有产生应有的反响。好评有一些，比较零碎。直到宋代，尤其是苏东坡，才真正发现陶渊明的光彩。苏东坡是热闹中人，由他来激赞一种远年的安静，容易让人信任。细细一读，果然是好。于是，陶渊明成了热门。

由此可见，文化上真正的高峰是可能被云雾遮盖数百年之久的，这种云雾主要是朦胧在民众心间。大家只喜欢在一座座土坡前爬上爬下、狂呼乱喊，却完全没有注意那一抹与天相连的隐隐青褐色，很可能是一座惊世高峰。

陶渊明这座高峰，以自然为魂魄。他信仰自然，追慕自然，投身自然，耕作自然，再以最自然的文笔描写自然。

请看：

结庐在人境，
而无车马喧。
问君何能尔，
心远地自偏。
采菊东篱下，
悠然见南山。
山气日夕佳，
飞鸟相与还。
此中有真意，

欲辨已忘言。

这首诗非常著名。普遍认为，其中“采菊东篱下，悠然见南山”两句表现了一种无与伦比的自然生态意境，可以看成陶渊明整体风范的概括。但是王安石最推崇的却是前面四句，认为“奇绝不可及”，“有诗人以来，无此句也”。王安石做出这种超常的评价，是因为这几句诗用最平实的语言道出了人生哲理，那就是：在热闹的“人境”也完全能够营造偏静之境，其间关键就在于“心远”。

正是高远的心怀，有可能主动地对自己做边缘化处理。而且，即便处在边缘，也还是充满意味。什么意味？只可感受，不能细辨，更不能言状。因此最后他要说：“此中有真意，欲辨已忘言。”

从这里我们不难看出哲理玄言诗的痕迹。陶渊明让哲理入境，让玄言具象，让概念模糊，因此大大地超越了魏晋名士。但是，魏晋名士对人生的高层次思考方位却被他保持住了，而且保持得那么平静、优雅。

他终于写出了自己的归结性思考：

纵浪大化中，
不喜亦不惧。
应尽便须尽，
无复独多虑。

一切依顺自然，因此所有的喜悦、恐惧、顾虑都被洗涤得干干净净，顺便把文字也洗干净了。你看这四句，干净得再也嗅不出一丝外在香气。我年轻时初读此诗便惊叹果然真水无色，前不久听到九旬高龄的大学者季羡林先生说，这几句诗，正是他毕生的座右铭。

“大化”——一种无从阻遏也无从更改的自然巨变，一种既造就了人类又不理会人类的生灭过程，一种丝毫未曾留意任何辉煌、低劣、咆哮、哀叹的无情天规，一种足以裹卷一切、收罗一切的飓风和烈焰，一种抚摸一切又放弃一切的从容和冷漠——成了陶渊明的思维起点。陶渊明认为我们既然已经跳入其间，那么，就要确认自己的渺小和无奈。而且，一旦确认，我们也就彻底自如了。彻底自如的物态象征，就是田园。

四

然而，田园还不是终点。

陶渊明自耕自食的田园生活虽然远离了尘世恶浊，却也要承担肢体的病衰、人生的艰辛。田园破败了，他日趋穷困，唯一珍贵的财富就是理想的权利。于是，他写下了《桃花源记》。

田园是“此岸理想”，桃花源是“彼岸理想”。终点在彼岸，一个可望而不可即的终点，因此也可以不把它当做终点。

《桃花源记》用娓娓动听的讲述，从时间和空间两度上把理想蓝图与现实生活清晰地隔离开来。这种隔离，初一看是艺术手法，实际上是哲理设计。

就时间论，桃花源中人的祖先为“避秦时乱”而躲进这里，其实也就躲开了世俗年代。“不知有汉，无论魏晋”。时间在这里停止了，历史在这里消失了，这在外人看来是一种可笑的落伍和背时，但刚想笑，表情就会凝冻。人们反躬自问：这里的人们生活得那么怡然自得，外面的改朝换代、纷扰岁月，究竟有多少真正的意义？于是，应该受到嘲笑的不再是桃花源中人，而是时间和历史的外部形式。这种嘲笑，对人们习惯于依附着历史寻找意义的惰性，颠覆得惊心动魄。

就空间论，桃花源更是与人们所熟悉的茫茫尘世切割得非常彻底。这种切割，并没有借用危崖险谷、铁闸石门，而是通过另外三种方式。

第一种方式是美丑切割。这是一个因美丽而独立的空间，在进入之前就已经是岸边数百步的桃花林，没有杂树，“芳草鲜美，落英缤纷”。那位渔人是惊异于这段美景才渐次深入的。这就是说，即便在门口，它已经与世俗空间在美丑对比上“势不两立”。

第二种方式是和乱世切割。这是一个凭着祥和安适而独立的空间，独立于乱世争逐之外。和平的景象极其平常又极其诱人：良田、美地、桑竹、阡陌、鸡犬相闻、黄发垂髫……这正是历尽离乱的人们心中的天堂。但一切离乱又总与功业有关，而所谓功业，大多是对玉阶、华盖、金杖、龙椅的争夺。人们即便是把这些耀眼的东西全都加在一起，又怎能及得上桃花源中的那些平常景象？因此，平常，反而有了超常的力度，成了人们最奢侈的盼望。很多人说，我们也过着很平常的生活呀。其实，即使是普通民众，也总是与试图摆脱平常状态的功利竞争有着千丝万缕的联系，因此都不是桃花源中人。桃花源之所以成为桃花源，就是在集体心理上不存在对外界的向往和窥探。外界，被这里的人们切除了。没有了外界，也就阻断了天下功利体系。这种自给自足的生态独立和精神独立，才是真正的空间独立。

第三种方式可以说得拗口一点，叫“不可逆切割”。桃花源的独自美好，容不得异质介入。那位渔人的偶尔进入引动传播，而传播又必然导致异质介入。因此，陶渊明选择了一个更具有哲学深度的结局——桃花源永久地消失于被重新寻找的可能性之外。桃花源中人虽不知外界，却严防外界，在渔人离开前叮嘱“不足为外人道也”。渔人背叛了这个叮嘱，出来时一路留下标记，并且终于让执政的太守知道了。但结果是，太守派人跟着他循着标记寻找，全然迷路。更有趣的是，一个品行高尚的隐士闻讯后也来找，同样失败。陶渊明借此划出一条界线，桃花源并不是一般意义上的隐士天地，那些以名声、学识、姿态相标榜的“高人”，也不能触及它。

这个“不可逆切割”，使《桃花源记》表现出一种近似洁癖的冷然。陶渊明告诉一切过于实用主义的中国人，理想的蓝图是不可以随脚出入的。在信仰层面上，它永远在；在实用层面上，它不可逆。

五

不管是田园还是桃花源，陶渊明都表述得极其浅显易懂，因此在宋代之后也就广泛普及，成为中国文化的通俗话语。但在精神领悟上却始终没有多少人趋近，我在上文所说的“似远似近、若即若离”，还是客气的。

例如，我为了探测中国文字在当代的实用性衰变，一直很注意国内新近建造的楼盘宅院的名称，发现大凡看得过去的总与中国古典有关，而其中比较不错的又往往与陶渊明有关，“东篱别业”“墟里南山”“归去来居”“人境庐”“五柳故宅”……但稍加打量，那里不仅毫无田园气息，而且还竞奢斗华。既然如此物态，为什么还要频频搬用陶渊明呢？我想，这一半是遮盖式的附庸风雅，一半是逆反式的心理安慰。

更可笑的是，很多地方的旅游点都声称自己就是陶渊明的桃花源。我想，他们一定没有认真读过《桃花源记》。陶渊明早就说了，桃花源拒绝外人寻找，找到的一定不是桃花源。

当然，凡此种种，如果只是一种幽默构思，倒也未尝不可。只可惜所有的呈现形态都不幽默。

由今天推想古代，大体可以知道陶渊明在历史上一直处于寂寞之中的原因了。

历来绝大多数中国文人，对此岸理想和彼岸理想都不认真。陶渊明对他们而言，只是失意之后的一种临时精神填补。一有机会，他们又会双目炯炯地远眺三国群雄式的铁血谋略，然后再一次次跃上马背。过一些年头，他们中一些败落者又会踉踉跄跄地回来，顺便向路人吟几句“归去来兮”。

六

我想，这些情景不会使陶渊明难过。他知道这是人性使然、天地使然、大化使然。他不会把自己身后的名声和功用放在心上。

他不在乎历史，但拥有他，却是历史的骄傲。静静的他，使乱世获得了文化定力。因此，他是那个时代的文脉所在。

在陶渊明之后，文事不少，但文脉，却直接指向大唐了。

走向大唐

一

巍巍大唐就在前面不远处了，中国，从哪条道路走近它?

很多学者认为，顺着中国文化的原路走下去，就成，迟早能到。

我不同意这种看法，因为事实并不是这样。

走向大唐，需要一股浩荡之气。这气，秦汉帝国曾经有过，尤其在秦始皇和汉武帝身上。但是，秦始皇耗于重重内斗和庞大工程，汉武帝耗于五十余年与匈奴的征战，元气散佚。到了后来骄奢无度又四分五裂的乱世，更是气息奄奄。尽管有魏晋名士、王羲之、陶渊明他们延续着高贵的精神脉络，但是，越高贵也就越隐秘，越不能呼应天下。

这种状态，怎么缔造得了一个大唐?

浩荡之气来自于一种强大的力量。这种力量已经无法从宫廷和文苑产生，只能来自于旷野。

旷野之力，也就是未曾开化的蛮力。未曾开化的蛮力能够参与创建一个伟大的文化盛世吗?这就要看它能不能快速地自我开化。如果它能做到，那么，旷野之力也就可能成为支撑整个文明的脊梁。

中国，及时地获得了这种旷野之力。

二

这种旷野之力，来自大兴安岭北部的东麓。

一个仍然处于原始游牧状态的民族——鲜卑族，其中拓跋氏一支渐有起色。当匈奴在汉武帝的征战下西迁和南移之后，鲜卑拓跋氏来到匈奴故地，以强势与匈奴余部联盟，战胜其他部落，称雄北方，建立王朝，于公元四世纪后期定都于今天的山西大同，当时叫平城。根据一位汉族士人的提议，正式改国号为“魏”，表明已经承接三国魏氏政权而进入中华正统，史称北魏。此后，又经过半个世纪的征战，北魏完成了黄河流域的统一。

胜利，以及胜利后统治范围的扩大，使北魏的鲜卑族首领们不得不投入文化思考。

最明显的问题是：汉族被战胜了，可以任意驱使，但汉族所代表的农耕文明，却不能按游牧文明的规则来任意驱使。要有效地领导农耕文明，必然要抑制豪强兼并，实行均田制、户籍制、赋税制、州郡制，而这些制度又牵动着一系列生活方式和文化形态的重大改革。

要么不改革，让中原沃土废耕为牧，一起走回原始时代；要么改革，让被战胜者的文化来战胜自己，共同走向文明。

鲜卑族的智者们勇敢地选择了后者。这在他们自己内部，当然阻力重重。自大而又脆弱的民族防范心理，一次次变成野蛮的凶杀。有些在他们那里做官的汉人也死得很惨，如崔浩。但是，天佑鲜卑，天佑北魏，天佑中华，这条血迹斑斑的改革之路终于通向了一个结论：汉化！

从公元五世纪后期开始，经由冯太后，到孝文帝拓跋宏，开始实行一系列强有力的汉化措施。先在行政制度、农耕制度上动手，然后快速地把改革推向文化。

孝文帝拓跋宏发布了一系列属于文化范畴的严厉命令。

第一，把首都从山西大同（平城）南迁到河南洛阳。理由是北方的故土更适合游牧式的“武功”，而南方的中原大地更适合“文治”。而所谓“文治”，也就是全面采用汉人的社会管理模式。

第二，禁说鲜卑族的语言，一律改说汉语。年长的官员可以允许有一个适应过程，而三十岁以下的鲜卑族官员如果还说鲜卑话，立即降职处分。

第三，放弃鲜卑民族的传统服饰，颁行按汉民族服饰制定的衣帽样式。

第四，迁到洛阳的鲜卑人，一律把自己的籍贯定为“河南洛阳”，死后葬于洛阳北边的邙山。

第五，改鲜卑部落的名号为汉语单姓。

第六，以汉族礼制改革鲜卑族的原始祭祀形式。

第七，主张鲜卑族与汉族通婚，规定由鲜卑贵族带头，与汉族士族结亲。

……

这么多命令，出自于一个充分掌握了强权的少数民族统治者，而周围并没有人威逼他这么做，这确实太让人惊叹了。我认为，这不仅在中国，而且在世界历史上，也是极为罕见的。

愤怒的反弹可想而知。所有的反弹都是连续的、充满激情的、关及民族尊严的。而且，还会裹卷孝文帝的家人，如太子。孝文帝拓跋宏对这种反弹的惩罚十分冷峻，完全不留余地。

这就近似于莎士比亚戏剧中的角色了。作为鲜卑民族的强健后代，他不能不为自己的祖先感到自豪，却又不得不由自己下令放弃祖先的传统生态。对此，他强忍痛苦。但正因为痛苦，反而要把自己的选择贯彻到底，不容许自己和下属犹疑动摇。他惩罚一个个反弹者，其实也在惩罚另一个自己。

他的前辈，首先提出汉化主张的北魏开国皇帝拓跋珪（道武帝），曾经因为这种自我挣扎而陷入精神分裂，自言自语，随手杀人。在我看来，这是文明与蒙昧、野蛮周旋过程中必然产生的精神离乱。这样的周旋过程，在一般情况下往往会以数百年甚至上千年的时间才走完，而他们则要把一切压缩到几十年，因此，连历史本身也晕眩了。

中国的公元五世纪，与孝文帝拓跋宏的生命一起结束。但是，他去世时只有……只有三十二岁！

仅仅在这个世界上活了三十二年的孝文帝拓跋宏，竟然做了那么多改天换地的大事，简直让人难以相信。他名义上四岁即位，在位二十八年，但在实际上他的祖母冯太后一直牢牢掌握着朝政。冯太后去世时，他已经二十三岁，因此，他独立施政只有九年时间。

这是多么不可思议的九年！

他的果敢和决断，也给身后带来复杂的政治乱局。然而，那一系列深刻牵动生态文化的改革都很难回头了，这是最重要的。他用九年时间把中国北方推入了一个文化拐点，而当时全中国的枢纽也正在那里。因此，他是鲜卑族历史上、北魏历史上，乃至中国历史上的一位杰出帝王。

我对他投以特别的尊敬，因为他是一位真正宏观意义上的文化改革家。

三

说到北魏孝文帝拓跋宏的改革，我一直担心会对今天中国知识界大批狂热的大汉族主义者、大中原主义者带来某种误导。

似乎，孝文帝拓跋宏的行动为他们又一次提供了汉文化高于一切的证据。

固然，比之于刚刚走出原始社会的鲜卑族，汉文化成熟得太多。汉族自夏、商、周以来出现过不少优秀的社会管理设计者，又有诸子百家的丰富阐释、秦汉帝国的辉煌实践，不仅有足够的资格引领一个试图在文化上快速跃进的游牧民族，而且教材已经大大超重。汉族常常在被外族战胜之后却在文化上战胜了外族，也是历史上屡见不鲜的事实。

但是，我们在承认这一切之后也应该懂得，孝文帝拓跋宏的汉化改革，并不仅仅出于对汉文化的崇尚，而且还有更现实的原因。当他睁大眼睛看清了自己刚刚拥有的辽阔统治范围，沉思片刻，便立即寻找军事之外的统治资格。

在古代马其顿，差不多和孝文帝死于同样年纪的年轻君主亚历山大大帝每征服一个地方，总是虔诚地匍匐在那里的神祇之前，这也是在寻找军事之外的统治资格。

我们必须看到这样一个事实：孝文帝拓跋宏强迫自己的部下皈依汉文化，却未曾约束他们把豪迈之气带入汉文化。或者说，只有当他们充分汉化了，豪迈之气才能真正植入汉文化。

他禁止鲜卑族不穿汉服、不说汉语，却没有禁止汉人不穿汉服、不说汉语。其实，“胡人”汉化的过程，也正是汉人“胡化”的过程。用我的理论概括，两者构成了一个“双向同体涡旋互生”的交融模式。

从北魏开始，汉人大量汲取北方和西域少数民族生态文化，这样的实例比比皆是。有一次我向北京大学学文科的部分学生讲解这一段历史，先要他们随口列举一些这样的实例来。他们在事先没有准备的情况下居然争先恐后地说出一大堆。我笑了，心想年轻一代中毕竟还有不少深明事理的人，知道汉文化即便在古代也常常是其他民族文化的受惠者，而不仅仅是施惠者。

我对北京大学的学生们说，在你们列举的那么多实例中，我最感兴趣的是那些乐器：胡笳、羌笛、羯鼓、龟兹琵琶……如果没有它们，大唐的宏伟交响音乐就会减损一大半。这只要看看敦煌、读读唐诗，就不难明白。

这还只是在讲音乐。其实，任何一个方面都是如此。由此可知，大唐，远不是仅仅中原所能造就。

更重要的，还是输入中华文化的那股豪气，有点剽悍，有点清冷，有点粗粝，有点混沌，却是那么开阔、那么自由、那么放松。诸子百家在河边牛车上未曾领略过的“天苍苍，野茫茫”，变成了新的文化背景。中华文化也就像骑上了草原骏马，鞭鸣蹄飞，焕发出前所未有的生命力。

鲁迅说“唐人大有胡气”，即是指此。

事情还不仅仅是这样。

自从孝文帝拓跋宏竭力推动鲜卑族和汉族通婚，一个血缘上的融合过程也全面展开了。请注意，这不再是政治意义上，而是生命意义上的不分彼此，这是人类学范畴上的宏大和声。

由此我要从更深邃的层面上来揭示造就大唐的秘密了：大唐皇家李氏，正是鲜卑族和汉族混血的结晶。

唐高祖李渊和唐太宗李世民的生母都是鲜卑人。李世民的皇后也是鲜卑人。结果，唐高宗李治的血统四分之三是鲜卑族，四分之一是汉族。（参见王桐龄《中国民族史》）其实，隋炀帝杨广的母亲也是鲜卑人，她和唐高祖李渊的母亲是亲姐妹。她们的籍贯都算是“河南洛阳”。我们记得，这是出于孝文帝拓跋宏的设计。至此我们不能不再一次深深佩服这位孝文帝的远见了，他以最温柔、最切实的方式，让自己的民族参与了一个伟大的历史盛典。

一条通向大唐的路，这才真正打通了。

这条路的开始有点窄、有点偏、有点险，但终于，成了中国历史上具有关键意义的大道。

二十世纪八十年代初，我听说内蒙古鄂伦春自治旗阿里河镇西北的山麓上发现了一个俗称“嘎仙洞”的所在，一位考古学女教授刮去洞壁上的一片泥苔，露出石碑，惊喜地发现这正是《魏书》上记载的“鲜卑石室”——鲜卑族先祖的祭坛所在，也可以说是鲜卑族的起始圣地。闻讯后我曾三次前往，每次都因交通、气候方面的原因未能最终抵达。当地的朋友奇怪我为什么对一个不大的石洞如此痴迷，我说，那里有大唐的基因。

自然，我还会去。

四

通向大唐之路，最具有象征意义的是云冈石窟和龙门石窟。

云冈石窟在山西大同，龙门石窟在河南洛阳，正是北魏的两个首都所在地。北魏的迁都之路，由这两座石窟作为标志。

我很想对它们做一点描写，好让那些过于沉醉于汉族传统文化的人士有一点震动。但是我犹豫再三还是决定放弃，因为在云冈和龙门之前，文字是不太有用的。手边有一个证据，女作家冰心年轻时曾与友人一起风尘仆仆地去瞻仰过一次云冈石窟，执笔描写时几乎用尽激动的词，差点绕不出来了，最后还是承认文字之无用。她写道：

万亿化身，罗刻满山，鬼斧神工，骇人心目。一如来，一世界，一翼，一蹄，一花，一叶，各具精严，写不胜写，画不胜画。后顾方作无限之留恋，前瞻又引起无量之企求。目不能注，足不能停，如偷儿骤入宝库，神魂丧失，莫知所携，事后追忆，亦如梦入天宫，醒后心自知而口不能道，此时方知文字之无用了！

冰心显然是被重重地吓了一跳。原因是，主持石窟建造的鲜卑族统治者不仅在这里展现了雄伟的旷野之美，而且还爽朗地在石窟中引进了更多、更远的别处文明。

既然他们敢于对汉文化放松身段，那么也就必然会对其他文化放松身段。他们成了一个吸纳性极强的“空筐”，什么文化都能在其间占据一席之地。他们本身缺少文化厚度，还没有形成严密的文化体系，这种弱点很快转化成了优点，他们因为较少排他性而成为多种文化融合的“当家人”。于是，真正的文化盛宴张罗起来了。

此间好有一比：一批学养深厚的老者远远近近地散居着，因为各自的背景和重量而互相矜持；突然从外地来了一个自幼失学的年轻壮汉，对谁的学问都谦虚汲取，不存偏见，还有力气把老者们请来请去，结果，以他为中心，连这些老者也渐渐走到一起，一片热闹了。

这个年轻壮汉，就是鲜卑族拓跋氏。

热闹的文化盛宴，就是云冈和龙门。

云冈石窟的最重要开凿总监叫昙曜，直到今天，“昙曜五窟”还光华不减。他原是凉州（今甘肃武威一带）高僧，当年凉州是一个极重要的佛教文化中心。公元四三九年北魏攻占凉州后把那里的三万户吏民和数千僧人掠至首都平城，其间有大批雕凿佛教石窟的专家和工匠，昙曜应在其中。因此，云冈石窟有明显的凉州气韵。

但是，凉州又不仅仅是凉州。据考古学家宿白先生考证，凉州的石窟模式中融合了新疆的龟兹（今库车一带）、于阗（今和田一带）的两大系统。而龟兹和于阗，那是真正的西域了，更是连通印度文化、南亚文化和中亚文化的交汇点。

因此，云冈石窟，经由凉州中转，沉淀着一层层悠远的异类文化，简直深不可测。

例如，今天很多参观者到了云冈石窟，都会惊讶：为什么有那么明显的希腊雕塑（包括希腊神庙大柱）风格？

对此，我可以很有把握地回答：那是受了犍陀罗（Gandhara）艺术的影响。而犍陀罗，正是希腊文化与印度文化的交融体。

希腊文化是凭着什么机缘与遥远的印度文化交融的呢？我们要再一次提到那位马其顿国王亚历山大大帝了。正是他，作为古希腊最有学问的学者亚里士多德的学生，长途东征，把希腊文化带到了巴比伦、波斯和印度。

我以前在考察佛教文化时到过现在巴基斯坦的塔克西拉（Taxila），那里有塞卡普（SirKap）遗址，正是犍陀罗艺术的发祥地。

在犍陀罗之前，佛教艺术大多以佛塔和其他纪念物为象征，自从亚历山大东征，一大批随军艺术家的到达，佛教艺术发生了划时代的变化。一系列从鼻梁、眼窝、嘴唇和下巴都带有欧洲人特征的雕像产生了，并广泛传入中国的西域，如龟兹、于阗地区。为此，我还曾一再到希腊和罗马进行对比性考察。

由此我们知道，云冈石窟既然收纳了凉州、龟兹、于阗，也就无可阻挡地把印度文化和希腊文化也一并收纳了。

北魏迁都洛阳后，精力投向龙门石窟的建造。龙门石窟继承了云冈石窟的深远度量，但在包容的多种文化中，中华文化的比例明显升高了。

这就是北魏的气魄：吞吐万汇，兼纳远近，几乎集中了世界上几大重要文化的精粹，熔铸一体，互相化育，烈烈扬扬。

这种宏大，举世无匹。

由此，大唐真的近了。

五

大唐之所以成为大唐，正在于它的不纯净。

历来总有不少学者追求华夏文化的纯净，甚至包括语言文字在内。其实，过度纯净就成了玻璃器皿，天天擦拭得玲珑剔透，总也无法改变它的小、薄、脆。不知哪一天，在某次擦拭中可能因稍稍用力过度而裂成碎片，而碎片还会割手。

何况，玻璃也是化合物质，哪里说得上绝对的纯净?

北魏，为不纯净的大唐做了最有力的准备。

那条因为不纯净而变得越来越开阔的大道，有两座雄伟的石窟门廊。如果站在石窟前回首遥望，大兴安岭北部东麓还有一个不大的鲜卑石室。

一个石室、两座石窟，这是一条全由坚石砌成的大道，坦然于长天大地之间。

佛教的事

一

佛教传入中国并被广泛接受，这件事，无论对中华文明、印度文明，还是对亚洲文明、世界文明，都具有重大意义。

这是一种纯粹的外来文化，原来与中国本土隔着“世界屋脊”喜马拉雅山脉。在古代的交通和通信条件下，本来它是无法穿越的，但它却穿越了。

这还不算奇迹。真正的奇迹是，它进入的土地，早就有了极其丰厚的文化。从尧舜到秦汉，从《周易》到诸子百家，几乎把任何一角想得到的精神空间都严严实实地填满了，而且填得那么精致而堂皇。这片土地上的民众，哪怕仅仅是钻研其中一家的学问都足以耗尽终生。而且，一代接一代地钻研了两千多年，直到今天仍觉得深不可测。面对这样超浓度的文化大国，一种纯然陌生的异国文化居然浩荡进入，并且快速普及，这实在不可思议。

不可思议，却成了事实，这里有极其深刻的文化原因。

研究佛教是怎么传入的，是一个小课题；研究佛教怎么会传入，才是一个大课题。

怎么会？轻轻一问，立即撬动了中华文化和世界文化的底层结构。因此，历来很少有人这样问。

二

佛教传入中国的时间，在西汉末和东汉初之间。

历来有一些佛教学者出于一种宗教感情，或出于一种猜测性的“想当然”，总想把传入的时间往前推，那是缺少依据的。例如有些著作认为在尧舜时代佛教已经传入，这比佛教在印度诞生的时间还早了一千多年，显然是闹笑话了。《列子》说周穆王时已经在崇拜佛教，还说孔子把佛奉为大圣，也都无法成立，因为直到周穆王去世之后的三百五十多年，释迦牟尼才出世呢。至于孔子奉佛，更毫无证据。也有人说张骞出使西域时已取到了佛经，于永平十八年返回。但我们知道的那个张骞在这之前一百八十多年就去世了，莫非另有一个同名同姓的人？而且，司马迁在《史记》中曾经认真地写到过张骞出使的事情，为什么没有提到此事？

比来比去，我觉得还是范晔在《后汉书》里的记载比较可靠。那个记载说，世间传闻，汉明帝梦见一个头顶有光明的高大金人，便询问群臣，有个大臣告诉他，那应该是西方的佛。

汉明帝在位的时间，是公元五十八年至公元七十五年，不知道那个梦是哪一天晚上做的。需要注意的是，他询问群臣时，已经有人很明确地回答是西方的佛了，可见佛教传入的时间应该更早一点。接下来的时间更加重要了，那就是：汉明帝在公元六十四年派了十二个人到西域访求佛法，三年后他们与两位印度僧人一起回到洛阳，还用白马驮回来了经书和佛像。于是，译经开始，并建造中国第一座佛教寺院白马寺。

对于一个极其深厚的宗教来说，光靠这样一次传播当然是远远不够的。在汉代朝野，多数人还把佛教看成是神仙方术的一种。但在西域，佛教的传播已经如火如荼。这种状况激发了两种努力：一种是由东向西继续取经，一种是由西向东不断送经。这两种努力，组成了两大文明之间的深度交流。那些孤独的脚印、殊死的攀越，应该作为第一流的文化壮举而被永久铭记。

朱士行是汉族僧人向西取经的创始人。他于公元二六〇年从长安出发，在没有向导的情况下历尽艰难到达遥远的于阗，取得经卷六十万言，派弟子送回洛阳，自己则留在于阗，直到八十高龄在那里去世。

由西向东送经弘法的西域僧人很多，最著名的有鸠摩罗什、佛图澄等。

很久以来我一直对鸠摩罗什的经历很感兴趣，因为他的经历让我知道了佛教在中国传播初期的一些不可思议的事情。

当时从西域到长安，很多统治者都以抢得一名重要的佛教学者为荣，不惜为此发动战争。例如长安的前秦统治者苻坚为了抢夺佛学大师道安，竟然在公元三七九年攻打襄阳，达到了目的。道安当时年事已高，到了长安便组织翻译佛经。他告诉苻坚，真正应该请到长安来的，是印度僧人鸠摩罗什。鸠摩罗什的所在地很远，在龟兹，也就是现在的新疆库车。

鸠摩罗什当时只有四十来岁。苻坚看到道安这位已经七十多岁的黑脸佛学大师如此恭敬地推荐一个比自己小三十岁的学者，心想一定错不了，就故技重演，派一个叫吕光的人率领重兵长途跋涉去攻打龟兹。吕光的部队是公元三八三年出发的，第二年果然攻克龟兹，抢得鸠摩罗什。正准备带回长安向苻坚复命，半途停歇于凉州姑臧，也就是今天的甘肃武威，吕光忽然听到了惊人的消息，苻坚已经死了，政局发生了变化。

在半道上失去了派他出来的主人，显然没有必要再回长安了，吕光便留在了武威。他拥兵自重，给自己封了很多有趣的名号，例如凉州牧、酒泉公、三河王、大凉天王等，越封越大。尽管他本人并不怎么信佛，但知道被他抢来的鸠摩罗什是个大宝贝，不肯放手。鸠摩罗什也就在武威居留了整整十六年。在这段漫长的时间里，鸠摩罗什学通了汉文，为他后来的翻译生涯做好了准备。还有青年学者从关中赶来向他学习佛法，例如后来成了著名佛学大师的僧肇。

接下来的事情仍然有趣。

苻坚死后，入主长安的新帝王也信奉佛教，派人到凉州来请鸠摩罗什。吕光哪里会放。或者说，越有人来要，越不放。不久，又有一位新帝王继位了，再派人来请，当然又遭拒绝，于是新帝王便出兵讨伐，直到抢得鸠摩罗什。鸠摩罗什就这样在一路战火的挟持下于公元五世纪初年到了长安，开始了辉煌的佛经翻译历程。他的翻译非常之好，直到今天我们阅读的佛经，很多还是他的译笔。

从这里我们看到了一个令人惊愕的情景：在我们西北方向的辽阔土地上，在那个时代，一次次的连天烽火，竟然都是为了争夺一个佛教学者而燃起！这种情景不管在中国文化史还是在世界文化史上，都绝无仅有。由此可见，这片土地虽然荒凉，却出现了一种非常饱满的宗教生态，出现了一种以宗教为目的、以军事为前导的文化交流。

就在鸠摩罗什抵达长安的两年前，一位汉族僧人却从长安出发了，他就是反着鸠摩罗什的路途向印度取经的法显。这两种脚印在公元四世纪末五世纪初的逆向重叠，分量很重。其中使我特别感动的是，法显出行时已经是六十五岁高龄。他自己记述道，一路上，茫茫沙漠“上无飞鸟，下无走兽”，“望人骨以标行路”。

人骨？这中间又有多少取经者和送经者！

人类最勇敢的脚步，往往毫无路标可寻；人类最悲壮的跋涉，则以白骨为路标。

法显在自己六十七岁那年的冬天，翻越了帕米尔高原（葱岭）。这是昆仑山、喜马拉雅山、天山等几个顶级山脉交集而成的一个天险隘口，自古至今就连极其强壮的年轻人也难于在夏天翻越，却让一位白发学者在冰天雪地的严冬战胜了。这种生命强度，实在令人震惊。

我自己，曾在五十四岁那一年从巴基斯坦那面寻路到那个隘口的南麓，对这位一千六百年前中国老人的壮举深深祭拜。我去时，也是在冬季，还同时祭拜了比法显晚二百多年到达这一带的另一位佛教大师玄奘。那时玄奘还年轻，大约三十多岁。他说，在艰苦卓绝的路途上只要一想到年迈的法显前辈，就什么也不怕了。

从法显到玄奘，还应该包括鸠摩罗什等这些伟大行者，以最壮观的生命形式为中华大地引进了一种珍贵的精神文化。结果，佛教首先不是在学理上，而是在惊人的生命形式上楔入了中华文化。平心而论，中华传统文化本身是缺少这样壮观的生命形式的。有时看似壮观了，却已不属于文化。

三

那么，中华文化承受得起佛教吗？

本来，作为民间传播的宗教，不管是本土的还是外来的，都不存在承受得起还是承受不起的问题。因为承受以接受为前提，不接受也就不承受了。但是，中国自秦汉以来已经是君主集权大国，这个问题与朝廷的态度连在一起，就变得相当复杂和尖锐。我们前面说到过的那位道安就明确表示“不依国主，则法事难立”，说明朝廷在很大程度上决定着佛教的兴衰。

开始，东汉和魏晋南北朝的多数统治者是欢迎佛教的，他们一旦掌权就会觉得如果让佛教感化百姓静修向善，就可以天下太平。正如南朝宋文帝所说："若使率土之滨，皆敦此化，则朕坐致太平，夫复何事？"（见《弘明集》）其中，公元六世纪前期的南朝梁武帝萧衍态度最为彻底，不仅大量修建佛寺、佛像，而且四度脱下皇帝装，穿起僧侣衣，"舍身为奴"，在寺庙里服役。每次都要由大臣们出钱从寺庙里把他"赎回"。而且正是他，规定了汉地佛教的素食传统。

与南朝相对峙的北朝，佛教场面做得更大。据《洛阳伽蓝记》等资料记载，到北魏末年，即公元五三四年，境内佛寺多达三万余座，僧尼达二百余万人。光洛阳一地，寺庙就有一千三百多座。大家不妨闭眼想一想，这是一个多么繁密的景象啊！唐代杜牧写怀古诗时曾提到"南朝四百八十寺，多少楼台烟雨中"，人们读了已觉得感慨万千，而北朝的寺院又比南朝多了几倍。

但是，正是这个数量，引起另外一些统治者的抗拒。他们手上的至高权力又使这种抗拒成为一种"灭佛"的灾难。

几度"灭佛"灾难，各持理由，概括起来大概有以下几个方面：一、全国出现了那么多自立信仰的佛教团体，朝廷的话还有谁在听；二、耗巨资建那么多金碧辉煌的寺院，养那么多不事生产的僧侣，社会的经济压力太大了；三、更严重的是，佛教漠视中国传统的家族宗亲关系，无视婚嫁传代，动摇了中华文化之本。

第一个灭佛的，是北魏的太武帝。他在信奉道教后对佛教处处抵触，后来又怀疑长安的大量寺院完全处于朝廷的可控制范围之外，可能与当时的盖吴起义有联系，便下令诛杀僧众，焚毁佛经、佛像，在全国禁佛，造成重大浩劫。幸好他一死，新皇帝立即解除了他的禁佛令。其实，生根于中国本土的道教本身也是深厚善良、重生贵生、充满灵性的宗教，不存在灭佛的意图。太武帝借道灭佛，只是出于一种非宗教的权力谋略。

一百三十年后，信奉儒学的周武帝以耗费民众财力为由下令同时禁绝佛、道两教，其中又以佛教为最，因为它是“夷狄之法”，容易使“政教不行、礼义大坏”。

又过了二百七十年，在唐代的会昌年间，唐武宗又一次声称佛教违反了中国传统的伦理道德，大规模灭佛，后果非常严重，在佛教史上被称为“会昌法难”。

三次灭佛，前后历时四百年，三个庙号都带有一个“武”字的皇帝，把中国传统的政治文化对于佛教的警惕发泄得淋漓尽致。后来在五代时期周世宗还采取过一次打击佛教的行动，但算不上灭佛。

由于警惕的根基在文化，有些文化人也介入了。例如唐代大文人韩愈在“会昌法难”前二十几年就以一篇《谏迎佛骨表》明确表示了反佛的立场。他认为佛教、道教都有损于儒家“道统”，有害于国计民生。他说，佛教传入之前的中国社会，比佛教传入之后更平安、君王也更长寿。他最后还激动地表示，如果佛教灵验，我在这里反佛，一定会受到惩罚，那就让一切灾祸降到我头上吧！

韩愈因此被皇帝贬谪，在半道上写下了“云横秦岭家何在，雪拥蓝关马不前”这样杰出的诗句，这是大家都知道的了。

韩愈是我很尊重的一位唐代散文家，我喜欢他文笔间的朴厚气势，但对他全盘否定佛教、道教，却很难认同。

捍卫儒家“道统”的激情，使韩愈在这方面的论述带有明显的臆断式排他倾向。例如他对佛教传入前后的漫长历史的总体判断，以及他误以为佛教是在炫耀信奉者的长寿，或追求一种惩罚性的灵验等，都是意气用事的草率之言。他不明白，他所排列的从尧到孟子的所谓“道统”

是一种理论假设，而一个泱泱大国的广大民众却需要有自己的宗教信仰，这种宗教信仰在实际展开时，往往伴有特殊的非理性仪式。儒家学者再高明，也只是整个社会结构中极小的一部分，不应该以自己的思维逻辑来框范天下。尤其是对于他们很少有发言权的关于生命的终极意义和彼岸世界等课题，更不应该阻止别人去思考。

其实，更多文人没有韩愈这么极端。唐代崇尚多元并存，李白近道，却又有建功立业的儒家之志；杜甫近儒，却不亲儒；王维则长久生活在禅意佛境之中。即便是与韩愈齐名的柳宗元，也与佛教交往密切，公开声称“吾自幼好佛”，常与禅僧或师或友。刘禹锡同样如此。白居易对道教和佛教都有沉浸，晚年更向于佛。

“安史之乱”之后，大量的文化精英为了摆脱现实生活的痛苦而追求精神上的禅定，兴起了一股“禅悦”之风，到了宋代更加炽盛。这股“禅悦”之风既提升了唐宋文化的超逸品位，又加深了佛教文化与中华文化的融合。后来连儒学的自身建设“宋明理学”的构建，也受到佛教华严宗、禅宗的深刻影响，达到了“援佛入儒”“儒表佛里”的状态。

至此，人们看到，儒、道、佛这三种完全不同的审美境界出现在中华文化之中。一种是温柔敦厚，载道言志；一种是逍遥自由，直觉天籁；一种是拈花一笑，妙悟真如。中国文化人最熟悉的是第一种，但如果从更高的精神层面和审美等级上来看，真正不可缺少的是后面两种。在后面两种中，又以第三种即佛的境界更为难得。

四

与中华传统文化的固有门类相比，佛教究竟有哪一些特殊魅力吸引了广大中国人呢?

要回答这个问题，在学术上很冒险，容易得罪很多传统的文化派别。但我还是想从存在方式上，谈谈个人的一些粗浅看法。

佛教的第一特殊魅力，在于对世间人生的集中关注、深入剖析。

其他学说也会关注到人生，但往往不集中、不深入，没说几句就“滑牙”了，或转移到别的他们认为更重要的问题上去了。他们始终认为人生问题只有支撑着别的问题才有价值，没有单独研究的意义。例如，儒学就有可能转移到如何治国平天下的问题上去了，道教就有可能转移到如何修炼成仙的问题上去了，法家就有可能转移到如何摆弄权谋游戏的问题上去了，诗人文士有可能转移到如何做到“语不惊人死不休”的问题上去了。唯有佛教，绝不转移，永远聚焦于人间的生、老、病、死，探究着摆脱人生苦难的道路。

乍一看，那些被转移了的问题辽阔而宏大，关及王道社稷、铁血征战、家族荣辱、名节气韵，但细细想去，那只是历史的片面、时空的截面、人生的浮面，极有可能酿造他人和自身的痛苦，而且升沉无常，转瞬即逝。佛教看破这一切，因此把这些问题轻轻搁置，让它们慢慢冷却，把人们的注意力引导到与每一个人始终相关的人生和生命的课题上来。

正因为如此，即便是一代鸿儒听到经诵梵呗也会陷入沉思，即便是兵卒纤夫听到晨钟暮鼓也会怦然心动，即便是皇族贵胄遇到古寺名刹也会焚香敬礼。佛教触及了他们的共同难题，而且是他们谁也没有真正解决的共同难题。这便是它产生吸引力的第一原因。

佛教的第二特殊魅力，在于立论的痛快和透彻。

人生和生命课题如此之大，如果泛泛谈去不知要缠绕多少思辨弯路，陷入多少话语泥淖。而佛教则干净利落，如水银泻地，爽然决然，没有丝毫混浊。一上来便断言，人生就是苦。产生苦的原因，就是贪欲。产生贪欲的原因，就是无明无知。要灭除苦，就应该觉悟：万物并无实体，因缘聚散而已，一切都在变化，生死因果相续，连“我”也是一种幻觉，因此不可在虚妄中执着。由此确立“无我”“无常”的观念，抱持“慈、悲、喜、舍”之心，就能引领众生一起摆脱轮回，进入无限，达到涅槃。

我想，就从这么几句刚刚随手写出的粗疏介绍，人们已经可以领略一种鞭辟入里的清爽。而且，这种清爽可以开启每个人的体验和悟性，让人如灵感乍临，如醍醐灌顶，而不是在思维的迷魂阵里左支右绌。

这种痛快感所散发出来的吸引力当然是巨大的。恰似在嗡嗡喤喤的高谈阔论中，突然出现一个圣洁的智者，三言两语了断一切，又仁慈宽厚地一笑，太迷人了。

其实，当初释迦牟尼在世时一路启示弟子的时候，也是这么简洁、浅显、直击众生体验的，否则不可能到处涌现那么多信徒；倒是后来的佛教学者们出于崇敬和钻研，一步步越弄越深奥。佛教到了中国，虽然也曾和魏晋玄学相伴一阵，但很快发现中国民众大多数是不习惯抽象思维而更信赖直觉的，这正好契合原始佛教的精神，因此有一大批杰出的佛教思想家开始恢复以往的简明和透彻，甚至还有新的发展。例如，禅宗认为众生皆有佛性，一悟即至佛地；净土宗认为人们通过念佛就能够达到极乐世界；天台宗认为人们通过观想就能够“一念三千”，认识空、假、中三谛；华严宗认为世上无尽事物都圆通无碍……这些主张，都用清晰的思路勘破人世万象，一听之下如神泉涤尘、天风驱雾。即使是不赞成这些结论的人，也不能不叫一声：不亦快哉！

中国传统文化的主流形态，往往过多地追求堂皇典雅，缺少一种精神快感。偶有一些快人快语，大多也是针对社会的体制和风气，却失焦于人生课题。

佛教的第三特殊魅力，在于切实的参与规则。

一听就明白，我是在说戒律。佛教戒律不少，有的还很严格，照理会阻吓人们参与，但事实恰恰相反，戒律增加了佛教的吸引力。理由之一，戒律让人觉得佛教可信。这就像我们要去看一座庭院，光听描述总无法确信，直到真的看到一层层围墙、一道道篱笆、一重重栏杆。围墙、篱笆、栏杆就是戒律，看似障碍却是庭院存在的可靠证明。理由之二，戒律让人觉得佛教可行。这就像我们要去爬山，处处是路又处处无路，忽然见到一道石径，阶多势陡，极难攀登，却以一级一级的具体程序告示着通向山顶的切实可能。

相比之下，中华传统文化大多处于一种“写意状态”：有主张，少边界；有感召，少筛选；有劝导，少禁忌；有观念，少方法；有目标，少路阶。这种状态，看似方便进入，却让人觉得不踏实，容易退身几步，敬而远之。

最典型的例子，是儒家所追求的“君子”这个概念。追求了两千多年，讲述了两千多年，但是，到底什么叫君子？怎么才算不是？区分君子和非君子的标准何在？一个普通人要通过什么样的训练程序才能成为君子？却谁也说不清楚，或者越说越不清楚。因此，君子成了一种没有边界和底线的存在，一团飘浮的云气，一种空泛的企盼。长此以往，儒学就失去了一种参与凭据。历来参与儒学的人看似很多，实际情况并非如此。即便是投身科举考试的大量考生，也只是按照着官员的模式而不是君子的模式在塑形。

佛教的戒律步步艰难却步步明确，初一看与佛学的最高境界未必对应，但只要行动在前，也就可以让修习者慢慢收拾心情，由受戒而学习入定，再由入定而一空心头污浊，逐渐萌发智慧。到这时，最高境界的纯净彼岸就有可能在眼前隐约了。佛教所说的“戒、定、慧”，就表述了这个程序。如果说多数受戒的信众未必能够抵达最高境界，那么，他们也已经行进在这个修炼的程序中了，前后左右都有同门师友的身影，自然会产生一种集体归属感。

与道教的修炼目标不同，佛教不追求“肉身成仙”“长生久视”的神奇效果，因此即便实行戒律也不必承担灵验证明。这本是它的优越之处，但到了中国化时期，有的宗派过于依凭悟性不尚苦修，轻视戒律教规，固然也帮助不少高人完成了精神腾跃，却也为更多未必能真正开悟的信众打开了过渡的方便之门。与此相应，在唐代特别流行的净土宗也显得过于“易行”。这种势头积累到后来，已出现了禅风虚浮的严重后果。这也从反面说明，对佛教而言，持戒修行还是重要的，不能过于聪明、过于写意、过于心急。

由此我想到了弘一法师。他从一个才华横溢的现代文化人进入佛门，照理最容易选择禅宗或净土宗，但他最终却选择了戒律森严的南山律宗。我想，这是他在决意违避现代文化人过于聪明、过于写意、过于心急的毛病。这种选择使他真正成为一代高僧。

当然，历来一直有很多人只是为了追求安心、自在、放松而亲近佛门，本来就不存在修行的自律，那是另外一回事了。

佛教的第四特殊魅力，在于强大而感人的弘法团队。

中国的诸子百家，本来大多也是有门徒的，其中又以儒家的延续时间为最长。但是，如果从组织的有序性、参与的严整性、活动的集中性、内外的可辨识性、不同时空的统一性这五个方面而论，没有一家比得上佛教的僧侣团队。

自从佛教传入中国，广大民众对于佛教的认识，往往是通过一批批和尚、法师、喇嘛、活佛的举止言行、服饰礼仪获得的。一代代下来，僧侣们的袈裟、佛号，成了人们感知佛教的主要信号。他们的德行善举，也成了人们读解信仰的直接范本。佛教从释迦牟尼开始就表现出人格化的明显特征，而到了遍布四方的僧侣，更是以无数人格形象普及了佛教理念。

西方基督教和天主教的神职人员队伍也非常强大，但佛教的僧侣并不是神职人员，他们不承担代人祈福消灾、代神降福赦罪的使命。佛教僧侣只是出家修行者，他们以高尚的品德和洁净的生活向广大佛教信徒做出表率。

他们必须严格遵守不杀、不盗、不淫、不妄语、不恶口、不蓄私财、不做买卖、不算命看相、不诈显神奇、不掠夺和威胁他人等戒律，而且坚持节俭、勤劳的集体生活，集中精力修行。

修行之初，要依据佛法，观想人生之苦，以及俗身之不净，由此觉悟无我、无常；进而在行动上去欲止恶、扬善救难，训练慈悲柔和、利益众生的心态和生态。

与广大佛教信徒相比，出家人总是少数，因为出家既要下很大的决心，又要符合很多条件。一旦出家，就有可能更专注、更纯净地来修行了。出家是对一种精神团体的参与，一般四人以上就可能称为“僧伽”。在僧伽这么一个团体之内，又规定了一系列和谐原则，例如所谓“戒和”“见和”“利和”“身和”“口和”“意和”的“六和”，再加上一些自我检讨制度和征问投筹制度，有效地减少了互相之间的矛盾和冲突，增加了整体合力。

这样的僧伽团队，即便放到人世间所有的精神文化组合中，也显得特别强大而持久；又由于它的主体行为是劝善救难，更以一种感人的形象深受民众欢迎。

佛教的以上四大特殊魅力，针对着中华传统文化在存在方式上的种种乏力，成为它终于融入中华文化的理由。

五

佛教在中国的惊人生命力，我还可以用自己的一些切身体验来加以证明。

我的家乡浙江省余姚县出过王阳明、黄宗羲、朱舜水这样一些天下公认的“大儒”，但到我出生时，方圆几十里地已经几乎没有什么人知道他们的名字，更没有人了解他们提出过一些什么主张，哪怕是片言只语。我的家乡如此，别的地方当然也差不多。我在长大后对这个现象反复咀嚼，消解了很多不切实际的文化梦想。高层思维再精深，如果总是与山河大地的文明程度基本脱节，最终意义又在何处？

当时的家乡，兵荒马乱，盗匪横行，唯一与文明有关的痕迹，就是家家户户都有一个吃素念经的女家长，天天在做着“积德行善”的事。她们没有一个人识字，却都能熟练地念诵《般若波罗蜜多心经》，其中有三分之一的妇女还能背得下《金刚经》。她们作为一家之长，有力地带动着全家的心理走向。结果，小庙的黄墙佛殿、磬钹木鱼，成为这些贫寒村落的寄托所在。我相信，这些村落之所以没有被仇恨所肢解，这些村民之所以没有被邪恶所席卷，都与那支由文盲妇女组成的念佛队伍有关。

这些村落间唯一熟悉中国文化经典的是我外公，他以道家的方式过着悠闲而贫困的生活，自得其乐，却全然于事无补。他偶尔题写在庙墙上的那些田园诗，只有他自个儿在欣赏。道家不等于道教，邻村也有名正言顺的道士，道士在村人心中的地位很低，只是帮着张罗一些丧葬、驱病仪式，平日与农民完全没有两样。

我的这幅童年回忆图并非特例。因为我后来问过很多从不同乡间出来的前辈和同辈，情景基本类似。这就说明，在中华文化腹地的绝大部分，在毛细血管伸及的肌肤之间，佛教的踪影要比其他文化成分活跃得多，也有效得多。

遗憾的是，那个时候，佛教本身也已经走向衰微。晚明以后东南一带随着社会经济的发展，功利主义横行，修佛成了求福的手段，而且出现了不少直接对应功利目标的经文和门派。这种势头从清代至近代，愈演愈烈。佛教本来是为了引渡众生放弃贪欲求得超越的，很多地方已经反了过来，竟然出于贪欲而拜佛。看似一片香火，却由欲焰点燃。在这种令人惋叹的场面不远处，不少佛学大师在钻研和讲解经文，却都是天国奥义，很难被常人理解。这两种极端，构成了佛教的颓势。

我重新对佛教的前途产生喜悦的憧憬，是在台湾。星云大师所开创的佛光山几十年来致力于让佛教走向现实人间、走向世界各地的宏大事业，成果卓著，已经拥有数百万固定的信众。我曾多次在那里居住，看到大批具有现代国际教育背景的年轻僧侣，笑容澄澈无碍，善待一切生命，每天忙着利益众生、开导人心的大事小事，总是非常振奋。我想，佛教的历史重要性已被两千年时间充分证明，而它的现实重要性则要被当今的实践来证明。现在好了，这种证明竟然已经展现得那么辉煌。除佛光山外，证严法师领导的“慈济功德会”也让我深为感动。以医疗为中心，到处救死扶伤，不管世界什么地方突发严重自然灾害，他们总是争取在第一时间赶到，让当代人一次次强烈感知佛教的慈善本义。“慈济功德会”同样拥有数百万固定的信众。

无论是星云大师还是证严法师，或是另一位我很尊重的佛教哲学家圣严法师，他们做了那么多现世善事，却又把重心放在精神启迪上。他们充分肯定人间正常欢乐，又像慈祥的人生导师一样不断地向现代人讲解最基本的佛理，切实而又生动地排除人们的各种私心障碍，从而有效地减少了大量的恶性冲突。他们在当今各地受到欢迎的惊人程度，已使佛教发出了超越前代的光华。

由于他们，我不仅对佛教的前程产生某种乐观，而且也对世道人心产生某种乐观，甚至推演开去，又对中华文化产生某种乐观。

我们这片土地，由于承载过太多战鼓马蹄、仁义道德的喤喤之声而十分自满，却终于为西天传来的一种轻柔而神秘的声音让出了空间。当初那些在荒凉沙漠里追着白骨步步前行的脚印没有白费，因为他们所追寻来的那种声音成了热闹山河的必然需要。但是，热闹山河经常会对自己的必然需要产生麻木，因此也就出现了文化应该担负的庄严使命，那就是一次次重新唤醒那些因自大而堵塞了性灵的人群。

从魏晋南北朝开始，中国的智者已经习惯于抬头谛听，发现那儿有一些完全不同于身旁各种响亮的声音，真正牵连着大家的生命内层。正是这种谛听，渐渐引出了心境平和、气韵高华的大唐文明。

那么，让我们继续谛听。

仰望长安

一

从西方史书上看，古代世界最骄傲的城市，肯定是那个曾经辉耀着雄伟的石柱和角斗场的古罗马城。但是，与它同时屹立在世界上的长安城，比它大了六倍。

公元五世纪，“北方蛮族”占领西罗马帝国的时间和情景，与鲜卑族占领中国北方的时间和情景，非常相似，但结果却截然相反：罗马文明被蛮力毁损，中华文明被蛮力滋养。

当长安城人口多达百万的时候，罗马的人口已不足五万。再看罗马周围的欧洲大地，当时也都弥漫着中世纪神学的阴郁。偶尔见到一簇簇光亮，那是宗教裁判所焚烧“异教徒”的火焰。

再往东边看，曾经气魄雄伟的波斯帝国已在七世纪中叶被阿拉伯势力占领，印度也在差不多时间因戒日王的去世而陷于混乱。当时世界上比较像样的城市，除了长安之外还有君士坦丁堡和巴格达。前者是联结东西方的枢纽，后者是阿拉伯帝国的中心，但与长安一比，也都小得多，两个城市加在一起还不到长安的一半。

后代中国文人一想到长安，立即就陷入了那几个不知讲了多少遍的宫廷故事。直到今天还是这样，有大批重复的电视剧、舞台剧、小说为证。这倒不是因为他们如何歆羡龙御美人，而只是因为懒。历来通行的史书上说来说去就是这几个话题，大家也就跟着走了。

以宫廷故事挤走市井实况，甚至挤走九州民生，这是中国“官本位”思维的最典型例证。其实，唐代之为唐代，长安之为长安，固然有很多粗线条的外部标志，而最细致、最内在的信号，在寻常巷陌的笑语中，在街道男女的衣褶里。遗憾的是，这些都缺少记载。

缺少记载，不是没有记载。有一些不经意留下的片言只语，可以让我们突然想见唐代长安的一片风光，就像从一扇永远紧闭的木门中找到一丝缝隙，贴上脸去细看，也能窥得一角恍惚的园景。

你看这儿就有一丝缝隙了。一位日本僧人，叫圆仁的，来长安研习佛法，在他写的《入唐求法巡礼行记》中记载，会昌三年，也就是公元八四三年，六月二十七日夜间，长安发生了火灾：

> 夜三更，东市失火。烧东市曹门以西二十四行，四千四百余家。官私财物、金银绢药，总烧尽。

这寥寥三十五个汉字，包含着不少信息。首先是地点很具体，即东市曹门以西，当然不是东市的全部。其次是商铺数量很具体，即仅仅是发生在东市曹门以西的这场火灾，就烧了二十四行的四千四百余家商铺。那么，东市一共有多少行呢？据说有二百二十行，如此推算，东市的商铺总数会有多少呢？实在惊人。

既然是说到了东市，就会想到西市。与东市相比，西市更是集中了大量外国客商，比东市繁荣得多。那么，东市和西市在整个长安城中占据多大比例呢？不大。长安城占地一共八十多平方公里，东市、西市各占一平方公里而已，加在一起也只有整个长安城的四十分之一。但是，不管东市还是西市，一平方公里也实在不小了。各有一个井字形的街道格局，划分成九个商业区，万商云集，百业兴盛，肯定是当时世界上最繁荣的商业贸易中心。

由此可知，日本僧人圆仁所记述的那场大火，虽然没有见诸唐代史籍，却照见了长安城的生态一角，让人有可能推想到人类在公元九世纪最发达的文明实况。其意义，当然是远远超过了三国时期赤壁之战那场大火。赤壁之战那场大火能照见什么呢？与文明的进退、历史的步履、苍生的祸福、世界的坐标有什么关系？

看来，我当初在农场对那位同学的劝阻还是对的。

东市的大火是半夜三更烧起来的。中国的房舍以砖木结构为主，比罗马的大石结构更不经烧，到第二天，大概也就烧完了。按照当时长安的公私财力和管理能力，修复应该不慢。修复期间，各地客商全都集中到西市来了。

西市一派异域情调，却又是长安的主调。饭店、酒肆很多，最吸引人的是“胡姬酒肆”，里边的服务员是美艳的中亚和西亚姑娘。罗马的艺术，拜占庭风格的建筑，希腊的缠枝卷叶忍冬花纹饰，印度的杂技魔术，在街市间林林总总。

波斯帝国的萨桑王朝被大食（即阿拉伯）灭亡后，很多波斯贵族和平民流落长安，而长安又聚集了大量的大食人。我不知道他们相见时是什么眼神，但长安不是战场，我在史料中也没有发现他们互相寻衅打斗的记载。

相比之下，波斯人似乎更会做生意。他们在战场上是输家，在商场上却是赢家。宝石、玛瑙、香料、药品，都是他们在经营。更让他们扬眉吐气的，是紧身的波斯服装风靡长安。汉人的传统服装比较宽大，此刻在长安的姑娘们身上，则已经是低胸、贴身的波斯款式。同时，她们还乐于穿男装上街。这些时髦服饰还年年翻新。

长安街头，外国人多得是。三万多名留学生，仅日本留学生就先后来过一万多名。留学生也能参加科举考试，仅仅在唐代晚期，得中科举的新罗（朝鲜）士子就有五十多名。科举制度实际上是文官选拔制度，因此这些外籍士子也就获得了在中国担任官职的资格。他们确实也有不少留在中国做官。

有一位波斯人被唐王朝派遣到东罗马帝国做大使，名叫“阿罗喊”。当代日本学者羽田亨认为，“阿罗喊”就是Abraham，现在通译“亚伯拉罕”，犹太人里一个常见的名字。因此，极有可能是移居波斯的犹太人。

为了这位阿罗喊，我曾亲自历险到伊朗西部一座不大的城市哈马丹（Hamadān），考察犹太人最早移居波斯的遗迹。我想，人家早就远离家乡做了唐朝的大使衔命远行了，我们还不该把他们祖先的远行史迹稍稍了解一点？

总之，在长安，见到做官的各种“阿罗喊”，见到卖酒的各种胡姬，见到来自世界任何地方从事任何职业的人，都不奇怪。他们居留日久，都成了半个“唐人”，而“唐人”则成了有中国血缘的世界人。

长安向世界敞开自己，世界也就把长安当做了舞台。这两者之间，最关键的因素是主人的心态。

唐代的长安绝不会盛气凌人地把异域民众的到来看成是一种归顺和慑服。恰恰相反，它是各方文明的虔诚崇拜者。它很明白，不是自己“宽容”了别的文明，而是自己离不开别的文明，离开了，就会索然无味、僵硬萎缩。因此，它由衷地学会了欣赏和追随。主人的这种态度，一切外来文明很快就敏感地觉察到了，因此更愿意以长安为家，落地生根。

长安有一份充足的自信，不担心外来文明会把自己淹没。说得更准确一点，它对这个问题连想也没有想过。就像一个美丽的山谷，绝不会防范每天有成群的鸟雀蝴蝶从山外飞来，也不会警惕陌生的野花异草在随风摇曳。

如果警惕了、防范了，它就不再美丽了。

因此，盛唐之盛，首先盛在精神；大唐之大，首先大在心态。

平心而论，唐代的军队并不太强，在边界战争中打过很多败仗。唐代的疆域也不算太大，既比不过它之前的汉代，也比不过之后的元、明、清。因此，如果纯粹从军事、政治的角度来看，唐代有很多可指摘之处。但是，一代代中国人都深深地喜欢上了唐代，远比那些由于穷兵黩武、排外保守而显得强硬的时代更喜欢。这一事实证明，广大民众固然不愿意国家衰落，却也不欣赏那种失去美好精神心态的国力和军力。

民众的“喜欢”，就像我们现在所说的“幸福指数”，除了需要有安全上和经济上的基本保证外，又必须超越这些基本保证，谋求身心自由、个性权利、诗化生存。从这条思路，我们才能更深入地解读唐代。

有的学者罗列唐代的一些弱点，证明人们喜欢它只是出于一种幻想。我觉得这种想法过于简单了。就像我们看人，一个处处强大、无懈可击的人，与一个快乐天真却也常常闪失的人相比，哪个更可爱？

在强大和可爱之间，文化更关注后者。

例如，唐太宗昭陵的六骏浮雕，用六匹战马概括一个王朝诞生的历史，是一种令人敬仰的强大。但是，这些战马的脚步是有具体任务的，当这种任务已经明确，它们自己就进入了浮雕。于是，有另外一些马匹载着另外一些主人出现了。李白写道：

五陵年少金市东，
银鞍白马度春风。
落花踏尽游何处？
笑入胡姬酒肆中。

对于这番景象，我想，唐太宗和他的战马都不会生气。

几声苍老而欢乐的嘶鸣从远处的唐昭陵传来，五陵年少胯下的银鞍白马竖起了耳朵。一听，跑得更快了。

二

唐代没有“国家哲学”，这也是它的可爱之处。

好的学者也有一些，例如编撰《五经正义》的孔颖达、对我产生过很深影响的《史通》作者刘知几。孔颖达这个河北衡水人是儒学发展史上无法省略的人物，他不仅把儒学的各种礼法规范结合在一起了，而且借鉴了道家和佛学的一些学理方式，很成格局，受到唐代帝王的支持。本来这很容易构成一种思想统治，但唐代毕竟是唐代，再大的学问、再高的支持，也不能剥夺他人的精神自由。你看，除了孔颖达这样的一代大儒，还有刘知几这样的“自由派”人物。刘知几提出了以“疑古”“惑经”为主轴的变易论，体现了唐代那种处处追求万象更新、反对盲从古代经典的思想风尚。

儒耶？道耶？佛耶？在唐代尽可自己选择。除了少数帝王一度比较偏激外，在多数情况下，他们对于社会的信仰都很有气量，往往实行“儒、道、佛并举”的方针。

我特别注意到，唐代的帝王在这个问题上大多愿意悉心倾听，甚至还谦虚请教。例如，唐太宗李世民起初并不怎么相信佛教，后来因为多次向玄奘请教，信仰发生很大的变化，多次拽着玄奘的衣襟说："朕共师相逢晚，不得广兴佛事。"这种学生般的态度，出之于一代雄主，并不容易。

唐太宗亲自为玄奘翻译的《瑜伽师地论》写了序言，这就是大家知道的《大唐三藏圣教序》。书法家褚遂良曾书写过这篇序言，而我最喜欢的则是弘福寺的怀仁和尚集晋代王羲之行书所组合镌刻的那个碑帖，应该称之为《集王圣教序》吧，我小的时候学书法，就练过它的拓本。

除了儒、道、佛，长安也给新传入的西域宗教腾出了空间。

例如，基督教的聂斯脱利派教会（Nestorian Church），传入中国后被称做景教，在长安的义宁坊就建造了一个教堂。

其实，早在公元四三一年，这个教会的领袖聂斯脱利已在欧洲被教廷判为"异教徒"而革职流放，他的追随者就逃到了波斯。公元六三五年，这个教派的一位主教阿罗本（Olopen）来到长安传教。对于这个在欧洲早被摧毁了二百年的教派，长安深表欢迎。唐太宗派出丞相房玄龄率领仪仗队到长安西部迎接，还亲自听了阿罗本的讲道。唐代把罗马帝国称为"大秦国"，因此长安的教堂又叫大秦寺，也叫波斯寺。

唐太宗对这个流亡教派所下发的诏书，反映了唐朝上下的一种集体心理，与当时欧洲的宗教迫害相比，表现出了截然相反的文化气度。他说：

> 道无常名，圣无常体，随方设教，密济群生。大秦国大德阿罗本，远将经像，来献上京。详其教旨，玄妙无为；观其元宗，生成立要。词无繁说，理有忘筌，济物利人，宜行天下。所司即于京义宁坊造大秦寺一所，度僧二十一人。

“道无常名，圣无常体”的宗旨，像常识一般自然说出，证明了心目中对于“主流意识形态”和“传统精神偶像”的漠视。正是这种漠视，带来了对于多元精神财富的重视。

古代波斯的祆教，即琐罗亚斯德教（Zoroastrianism），又称拜火教、火祆教，在波斯本土也已在公元七世纪因阿拉伯军队的占领而绝迹，但在长安却很兴盛。共有四座教堂：一在靖恭坊，二在布政坊，三在醴泉坊，四在普宁坊。

琐罗亚斯德教在古代波斯一度成为国教，曾经迫害过摩尼教，摩尼本人也被杀害。摩尼教徒向西流浪，后又从中亚传入唐朝。武则天曾经挽留摩尼教徒在宫中讲经。唐代宗于公元七六八年发布敕令，允许摩尼教在长安设置寺院，并赐额“大云光明”。可惜，到了公元九世纪中叶，因战争原因，摩尼教就一蹶不振了。

伊斯兰教创立于公元七世纪初，在几十年后就传入了中国。后来阿拉伯人在长安数量很大，他们一般都保持着自己民族的信仰，因此伊斯兰教在长安的地位也很高。

这里出现了一个有趣的现象：在波斯，祆教本是驱逐摩尼教的，伊斯兰教本是驱逐祆教的，但在长安，它们全都太太平平地安顿在一起了。而且，除了伊斯兰教之外，祆教和摩尼教早已是失去本土的“流亡”宗教，长安都待之若上宾。

一座城市真正的气度，不在于接待了多少大国显贵，而在于收纳了多少飘零智者。一座城市的真正高贵，不在于集中了多少生死对手，而在于让这些对手不再成为对手，甚至成了朋友。

一座伟大的城市，应该拥有很多“精神孤岛”，不管它们来自何处，也不管它们在别的地方有什么遭遇。

这样的城市古今中外都屈指可数，在我看来，唐代的长安应该名列第一。在现代，巴黎和纽约还差强人意，只是，纽约太缺少诗意。

三

每次去西安，我总是先到城北的大明宫遗址徘徊良久，然后到城东南，在大雁塔下的曲江池边静静地坐一会儿。

我想，现在越来越多的中国人喜欢说“梦回大唐”“梦回长安”，这是好事。但是，如果真的回去了，哪怕在梦中，可能都消受不了。

一个伟大的时代总有一种浓重的气氛，而这种气氛会让陌生人一时晕眩。很多人一定会说，唐代是我们的，长安也是我们的，岂有让我们晕眩之理？其实，唐代已经过去太久，我们对它，早成了陌生人。

即便是按照李白的诗句选一批今天的“五陵年少”回去，情况也一定尴尬。

今天的“五陵年少”，很容易点燃起一种民族主义滥情，开口闭口都是“拒绝过外国的节日”“中国人必须穿汉服和唐装”等。这样一群人一旦进入唐代长安的街道，势必惊恐万状、目瞪口呆。长安城里的中外居民，见到他们对每一种外来文化都严加防范的神经质表情，也会十分错愕。上前细加询问，他们的申述虽然听起来没有什么语言障碍，却谁也听不明白。

过不了多久，他们中的一半人也许能够清醒过来，开始向长安城里的中外居民虚心求教。而余下的一半，则大多会走向另一个极端，成了“胡姬酒肆”里最放荡的痞子，毁了。

即便是清醒过来的那一半人，要想跨上“银鞍白马”像长安人那样轻松消遣，也不大可能了。因为人世间什么都可以仿效，却很难仿效由衷的欢乐。

我很同情今天的这些“五陵年少”。他们不知从什么时候开始就被灌输了一种“乱世哲学”，处处划界，天天警惕，时时敏感。他们把权谋当做了智慧，把自闭当做了文化，把本土当做了天下。而且，以为这样才能实现“尊严”。这种怯懦而又狂躁的自卑心理，转眼就装扮成了龇牙咧嘴的英雄主义和悲情主义，有时也能感染一些人，形成一个起哄式的“互慰结构”。结果，心理天地越来越小，排外情绪越来越重，只能由自闭而走向自萎。

我不知道如何才能使他们明白：曾经让中华民族取得最高尊严的唐代全然不是这样。而是这样的：全是衰世，并无多少尊严可言。

如果他们仍然不明白这个道理，那么，我至少可以现身说法，谈谈自己的人生感受。我们这一代，年轻时吞咽的全是“乱世哲学”，这篇文章开头所说的夜雨泥泞，几乎陷没了我们的全部青春。我们被告知，古代社会和外部世界一片恐怖，我们正在享受着一尘不染的幸福。偶尔忍不住幻想一下古代，却还不敢幻想国外。正是这个刻骨铭心的经历，使我们在大醒之后很难再陷入封闭的泥淖。

前些年我一直困惑，为什么我的每一届学生几乎都不如我开放。后来我知道了，那是因为他们不拥有那种从灾难中带来的财富。

于是我越来越有信心了，年长者确实未必比年幼者落伍，就像唐代不会比明清落伍。

那就让我带着年轻人，而不是追着年轻人，去逛一逛幻想中的唐代吧。由我引路，由我讲解，讲解这门永恒的课程。

唐诗几男子

一

生为中国人，一辈子可能要承受数不尽的苦恼、愤怒和无聊。但是，有几个因素使我不忍离开，甚至愿意下辈子还投生中国。

其中一个，就是唐诗。

这种说法可能得不到太多认同。不少朋友会说："到了国外仍然可以读唐诗啊，而且，别的国家也有很多好诗！"

因此，我必须对这件事情多说几句。

我心中的唐诗，是一种整体存在。存在于"羌笛孤城"里，存在于"黄河白云"间，存在于"空山新雨"后，存在于"浔阳秋瑟"中。只要粗通文墨的中国人一见相关的环境，就会立即释放出潜藏在心中的意象，把眼前的一切卷入诗境。

心中的意象是从很小的时候就潜藏下来的。也许是父母吟诵，也许是老师领读，反正是前辈教言中最美丽的一种。父母和老师只要以唐诗相授，也会自然地消除辈分界限，神情超逸地与晚辈一起走进天性天籁。

于是，唐诗对中国人而言，是一种全方位的美学唤醒：唤醒内心，唤醒山河，唤醒文化传代，唤醒生存本性。

而且，这种唤醒全然不是出于抽象概念，而是出于感性形象，出于具体细节。这种形象和细节经过时间的筛选，已成为一个庞大民族的集体敏感、通用话语。

有时在异国他乡也能见到类似于“月落乌啼”“独钓寒江”那样的情景，让我们产生联想，但是，那种依附于整体审美文化的神秘诗境却不存在。这就像在远方发现一所很像自己老家的小屋，或一位酷似自己祖母的老人，虽有一时的喜悦，但略加端详却深感失落。失落了什么？失落了与生命紧紧相连的全部呼应关系，失落了使自己成为自己的那份真实。

当然，无可替代并不等于美。但唐诗确实是一种大美，不管在什么情况下一读，都能把心灵提升到清醇而又高迈的境界。回头一想，这种清醇、高迈本来就属于自己，或属于祖先秘传，只不过平时被大量琐事掩埋着。唐诗如玉杵叩扉，叮叮当当，嗡嗡喤喤，一下子把心扉打开了，让我们看到一个非常美好的自己。

这个自己，看似稀松平常，居然也能按照遥远的文字指引，完成最豪放的想象、最幽深的思念、最入微的观察、最精细的倾听、最仁爱的同情、最洒脱的超越。

这个自己，看似俗务缠身，居然也能与高山共俯仰、与白云同翻卷、与沧海齐阴晴。

这个自己，看似学历不高，居然也能跟上那么优雅的节奏、那么铿锵的音韵、那么华贵的文辞。

这样一个自己，不管在什么地方都会是稀有的，但由于唐诗，在中国却成了非常普及的常态存在。

正是这个原因，我才说，怎么也舍不得离开产生唐诗的土地，甚至愿意下辈子还投生中国。

我也算是一个走遍世界的人了，对国际间的文化信息并不陌生，当然知道处处有诗意，不会在这个问题上陷入狭隘民族主义的泥坑。但是正因为看得多了，我也有理由做出一个公平的判断：就像中国人在宗教音乐和现代舞蹈上远远比不上世界上有些民族一样，唐诗是人类在古典诗歌领域的巍峨巅峰，很难找到可以与它比肩的对象。

二

很多文学史说到唐诗，首先都会以诗人和诗作的数量来证明，唐代是一个“诗的时代”。

这样说说也未尝不可，但应该明白，数量不是决定性因素。这正像，现在即使人人去唱卡拉 OK，也不能证明这是一个“音乐的时代”。

若说数量，我们都知道的《全唐诗》收诗四万九千多首，包括作者两千八百余人。当然这不是唐代诗作的全部，而是历时一千年后直到清代还被保存着的唐诗，却仍然是蔚为大观。《全唐诗》由康熙皇帝写序，但到了乾隆皇帝，他一人写诗的数量已经与《全唐诗》差不多。因为除去他的《乐善堂全集》《御制诗余集》《全韵诗》《圆明园诗》之外，在《晚晴簃诗汇》中据说还有四万一千八百首。如果加在一起，真会让一千年前的那两千八百多个作者羞愧了。只不过，如果看质量，乾隆能够拿得出哪一首来呢?

宽泛意义上的写诗作文，是天底下最容易的事，任何已经学会造句的人只要放得开，都能随手涂出一大堆。直到今天我们还能经常看到当代很多繁忙的官员出版的诗文集，在字数、厚度和装帧上几乎都能超过世界名著，而且听说他们还在继续高产，劝也劝不住。这又让我想起了乾隆。他如此着魔般地写诗，满朝文武天天喝彩，后来终于有一位叫李慎修的官员大胆上奏，劝他不必以写诗来呈现自己的治国才能。乾隆一看，立即又冒出了一首绝句——

慎修劝我莫为诗，
我亦知诗不可为。
但是几余清宴际，
却将何事遣闲时？

对此，今人钱钟书讽刺道，李慎修本来是想拿一点什么东西去压压乾隆写诗的欲焰的，没想到不仅没有压住，连那东西也烧起来了，反而增加了一蓬火。

从这蓬火，我们也能看到乾隆的诗才了。但平心而论，乾隆的诗才虽然不济，却也比现在很多官员的诗作清顺质朴一点。

说唐诗时提乾隆，好像完全不能对应，但这不能怪我，谁叫这位皇帝要以自己一个人的诗作数量来与《全唐诗》较量呢！

其实，唐诗是无法较量的，即便在宋代，在一些杰出诗人手中也已经不能了。

这是因为，唐代诗坛有一股空前的大丈夫之风，连忧伤都是浩荡的，连曲折都是透彻的，连私情都是干爽的，连隐语都是靓丽的。这种气象，在唐之后再也没有完整出现，因此又是绝后的。

更重要的是，这种气象，被几位真正伟大的诗人承接并发挥了，成为一种人格，向历史散发着绵绵不绝的温热。

三

论唐诗，首先当然是李白。

李白永远让人感到惊讶。我过了很久才发现一个秘密，那就是，我们对他的惊讶，恰恰来自于他的惊讶，因此是一种惊讶的传递。他一生都在惊讶山水、惊讶人性、惊讶自己，这使他变得非常天真。正是这种惊讶的天真，或者说天真的惊讶，把大家深深感染了。

我们在他的诗里读到千古蜀道、九曲黄河、瀑布飞流时，还能读到他的眼神，几分惶恐，几分惊叹，几分不解，几分发呆。首先打动读者的，是这种眼神，而不是景物。然后随着他的眼神打量景物，才发现景物果然那么奇特。

其实，这时读者的眼神也已经发生变化，李白是专门来改造人们眼神的。历来真正的大诗人都是这样，说是影响人们的心灵，其实都从改造人们的感觉系统入手。先教会人们怎么看、怎么听、怎么发现、怎么联想，然后才有深层次的共鸣。当这种共鸣逝去之后，感觉系统却仍然存在。

这样一个李白，连人们的感觉系统也被他改造了，总会让大家感到亲切吧？其实却不。他拒绝人们对他的过于亲近，愿意在彼此之间保持一定程度的陌生。这也是他与一些写实主义诗人不同的地方。

李白给人的陌生感是整体性的。例如，他永远说不清楚自己的来处和去处，只让人相信，他一定来自谁也不知道的远处，一定会去谁也不知道的前方，他一定会看到谁也无法想象的景物，一定会产生谁也无法想象的笔墨……

他也写过“举头望明月，低头思故乡”这样可以让任何人产生亲切感的诗句，但紧接着就产生了一个严峻的问题：既然如此思乡，为什么永远地不回家乡？他在时间和空间上都拥有足够的自由，偶尔回乡并不是一件难事。但是，这位写下“中华第一思乡诗”的诗人执意要把自己放逐在异乡，甚至不让任何一个异乡真正亲切起来，稍有亲密就拔脚远行。原来，他的生命需要陌生，他的生命属于陌生。

为此，他如不系之舟，天天在追赶陌生，并在追赶中保持惊讶。但是，诗人毕竟与地理考察者不同，他又要把陌生融入身心，把他乡拥入怀抱。帮助他完成这种精神转化的第一要素，是酒。“人分千里外，兴在一杯中”，“但使主人能醉客，不知何处是他乡”，都道出了此间玄机。帮助他完成这种精神转化的第二要素，那就是诗了。

对于朋友，李白也是生中求熟、熟中求生的。作为一个永远的野行者，他当然很喜欢交朋友。在马背上见到迎面而来的路人，一眼看去好像说得上话，他已经握着马鞭拱手行礼了。如果谈得知心，又谈到了诗，那就成了兄弟，可以吃住不分家了。他与杜甫结交后甚至到了“醉眠秋共被，携手日同行”的地步，可见一斑。

然而，与杜甫相比，李白算不上一个最专情、最深挚的朋友。刚刚道别，他又要亟亟地与奇异的山水相融，并在那些山水间频频地马背拱手，招呼新的好兄弟了。他老是想寻仙问道，很难把友情作为稳定的目标。他会要求新结识的朋友陪他一起去拜访一个隐居的道士。发现道士已经去世，便打听下一个值得拜访的对象，倒也并不要求朋友继续陪他。于是，又一番充满诗意的告别，云水依依，帆影渺渺。

历来总有人对李白与杜甫的友情议论纷纷，认为杜甫写过很多怀念李白的诗，而李白则写得很少。也有人为此做出解释，认为李白的诗失散太多，其中一定包括很多怀念杜甫的诗。这是一种善良的愿望，而且也有可能确实是如此。但是，应该看到，强求他们在友情上的平衡是没有意义的，因为这毕竟是相当不同的两种人。虽然不同，却并不影响他们在友情领域的同等高贵。

这就像大鹏和鸿雁相遇，一时间巨翅翻舞，山川共仰。但在它们分别之后，鸿雁不断地为这次相遇高鸣低吟，而大鹏则已经悠游于南溟北海，无牵无碍。差异如此之大，但它们都是长空伟翼、九天骄影。

四

李白与杜甫相遇是在公元七四四年。那一年，李白四十三岁，杜甫三十二岁，相差十一岁。

很多年前我曾对这个年龄产生疑惑，因为从小读唐诗时一直觉得杜甫比李白年长。李白英姿勃发，充满天真，无法想象他的年老；而杜甫则温良醇厚，恂恂然一长者也，怎么可能是颠倒的年龄？由此可见，艺术风格所投射的生命基调，会在读者心目中对换成不同的年龄形象。这种年龄形象，与实际年龄常常有重大差别。

事实上，李白不仅在实际年龄上比杜甫大十一岁，而且在诗坛辈分上整整先于杜甫一个时代。那就是，他们将分别代表安史之乱之前和之后两个截然不同的唐朝。李白的佳作，在安史之乱之前大多已经写出，而杜甫的佳作，则主要产生于安史之乱之后。

这种隔着明显界碑的不同时间、身份，使他们两人见面时有一种异样感。李白当时已名满天下，而杜甫还只是崭露头角。杜甫早就熟读过李白的很多名诗，此时一见真人，崇敬之情无以言表。一个取得巨大社会声誉的人往往会有一种别人无法模仿的轻松和洒脱，这种风范落在李白身上更是让他加倍地神采飞扬。眼前的杜甫恰恰是最能感受这种神采的，因此他一时全然着迷，被李白的诗化人格所裹卷。

李白见到杜甫也是眼睛一亮。他历来不太懂得识人，经常上当受骗，但那是在官场和市井。如果要他来识别一个诗人，他却很难看错。即便完全不认识，只要吟诵几首、交谈几句，便能立即做出判断。杜甫让他惊叹，因此两人很快成为好友。他当然不能预知，眼前的这个年轻人，将与他一起成为执掌华夏文明诗歌王国数千年的王者之尊而无人能够觊觎；但他已感受到，无法阻挡的天才之风正扑面而来。

他们喝了几通酒就骑上了马，决定一起去打猎。

他们的出发地也就是他们的见面地，在今天河南省开封市东南部，旧地名叫陈留。到哪儿去打猎呢？向东，再向东，经过现在的杞县、睢县、宁陵，到达商丘；从商丘往北，直到今天的山东地界，当时有一个大泽湿地，这便是我们的两位稀世大诗人纵马打猎的地方。

当时与他们一起打猎的，还有著名诗人高适。高适比李白小三岁，属于同辈。这位能够写出“莫愁前路无知己，天下谁人不识君”“借问梅花何处落，风吹一夜满关山”这种慷慨佳句的诗人，当时正在这一带“混迹渔樵”“狂歌草泽”。也就是说，他空怀壮志在社会最底层艰难谋生、无聊晃悠。我不知道他当时熟悉杜甫的程度，但一听到李白前来，一定兴奋万分。这是他的土地，沟沟壑壑都了然于心，由他来陪猎，再合适不过。

挤在他们三人身边的，还有一个年轻诗人，不太有名，叫贾至，比杜甫还小六岁，当时才二十六岁。年龄虽小，他倒是当地真正的主人，因为他在这片大泽湿地北边今天山东单县的地方当着县尉，张罗起来比较方便。为了他的这次张罗，我还特地读了他的诗集——写得还算可以，却缺少一股气，尤其和那天在他身旁的大诗人一比，就显得更平庸了。贾至还带了一些当地人来凑热闹，其中也有几个能写写诗。

于是，一支马队形成了。在我的想象中，走在最前面的是高适，他带路；接着是李白，他是马队的主角，由贾至陪着；稍稍靠后的是杜甫，他又经常跨前两步与李白并驾齐驱；贾至带来的那些人，跟在后面。

当时的那个大泽湿地，野生动物很多。他们没走多远就挽弓抽箭，扬鞭跃马，奔驰呼啸起来。高适和贾至还带来几只猎鹰，这时也像闪电般蹿入草丛。箭声响处，猎物倒地，大家齐声叫好，所有人的表情都不像此地沉默寡言的猎人，更像追逐嬉戏中的小孩。马队中，喊得最响的当是李白，而骑术最好的应该是高适。

猎物不少，大家觉得在野地架上火烤着吃最香最新鲜，但贾至说早已在城里备好了酒席。盛情难却，那就到城里去吧。到了酒席上，几杯酒下肚，诗就出来了。这是什么地方啊，即席吟诗的不是别人，居然是李白和杜甫，连高适也只能躲在一边了，真是奢侈至极。

近年来我频频去陈留、商丘、单县一带，每次都会在路边长久停留，设想着那些马蹄箭鸣、那些呼啸惊叫。中国古代大文豪留下生命踪迹的地方，一般总是太深切、太怨愁、太悲壮，那样的地方我们见得太多了。而在这里，只有单纯的快乐，只有游戏的勇敢，既不是边塞，也不是沙场，好像没有千年重访的理由，但是，我怀疑我们以前搞错了。

诗有典雅的面容，但它的内质却是生命力的勃发。无论是诗的个体、诗的群体、诗的时代都是这样。没有生命力的典雅，并不是我们喜欢的诗。因此，诗人用马蹄写诗的旷野，实在可以看做被我们遗落已久的宏大课本。

诗人用马蹄写诗的地方也不少，但这儿，是李白、杜甫一起在写，这如何了得！

我曾动念，认认真真学会骑马，到那儿驰骋几天。那一带已经不是打猎的地方了，但是，总还可以高声呼啸吧？总还可以背诵他们的几首诗作吧？

在那次打猎活动中，高适长时间地与李白、杜甫在一起，并不断受到他们鼓舞，决定要改变一种活法。很快他就离开这一带游历去了。

李白和杜甫从秋天一直玩到冬天。分手后，第二年春天又在山东见面，高适也赶了过来。不久，又一次告别；又一次重逢，那已经是秋天了。当冬天即将来临的时候，李白和杜甫这两位大诗人永久地别离了。

当时他们都不知道这是永诀，李白在分别之际还写了“何时石门路，重有金樽开”的诗，但金樽再也没有开启。因此，这两大诗人的交往期一共也只有一年多一点，中间还有不少时间不在一起。

世间很多最珍贵的友情都是这样，看起来亲密得天荒地老、海枯石烂了，细细一问却很少见面。相反，半辈子坐在一个办公室面对面的，很可能尚未踏进友谊的最外层门槛。

就在李白、杜甫别离的整整十年之后，安史之乱爆发。那时，李白已经五十四岁，杜甫四十三岁。他们和唐代，都青春不再。

仍然是土地、马蹄，马蹄、土地，但内容变了。

五

在巨大的政治乱局中，最痛苦的是百姓，最狼狈的是诗人。

诗人为什么最狼狈？

第一，因为他们敏感，满目疮痍使他们五内俱焚；第二，是因为他们自信，一见危难就想按照自己的逻辑采取行动；第三，是因为他们幼稚，不知道乱世逻辑和他们的心理逻辑全然不同，他们的行动不仅处处碰壁，而且显得可笑、可怜。

历来总有一些中国文人隔着灾祸大谈“乱世应对学”“危局维持学”“借故隐潜学”“异己结盟学”“逆境窥测学”“败势翻盘学”，并把这一切说成是“中华谋略”“生存智慧”。而且，因为世上总是苦恼的人多、失意的人多、无助的人多，这种谈论常常颇受欢迎，甚至轰动一时。但是，这一切对真正的诗人而言毫无用处。他们听不懂，也不想听。这不是因为他们愚笨，而是因为他们在长期的诗人生涯中知道了人生的不同等级。降低了等级来察言观色、上下其手，打死他们也不会。

他们确实“不合时宜”，但是，也正因这样，才为人世间留下了超越一切“时宜”的灵魂，供不同时代的读者一次次贴近。

安史之乱爆发前夕，李白正往来于今天河南省的商丘和安徽省的宣城之间。商丘当时叫梁苑，李白结婚才四年的第三任妻子住在那里。安史之乱爆发时叛军攻击商丘，李白便带着妻子南下逃往宣城，后来又折向西南躲到江西庐山避祸。

李白是一个深明大义之人，对安禄山企图以血火争夺天下的叛乱行径十分痛恨。他祈望唐王朝能早日匡复，只恨自己不知如何出力。在那完全没有传媒、几乎没有通信的时代，李白在庐山的浓重云雾间焦虑万分。

当时的唐王朝，正在仓皇逃奔的荒路上。从西安逃往成都，半道上还出现了士兵哗变，唐玄宗被逼处死了杨贵妃。惊恐而又凄伤的唐玄宗已经很难料理政事，便对天下江山做了一个最简单的分派：指令儿子李亨守卫黄河流域，指令另一个儿子李璘守卫长江流域。李亨已经被封为太子，李璘已被封为永王。李白躲藏的庐山，由李璘管辖。

李璘读过李白的诗，偶尔得知他的藏躲处，便三次派一个叫韦子春的人上山邀请他加入幕府。所谓幕府，就是军政大吏的府署，李璘是想让李白参政，担任政治顾问之类的角色。

李白早有建功立业之志，更何况在这社稷蒙难之时，当然一口答应。在他心目中，黄河流域已被叛军糟践，帮着永王李璘把长江流域守卫住是当务之急。然后，还要打到黄河流域去，“誓欲清幽燕”“不惜微躯捐”。

既然这样，李白立即下山就得了，为什么还要麻烦韦子春三度上山来请呢？这是因为，李白的妻子不同意。李白的这位妻子姓宗，是武则天时的宰相宗楚客的孙女，很有政治头脑。在她心目中，那么有政治经验的祖父也会因为不小心参与了一场宫廷角逐而被处死，仕途实在是不可预测。她并不怀疑丈夫参政的正义性，但几年的夫妻生活已使她深知自己这位可爱的丈夫在政治问题上的弱点，那就是充满理想而缺少判断力、自视过高而缺少执行力。她所爱的，就是这么一位天天只会喝酒、写诗，却又幻想着能像管仲、晏婴、范蠡、张良那样辅弼朝廷的丈夫，如果丈夫一旦真的要把幻想坐实，非坏事不可。

为此，夫妻俩发生了争吵。拖延了一些时日，李白终于写了《别内赴征三首》，下山“赴征”，投奔李璘去了。但是，离家的情景他一直记得：“出门妻子强牵衣……”

事实很快证明，妻子的担忧并非多余。李白确实分辨不了复杂的政局。

李璘固然接受了父亲唐玄宗的指令，但那个时候他的哥哥李亨已经以太子的身份在灵武（在今天的宁夏）即位，成了皇帝（唐肃宗），并把父亲唐玄宗尊为太上皇。悲悲戚戚的唐玄宗逃到了成都，他也是事后才获知从遥远的灵武传来的消息，并不得不接受的。这个局面给李璘带来了大麻烦。他正遵照父亲的指令，为了平叛在襄阳、江夏一带招兵买马，并顺长江东下，到达江西九江（当时叫浔阳），准备继续东进。但是，他的哥哥李亨却传来旨令，要他把部队顺江西撤到成都，侍卫父亲。李璘没听李亨的，还是东下金陵。李亨认为这是弟弟蔑视自己刚刚取得的帝位，故意抗旨，因此安排军事力量逼近李璘，很快就打起来了。

这一打，引起了李璘手下将军们的警觉。大将季广琛对大家说，我们本来是为了保卫朝廷来与叛军作战的，怎么突然之间陷入了内战，居然与皇帝打了起来？这不成了另一种反叛？后代将怎么评价我们？大家一听，觉得有理，就纷纷脱离李璘，李璘的部队也就很快溃散。李璘本人在逃亡中被擒杀。他的罪名，是反叛朝廷、图谋割据。

这一下，李白蒙了。他明明是来参加征讨叛军，怎么转眼就成为另一支叛军的一员？他明明是来辅佐唐王朝的至亲的，怎么转眼这个至亲变成了唐王朝的至仇？

军人们都作鸟兽散了，而李白还在。更要命的是，在李璘幕府中他最著名，尽管他未必做过什么。

于是，大半个中国都知道，李白上了“贼船”。

按照中国人的一个不良心理习惯，越是有名的人出了事，越是能激发巨大的社会兴奋。不久，大家都认为李白该杀，不杀不足以平民愤。所有的慷慨陈词者，以前全是“李白迷”。

李白只能狼狈出逃。逃到江西彭泽时被捕，押解到了九江的监狱。妻子赶到监狱，一见就抱头痛哭。李白觉得，自己最对不起的是妻子。

唐肃宗下诏判李白流放夜郎（在今天的贵州）。公元七五七年寒冬，李白与妻子在浔阳江边泣别。一年多以后，唐肃宗因关中大旱而发布赦令，李白也在被赦的范围中。

听到赦令时，李白正行经至夔州一带，他欣喜莫名，立即转身搭船，东下江陵。他在船头上吟出了一首不知多少中国人都会随口背诵的诗——

朝辞白帝彩云间，
千里江陵一日还。
两岸猿声啼不住，
轻舟已过万重山。

快，快，快！赶快逃出连自己也完全没有弄明白的政治泥淖，去追赶失落已久的诗情。追赶诗情也就是追赶自我，那个曾经被九州所熟悉、被妻子抱住不放的自我，那个自以为找到了却反而失落了的自我。

这次回头追赶，有朝霞相送，有江流作证，有猿声鼓励，有万山让路，因此，负载得越来越沉重的生命之船又重新变成了轻舟。

只不过，习习江风感受到了，这位站在船头上的男子已经白发斑斑。这年他已经五十八岁，他能追赶到的生命只有四年了。

在这之前，很多朋友都在思念他，而焦虑最深的是两位老朋友。

第一位当然是杜甫。他听说朝廷在议论李白案件时出现过“世人皆欲杀”的舆论，后来又没有得到有关李白的音信，便写了一首五律。诗的标题非常直白，叫做《不见》，自注“近无李白消息”。全诗如下：

不见李生久，
佯狂真可哀。
世人皆欲杀，
吾意独怜才。
敏捷诗千首，
飘零酒一杯。
匡山读书处，
头白好归来。

第二位是高适。当初唐肃宗李亨下令向不听话的弟弟李璘用兵，其中一位接令的军官就是高适。那时正在李璘营帐中的李白，很快就知道了这个消息。

"高适？"十年前在大泽湿地打猎时的马蹄声，又在耳边响起。

高适当然更早知道，自己要去征伐的对象中，有一个竟然是李白。他已经在马背上苦恼了三天，担心什么时候在兵士们捆绑上来的一大群俘虏里发现那张熟悉的脸，那该怎么处理……

六

那么，杜甫自己又怎么样了呢？

安史之乱前夕，杜甫刚刚得到一个小小的官职，任务是看守兵甲器械、管理门禁钥匙。

让一个大诗人管兵器和门禁，实在是太委屈了，但我总觉得这件事有象征意义。上天似乎要让当时中国最敏感的神经系统来直接体验一下，赫赫唐王朝的兵器，如何对付不了动乱，巍巍长安城的门禁，如何阻挡不了叛军。

毕竟，公元八世纪中叶的长安太重要了，不仅对中国，而且对世界，都是这样。当时全世界的顶级繁华要走向衰落，无人能够阻挡，却总要找到具有足够资格的见证者。

最好的见证者当然是诗人。唐朝大，长安大，因此这个诗人也必须大。仿佛有冥冥中的安排，让杜甫领到了那几串铜钥匙。

身在首都，又拿着那几串铜钥匙，当然要比千里之外的李白清醒得多。杜甫注视着天低云垂、冷风扑面的气象，知道会有大事发生。

叛军攻陷长安后，杜甫很快就知道了李亨在灵武即位的消息。唐玄宗的时代已经变成了唐肃宗的时代，作为大唐官员，他当然要去报到。因此，他逃出长安城，把家人安置在鄜州羌村，自己则投入漫漫荒原，远走灵武。

但是，叛军的马队追上了杜甫和其他出逃者，将一众押回长安。杜甫被当做俘虏囚禁起来。这种囚禁毕竟与监狱不同，叛军也没有太多的力量严密看守，杜甫在八个月后趁着夏天来到，草木茂盛，找了一个机会在草木的掩蔽下逃出了金光门。这个时候他已听说，唐肃宗离开灵武到了凤翔。凤翔在长安西边，属于今天的陕西境内，比甘肃的灵武近得多了。杜甫就这样很快找到了流亡中的朝廷，见到了唐肃宗。唐肃宗只比杜甫大一岁，见到眼前这位大诗人脚穿麻鞋，两袖露肘，衣衫褴褛，有点感动，便留他在身边任谏官，叫“左拾遗”。

对此，杜甫很兴奋，就像李白在李璘幕府中的兴奋一样。

但是，不到一个月，杜甫就出事了，时间是公元七五七年旧历五月。请注意，这也正是李白面临巨大危机的时候。

两位大诗人，同时在唐玄宗的两位公子手下遇到危机，只是性质不同罢了。杜甫遇到的麻烦要比李白小一点，但同样，都是因为诗人不懂政事。

杜甫的事，与当时唐肃宗身边的一个显赫人物——房琯有关。

房琯本是唐玄宗最重要的近臣之一，安史之乱发生时跟从唐玄宗从长安逃到四川，是他建议任命李亨为天下兵马元帅来主持平叛并收复黄河流域的。后来李亨在灵武即位后，又是由他把唐玄宗的传国玉玺送到灵武，因此，李亨很感念他，对他十分器重。叛军攻陷长安后，他自告奋勇选将督师反攻长安，却大败而归，让唐肃宗丢尽了脸面。此人平日喜欢高谈虚论，因此就有贺兰进明等人趁机挑拨，说房琯只忠于唐玄宗，对唐肃宗有二心。这触到了唐肃宗心中的疑穴，便贬斥了房琯。

朝中又有人试图追查房琯的亲信，构陷了一个所谓“房党”。杜甫是认识房琯的，而所谓“房党”中更有一位曾与李白、杜甫、高适一起打猎的贾至。大家还记得，那时他在单县担任小小的县尉，才二十六岁，现在也快到四十岁了。那天大泽湿地间的青春马蹄，既牵连着今天东南方向李白和高适的对峙，又牵连着今天西北方向杜甫和贾至的委屈，当时奔驰呼啸着的四个诗人，哪里会预料到这种结果！

杜甫的麻烦来自他的善良，与司马迁当年遇到的麻烦一样，为突然被贬斥的人讲话。他上疏营救房琯，说房琯“少自树立，晚为醇儒，有大臣体”，希望皇上能“弃细录大”。唐肃宗正在气头上，听到这种教训式的话语，立即拉下脸来，要治罪杜甫，“交三司推问”。

这种涉及最高权力的事，一旦成了反面角色，总是凶多吉少。幸好杜甫平日给人的印象不错，新任的宰相张镐和御史大夫韦陟站出来替他说情，说“甫言虽狂，不失谏臣体”。意思是，谏臣就是提意见的嘛，虽然口出狂言，也放过他吧。唐肃宗一听也对，就叫杜甫离开职位，回家探亲，后来又几经曲折将其贬为华州司功参军。贾至被贬为汝州刺史，而房琯本人，则被贬为邠州刺史。

华州也就是现在的陕西华县。杜甫去时，只见到处鸟死鱼涸，满目蒿莱，觉得自己这么一个被贬的草芥小官面对眼前的景象完全束手无策。既然如此，就不应该虚占其位，杜甫便弃官远走，带着家属到甘肃找熟人，结果饥寒交迫，又只得离开。他后来的经历，可以用他自己的诗句来概括：“五载客蜀郡，一年居梓州。如何关塞阻，转作潇湘游。”公元七七〇年冬天，杜甫病死在洞庭湖的船中，终年五十八岁。

杜甫一生几乎都在颠沛流离中度过，安史之乱之后的中国大地被他看了个够。他与李白很不一样：李白常常意气扬扬地佩剑求仙，一路有人接济，而杜甫则只能为了妻小温饱屈辱奔波，有的时候甚至像难民一样不知夜宿何处。但是，就在这种情况下，他创造了一种稀世的伟大。

那就是，他为苍生大地投注了极大的关爱和同情。再小的村落，再穷的家庭，再苦的场面，都逃不过他的眼睛。他静静观看，细细倾听，长长叹息，默默流泪。他无钱无力，很难给予具体帮助，能给的帮助就是这些眼泪和随之而来的笔墨。

一种被关注的苦难就已经不是最彻底的苦难，一种被描写的苦难更加不再是无望的泥潭。中国从来没有一个文人，像杜甫那样用那么多诗句告诉全社会苦难存在的方位和形态，以及苦难承受者的无辜和无奈。因此，杜甫成了中国文化史上最完整的“同情语法”的创建者。后来中国文人在面对民间疾苦时所产生的心理程序，至少有一半与他有关。

人是可塑的。一种特殊的语法能改变人们的思维，一种特殊的程序能塑造人们的人格。中国文化因为有过了杜甫，增添了不少善的成分。

在我看来，这是一件真正的大事。

与这件大事相关的另一件大事是，杜甫的善，全部经由美来实现。这是很难做到的，但他做到了。在他笔下，再苦的事、再苦的景、再苦的人、再苦的心，都有美的成分。他尽力把它们挖掘出来，使美成为苦的背景，或者使苦成为美的映衬，甚至干脆把美和苦融为一体，难分难解。

试举一个最小的例子。他逃奔被擒而成了叛军的俘虏，中秋之夜在长安的俘虏营里写了一首思家诗。他在诗中想象：孩子太小不懂事，因此在这中秋之夜，只有妻子一人在抬头看月，思念自己。妻子此刻是什么模样呢？他写道：“香雾云鬟湿，清辉玉臂寒。”这寥寥几字，把嗅觉、视觉、触觉等感觉都调动起来了。为什么妻子的鬓发湿了？因为夜雾很重，她站在外面看月的时间长了，不能不湿；既然站了那么久，那么，她裸露在月光下的洁白手臂，也应该有些凉意了吧？

这样的鬓发之湿和手臂之寒，既是妻子的感觉，又包含着丈夫似幻似真的手感，实在是真切至极。当然，这种笔墨也只能极有分寸地回荡在灾难时期天各一方的夫妻之间，如果不是这样的关系、这样的时期，就会觉得有点腻味了。

我花这么多笔墨分析两句诗，是想具体说明，杜甫是如何用美来制伏苦难的。顺便也让读者领悟，他与李白又是多么不同。换了李白，绝不会那么细腻、那么静定、那么含蓄。

但是，这种风格远不是杜甫的全部。“无边落木萧萧下，不尽长江滚滚来”“白帝城门水云外，低身直下八千尺”“向来皓首惊万人，自倚红颜能骑射”“云来气接巫峡长，月出寒通雪山白”……这样的诗句，连李白也要惊叹其间的浩大气魄了。

杜甫的世界，是什么都可以进入、哪儿都可以抵达的。你看，不管在哪里，“舍南舍北皆春水，但见群鸥日日来”“窗含西岭千秋雪，门泊东吴万里船”……这就是他的无限空间。

正因为这样，他的诗歌天地包罗万象、应有尽有。不仅在内容上是这样，而且在形式、技法、风格上也是这样。杜甫成了中国古典诗歌的集大成者，既承接着他之前的一切，又开启着他之后的一切。

人世对他，那么冷酷，那么吝啬，那么荒凉；而他对人世却完全相反，竟是那么热情、那么慷慨、那么丰美。这就是杜甫。

十几年前，日本 NHK 电视台曾经花好几天时间直播我和一群日本汉学家在长江的江轮上讨论李白与杜甫。几位汉学家对于应该更喜欢李白还是更喜欢杜甫的问题各有执持，天天都发生有趣的争论。他们问我的意见，我说，我会以终生不渝的热情一直关注着李白天使般的矫健身影，但是如果想在哪一个地方坐下来长时间地娓娓谈心，然后商量怎么去救助一些不幸的人，那么，一定找杜甫，没错。

七

这篇文章本来是只想谈谈李白、杜甫的，而且也已经写得不短。但是，在说到这两个人在安史之乱中的奇怪遭遇时，决定还要顺带说几句另一位诗人，因为他在安史之乱中的遭遇也是够奇怪的。三种奇怪合在一起，可以让我们更清楚地看到一个重大的共同命题。

这个诗人，就是王维。在唐代诗人的等级排名上，把他与李白、杜甫放在一起也正合适。当然白居易也有资格与王维争第三名，我也曾对此反复犹豫过，因此在一次讲课时曾对北京大学中文系、历史系、艺术系的学生进行问卷调查，结果王维第三，白居易第四。尤其是女学生，特别喜欢王维。

王维与李白，生卒年几乎一样。好像王维比李白大几个月，李白比王维又晚走一年。但在人生一开始，王维比李白得意多了。王维才二十岁就凭着琵琶演奏、诗歌才华和英俊外表而引起皇族赞赏，并获得推荐而登第为官，而李白，直到三十岁还在终南山的客舍里等待皇族接见而未能如愿。

当李白终于失望于仕途而四处漫游的时候，走上了仕途的王维却受到了仕途的左右。当信任他的宰相张九龄被李林甫取代的时候，他的日子就不好过了。再加上丧母丧妻，王维从心中挥走了最后一丝豪情，进入了半仕半隐的清静生态。在这期间，他写了大量传世好诗。

在朝廷同僚们眼中，这是一个下朝后匆匆回家的背影。在长安乐师们心中，这是一个源源不断输出顶级歌词的秘库。在后代文人的笔下，这是一个把诗歌、音乐、绘画全都融化在手中并把它们一起推上高天的奇才。

安史之乱时王维本想跟着唐玄宗一起逃到成都去，但是没跟上，被叛军俘虏了。安禄山知道王维是大才子，要他在自己手下做官。一向温文尔雅的王维不知如何反抗，便服了泻药称病，又假装自己的喉咙也出了问题，发不出声音了。安禄山不管，把他迎置于洛阳的普施寺中，并授予他“给事中”的官职，与他原先在唐王朝中的官职一样。算起来，这也是要职了，负责“驳正政令违失”，相当于行政稽查官。王维逃过，又被抓回，强迫任职。

但是，这无论如何是一个大问题了。后来唐肃宗反攻长安得胜，所有在安禄山手下任伪职的官员，都成了被全国朝野共同声讨的叛臣孽臣，必判重罪，可怜的王维也在其列。

按照当时的标准，王维的“罪责”确实要比李白、杜甫严重得多。李白只是在讨伐安禄山的队伍中跟错了人；杜甫连人也没跟错，只是为一位打了败仗的官员说了话；而王维，硬是要算作安禄山一边的人了。如果说，连李白这样的事情都到了“世人皆欲杀”的地步，那么，该怎么处置王维？一想都要让人冒冷汗了。

但是，王维得救了。

救他的，是他自己。

原来，就在王维任伪职的时候，曾经发生过一个事件。那天安禄山在凝碧宫举行庆功宴，强迫梨园弟子伴奏。梨园弟子个个都在流泪，奏不成曲，乐工雷海青更是当场扔下琵琶，向着西方号啕痛哭。安禄山立即下令，用残酷的方法处死雷海青。王维听说此事，立即写了一首诗，题为《闻逆贼凝碧池作乐》。“逆贼”二字，把他心中的悲愤都凝结了。

> 万户伤心生野烟，
> 百官何日再朝天？
> 秋槐叶落空宫里，

凝碧池头奏管弦。

这首诗，因为是出自王维之手，很快就悄悄地传开了，而且还传出城墙，一直传到唐肃宗耳朵里。唐肃宗从这首诗知道长安城对自己的期盼，因此在破城之后，下令从轻发落王维。再加上王维的弟弟王缙是唐肃宗身边的有功之将，要求削降自己的官职来减轻哥哥的罪。结果，王维只是被贬了一下，后来很快又官复原职，再后来升至尚书右丞。

能够传出这么一首诗，能够站出来这么一个弟弟，毕竟不是必然。因此，我们还是要为王维喊一声：好险！

李白、杜甫、王维，三位巨匠，三个好险。由此足可说明，一切伟大的文化现象在实际生存状态上，都是从最狭窄的独木桥上颤颤巍巍走过来的，都是从最脆弱的攀崖藤上抖抖索索爬过来的。稍有不慎，便粉身碎骨，烟消云散。

三个人的危机还说明，如果想把不属于文化范畴的罪名强加在文化天才身上，实在是易如反掌。而且，他们确实也天天给别人提供着这方面的把柄。他们的名声又使他们的这些弱点被无限地放大，使他们无法逃遁。

他们的命运像软面团一样被老老少少的手掌随意搓捏，他们的傻事像肥皂泡一样被各种各样的"事后诸葛亮"不断吹大。没有人会问，这些捏软面团和吹肥皂泡的人，自己当初在干什么，又从何处获得了折磨李白、杜甫、王维的资格和权利。

但是，不管什么样的手和嘴可以在这些人身上做尽一切，却不能把这些人的文化创造贬低一分一毫。不必很久，"世人皆欲杀"的"世人"就都慢慢地集体转向了。他们终于宣称：他们的手，并没有捏过软面团，而是在雕塑大师；他们的嘴，并没有吹过肥皂泡，而是在亲吻伟人。

能够这样也就罢了，不管他们做过什么，历史留给他们的唯一身份不是别的，只是李白、杜甫、王维的同时代人。他们的后代将以此为傲，很久很久。

既然写到了王维，我实在忍不住，要请读者朋友们再一起品味一下大家都背得出的他的诗句。他的诗不必分析，因为太平易了，谁都能看懂；又太深邃了，谁都难于找到评论言辞。

大漠孤烟直，长河落日圆。(《使至塞上》)
明月松间照，清泉石上流。(《山居秋暝》)
江流天地外，山色有无中。(《汉江临眺》)
日落江湖白，潮来天地青。(《送邢桂州》)
山路元无雨，空翠湿人衣。(《山中》)

还有这一首——

人闲桂花落，夜静春山空。
月出惊山鸟，时鸣春涧中。

一个“惊”字，把深夜静山全部激活了。在我看来，这是作为音乐家的王维用一声突然的琵琶高弦，在挑逗作为画家的王维所布置好的月下山水，最后交付给作为诗人的王维，用最省俭的笔墨勾画出来。

王维像陶渊明一样，使世间一切华丽、嘈杂的文字无地自容。他们像明月一样安静，不想惊动谁，却实实在在地惊动了方圆一大片，这真可谓“月出惊山鸟”了。

与陶渊明的安静相比，王维的安静更有一点贵族气息、更有一点精致设计。他的高明，在于贵族得比平民还平民、设计得比自然还自然。

八

与李白、杜甫、王维相比，在安史之乱中也有一些艺术家表现了另一番单纯，那就是义无反顾、激烈反抗，如磬碎帛裂，让天地为之一震。我前面提到的乐工雷海青，以及首先领兵反抗叛军以致全家做出可怕牺牲的大书法家颜真卿，便是其中的杰出代表。他们不仅把政治抗争放在第一位，而且立即采取最响亮的行动，一下子把朝廷的政治人物、军事人物比下去了，把民间的江湖大侠、血性汉子比下去了，当然，也把李白、杜甫、王维比下去了。这一点，连李白、杜甫、王维也诚恳承认，否则王维就不会快速写出那首《闻逆贼凝碧池作乐》的诗了。

对多数诗人而言，任何英雄壮举都能激动他们，但他们自己却不是英雄。他们心中有英雄之气，但要让英雄之气变成英雄之行，他们还少了一点条件、多了一点障碍。他们的精彩，在另外一些领域。

在那些领域，虽然无法直接抗击安史之乱这样的具体灾难，却能淬砺中华文明的千古光泽，让它的子民永远不愿离去，就像我在本文开头所说的那样。

在安史之乱爆发的十七年后，一个未来的诗人诞生，那就是白居易。烽烟已散，浊浪已平，这个没有经历过那场灾难的孩子，将以自己的目光来写这场灾难，而且写得比谁都好，那就是《长恨歌》。

那场灾难曾经疏而不漏地“俘虏”了几位前辈大诗人，而白居易却以诗“俘虏”那场灾难，几经调理，以一种个体化、人性化的情感逻辑，让它也完整地进入了审美领域。

与白居易同岁的刘禹锡，同样成了咏史的高手。他的《乌衣巷》《石头城》《西塞山怀古》《蜀先主庙》，为所有的后世中国文人开拓了感悟历史的情怀。李白、杜甫、王维真要羡慕他们了，羡慕他们能够那么潇洒地来观赏历史，就像他们当年观赏山水一样。

再过三十年，又一个未来的诗人诞生。他不仅不太愿意观赏山水，连历史也不想观赏了，而只愿意观赏自己的内心。他，就是晚唐诗人李商隐。

唐代，就这样浓缩地概括了诗歌的必然走向。一步也不停滞，一步也不重复，一路繁花，一路云霓。

一群男子，一路辛苦，成了一个民族迈向美的天域的里程碑。他们，都是中国文脉的高贵主宰。

乱麻蕴藏

一

远远看去，宋代就像一团乱麻。

乱到什么程度？我想用一句俏皮话来表述：乱到连最不怕乱的历史学家也越讲越乱，却不知道自己已经讲乱，更不知道如何来摆脱乱。

既然如此，所有的中国人也就找到了从乱局中泅身而出的理由。宋代是我们大家的，它再乱，也像祖母头上的乱发，等待我们去梳理。我们没有理由让乱发长久地遮蔽了祖母，因为遮蔽祖母也就是遮蔽我们自己。

根据小时候的经验，祖母是不信任我们梳理的，却喜欢我们把小手当做梳子在她的头上游戏。有时她还会高兴地说："对，就这地方，再给我敲两下！"她长年患有头痛，我们不经意地碰到了某个穴位。

梳理宋代，情景也差不多。

二

宋代还没有开门，中国似乎已经乱成一片。

从唐王朝灭亡到宋王朝建立，中间隔了五十几年。在这短短的五十几年时间内，黄河流域相继出现了五个王朝，史称“五代”；南方又出现了九个割据政权，再加上山西的一个，史称“十国”。就这样“五代十国”响响亮亮地作为一个正式名称进入中国历史，史籍间也一本正经地排列着“五代本纪”“十国世家”之类，乍一看还以为是概括了多么漫长的年代呢。

把十几个各自独立的皇帝挤在一起，会出现什么情景自可想象。更麻烦的是，这些皇帝为了表明自己正统，喜欢沿用历史上已经出现过的朝代名称，例如梁、唐、晋、汉、周等，人们不得不一一加一个“后”字来表示区别，也实在让人头晕的。

宋朝，就是在这样的乱局中建立起来的。

结束混乱，这本来是一件好事，谁料想，却迎来了更大范围内的危机。原先的五代十国都是汉族政权，而宋朝面临的是一个又一个强大勇猛、虎视眈眈的少数民族政权。风起云涌般的马蹄声永远回荡在耳边，令人沮丧的战报不断从前方传来，什么办法都想过了还是没有办法，除了失败感就是屈辱感，这就是宋朝。

先是北方契丹族建立的辽，立国时间早于宋朝，领土面积也大于宋朝，宋朝哪里是它的对手？留下的只是杨家将一门抗敌的故事。然后是西北方向的党项族建立的西夏，一次次进攻宋朝，宋朝也屡战屡败。再后来，辽的背后女真族建立的金，领土也比宋大，先把辽灭了，又来灭宋，宋朝的剩余力量南迁，成为南宋。南宋在军事上更是不可收拾，留下的只是杰出将领岳飞被枉杀的故事。等到蒙古族的骑兵一来，原先的这个族那个族、这个国那个国、这个军那个军，全都齐刷刷地灰飞烟灭，中华历史也就郑重地走向了唐之后的又一个大一统王朝——元朝，留下的只是文天祥他们英勇拒降的故事。

这么一段历史，如果硬要把宋朝选出来作为主角，确实会越想越不是味道：怎么周边的力量都与自己过不去？但是，如果从宏观的中华历史来看，其他各方也同样是主角，每一个主角都有自己的立场系统，构成了一重重诡谲不定的旋涡，根本无法受制于同一个价值坐标。宋朝固然有英雄，其他各方也有英雄，而且都是中华民族的英雄。宋朝固然受委屈，但也做过不少自以为颇有韬略的坏事，像“联金灭辽”“联蒙灭金”之类，不仅使乱局更乱，而且一再踩踏了政治伦理的底线，也加速了自身的灭亡。

这么一想，我们在谈论宋朝的时候，就不会像过去那样充满失败感和屈辱感了。

在热闹的中华大家庭里，成败荣辱驳杂交错，大多是你中有我、我中有你，因此站高了一看也就无所谓绝对意义上的成败荣辱。如果有哪一方一直像天生的受气包一样不断地血泪控诉、咬牙自励，反而令人疑惑。浩荡的历史进程容不得太多的单向情感，复杂的政治博弈容不得太多的是非判断。秋风起了，不要把最后飘落的枫叶当做楷模；白雪化了，又何必把第一场春雨当做仇敌。

历史自有正义，但它存在于一些更宏观、更基本的命题上，大多与朝廷的兴衰关系不大。

三

蒙古族的马蹄使得原来一直在互相较劲的西辽、西夏、金和南宋全都落败，好像大家一起走向了死亡。是不是这样呢？不是。

死亡的是朝廷，而不是文明。

朝廷的存在方式是更替型的，必然会你死我活；文明的存在方式是积累型的，有可能长期延续。

两相比较，朝廷的存灭实在是太小太小的事情了。我一直弄不明白，为什么中国文人那么固执，至今还牢牢捧着宫廷史官的职业话语不放，把那些太小太小的事情当做历史的命脉，而完全不在乎九州大地真实的文明生态。

宋代，最值得重视的是它的文明生态。

一提它的文明生态，它完全改变了形象，立即成了一个繁荣、富庶、高雅、精致、开明的时代，稳坐在中国历史的高位上蔼然微笑。

这是宋代?

不错，这是宋代。

宋代的文明生态，首先表现在社会经济生活上。我本人由于很多年前写作《中国戏剧史》，花费不少时间研究宋代的市井生活，比较仔细地阅读过《东京梦华录》《都城纪胜》《梦粱录》《武林旧事》等著作，知道北宋时汴京（今河南开封）和南宋时临安（今浙江杭州）这两座都城的惊人景象。本来唐代的长安城已经是当时全世界最繁华的所在了，而汴京和临安的商市比之于长安又大大超越了。

长安的坊和市，都是封闭式的；而汴京的街和巷，则完全是开放式的了。手工行业也比长安多了四倍左右，鳞次栉比地延伸为一种摩肩接踵式的热闹。这一点，我们从张择端的名画《清明上河图》中就可以看得很清楚。

这种热闹，在唐代的长安城里是有时间限制的，一到夜间就闭坊收市了；而宋代的都城却完全没有这种限制，不少店铺的夜市一直开到三更，乃至四更，而到了五更又开起了早市。

这样的都城景象，是不是一种畸形的虚假繁荣呢？并不。

都城以数量巨大的全国市镇作为基座，在北宋时，全国的市镇总量已接近两千。城市人口占到了全国总人口的百分之十二，因此，熙熙攘攘的街头脚步还是会聚了大地的真实。据历史学家黄仁宇统计，当时的商品流通量如果折合成现在的价格，差不多达到了六十亿至七十亿美元。可以断言，宋代的经济水平是当时世界之最。

作为城市后方的农村，情况如何？宋代无疑是中国农业大发展的时期。水稻种植面积比唐代扩大了一倍，种植技术更是迅速提高，江浙一带的水稻亩产量已达到八九百斤。此外，蚕桑丝织进入了专业化生产阶段，产量和质量都突飞猛进。

由于农业的发展，中国人口在宋代进入一亿大关。

至于科技，宋代也是整个中国古代史的峰巅。例如把原先的雕版印刷推进到活字印刷，把指南针用于航海，把火药用于战争，都是宋代发生的事。这些技术都相继传到西方，极大地推动了人类文明。在宋代，还出现了一系列重要的科技著作，像沈括的《梦溪笔谈》、秦九韶的《数书九章》、苏颂的《新仪象法要》、王惟一的《铜人腧穴针灸图经》、宋慈的《洗冤集录》等，各门学科都出现了一种认真研究的专业气氛。

说到这里我需要提供一个时间概念。宋代历时三百二十年，这期间西方仍然陷落在中世纪的漫漫荒路中，只有意大利佛罗伦萨那几条由鹅卵石铺成的深巷间，开始出现一点市民社会的清风。在南宋王朝最终结束的那一年，被称做欧洲中世纪最后一个诗人的但丁，才十四岁。直到一百七十年后，文艺复兴的第一位大师达·芬奇才出生。由文艺复兴所引发的欧洲社会大发展，更是以后的事了。

可见，宋代的辉煌，在当时的世界上实在堪称独步。

四

宋代的文化，更不待说。

我不想亟亟地搬出苏东坡、朱熹、陆游、辛弃疾、郭熙、梁楷来说事，而要特别指出宋代所开拓的一个重大文化走向：文官政治的正式建立。

宋朝一开始就想用大批文官来取代武将，为的是防止再出现五代十国那样的军阀割据局面。大批文官从哪里来？只能通过科举考试，从全国的平民寒士中挑选。为了让平民寒士具备考试资格，又随之在全国广办公私教育，为科举制度开辟人才基础。

按照这个逻辑层层展开，全国的文化资源获得空前的开发，文化空间获得极大的拓展，上上下下的文化气氛也立即变得浓郁起来。

所幸的是，这个逻辑还在一步步延伸：为了让文官拥有足够的尊严来执掌行政，不在气势上输于那些曾经战功卓著的武将，朝廷给了文官极高的待遇。有的史学家认真研究过宋代文官的薪金酬劳标准，结果吓了一跳，认为其标准之高在中国可能是空前绝后的。

不仅如此，宋太祖赵匡胤在登基之初还立誓不杀士大夫和议论国事者，也就是保护有异见的知识分子。这项禁令，直到一百六十多年后的宋高宗赵构统治时才被触犯。但总的说来，宋代文化人和知识分子的日子比其他朝代要好得多。

请看，文官政治的逻辑一旦建立，正常推延的结果就必然如此。退出的不仅是武将、贵族，而且是以前种种不尊重文化人的思维方式。这样一来，文化就有可能在权力结构中显现自己的魅力了。本来朝廷是想利用文化的，而结果文化也利用了朝廷。这种互相利用，最后的赢家是文化。

五

宋代的文官政治是真诚实施的，而不像其他朝代那样只把文化当做一种装扮。

平心而论，在中国古代，一切官员都会有一点谈论经典、舞文弄墨的本事，一切文人也都会有一点建功立业、修齐治平的雄心。因此，要制造政治和文化的蜜月假象十分容易，要在文化人中选一批谏官、谋士、史笔、文侍也不困难。难的是，能不能选出最具代表性的文化灵魂来问鼎最有权力的官僚机器？历来几乎没有哪一个时代能够回答这个问题，但是，宋代回答了。

你看，范仲淹、王安石、司马光，这些人如果没有当政，他们的文化成就也早已使他们取得了一代宗师的地位，但是，他们又先后担任了朝廷的最高级别行政首脑。两种顶级高端的对接，会遇到一系列意想不到的麻烦，因此全世界都很难找到这样的先例。

我曾经花费不少时间钻研这些文化大师当政后的各种政见，以及由此引起的各种斗争，但后来突然醒悟：最重要的不是他们的政见，而是他们是谁。

这正像几位哲人在山巅舞剑，最重要的不是他们的剑术，而是他们是哲人，他们在山巅。是谁把他们找出来的，又安排到了山巅？

看上去是皇帝，其实背景要大得多。既然认认真真地实施了文官政治，那么，由文官政治的眼光看出来的官场弊端和社会痼疾能不能进一步消除？这个问题也必须交给文官自己来回答。回答得好不好，决定着中国以后的统治模式。

先是那位一直抱持着“先天下之忧而忧，后天下之乐而乐”这种高尚情怀的范仲淹，提出了整顿科举制度为核心的吏治改革方案，目的是让宋朝摆脱冗官之累而求其强。十余年后，王安石更是实施了牵动社会整体神经的经济改革方案，目的是让宋朝摆脱冗费之累而求其富，而且立竿见影，国家的财政情况果然大有改观。但是，司马光则认为天下之富有定数，王安石式的国富必然导致实质性的民穷，而且还会斫伤社会的稳定秩序，因此反对变法，主张“守常”。我们大家都喜欢的苏东坡，明显地倾向于司马光，但在一些具体问题上又觉得王安石也有道理。

按照现代政治学的观点，王安石简直是一个早期的社会主义者。他的改革已涉及国家的金融管理，而且试图以金融管理来主导整个行政体制。这在当时自然不可能实现，但他以天才勃发的构想和义无反顾的行动展示了一种政治理想，成为公元十一世纪人类文明史上的一道珍贵光亮。

王安石以及他的政敌司马光，包括他们前前后后的范仲淹、欧阳修、苏东坡，都是杰出的人文学者。他们在公元十一世纪集体呈现的高度政治才华，使中国政治第一次如此浓烈地焕发出理想主义的文化品性。

这样的努力很容易失败，却又无所谓失败。因为我说过，胜败只是军事政治用语而不是文化用语。当文化大幅度介入，就只剩下能不能构成积累、是正面积累还是负面积累的问题了。

我对那些年月情有独钟，全是因为这几个同时踩踏在文化峰巅和政治峰巅上的瘦骨嶙峋的身影。他们实在让人难忘。

有人根据他们的凄凉后事断言大文豪、大诗人、大学者、大历史学家不能从政。这就错了。他们不从政也未必不凄凉，别人从政也未必不凄凉。凄凉是天地对一切高贵人生的自然总结，而不具备任何价值判断。在我看来，这些人从政确实也有毛病，其中最大的毛病是容易受到漂亮言辞和动人表情的误导，重用一些不大不小的文人，而在这些文人中则常常拥挤着极高比例的小人。对此，王安石和司马光两方面都承受到了。

王安石的首席助手吕惠卿最终成了用最险恶的方法揭发王安石的人，而司马光的铁杆拥戴者蔡京最终也成了用最疯狂的手段清算司马光的人，这是多么相似又多么沉痛的教训！但是，即便把所有的教训加在一起，也不能得出王安石、司马光他们不能从政的结论。

王安石和司马光，虽然政见对立、各不相让，但从来没有人能够指出他们在个人私德上有任何明显的瑕疵，或互相之间有任何落井下石、互相陷害的痕迹。他们的对立，是堂堂正正的君子之争，不夹杂什么个人利益，因此不伤害对方的基本人格。他们两人年岁相仿，司马光比王安石大两岁，而且在王安石去世的五个月后也去世了。两颗文化巨星兼政治巨星几乎同时陨落的年份，是公元一〇八六年。王安石去世时司马光已经病重，极感悲痛，命令厚恤厚葬之。如果事情倒过来，王安石也一定如此，但他没有这个机会了。

王安石晚年曾在自己乡居的地方与支持司马光的苏东坡见面，他不仅亲自骑驴到码头迎接苏东坡，而且两人还一起住了一段时间。两人分手时还相约买地毗邻而居，可见交情已经不浅。为此，苏东坡写过一首诗给王安石：

骑驴渺渺入荒陂，
想见先生未病时。
劝我试求三亩宅，
从公已觉十年迟。

王安石与苏东坡在一起的时日，一起游了南京的钟山。苏东坡的记游诗中有“峰多巧障目，江远欲浮天”两句。王安石读了就说：“我一生写诗，写不出这样好的两句来。”

不错，这是一个有太多高峰的时代，因此容易互相遮盖、障人耳目。但高峰毕竟是高峰，都有远江之眺、浮天情怀。

文官政治的本性是君子政治。不管彼此的政见多么分歧，只要君子品性不失，事情就坏不到哪里去。遗憾的是，这种情形只出现在宋代。其他时代被人称道的那些盛世政绩，主要有赖于比较开明的皇帝，与君子政治关系不大。

王安石曾写过这样两句著名的诗：

春风又绿江南岸，
明月何时照我还？

我想借其中的“我”作为君子政治的象征。

至于何谓君子政治，可看司马光的《资治通鉴》。只不过，那里裹卷的权术还是太多。

六

宋代文化气氛的形成，与文官政治有关，但实际成果又远远超越了政治。

文化气氛是一种处处渗透的精神契约。渗透到细处，可以使绘画灵秀、使书法雅致、使瓷器造极，甚至使市民娱乐也抖擞起来；渗透到高处，可以使东南西北一大群学者潜心钻研，友好论辩，形成一个个水准很高的哲学派别，最终又众星托月般地产生了集大成的理学大师朱熹。

我掐指粗粗估算，大概在宋朝建立一百年后，那些高水准的哲学派别开始出现。这个时间值得注意，表明一个朝代如果上上下下真心着力于文化建设，浅层次的成果二三十年后就能看到，而深层次的成果则要等到一百年之后才能初露端倪。准备的时间长一点，出来的成果也像样一点。文化的事，急不出来。

像样的成果一旦露头，接下来必然林林总总接踵而至，挡也挡不住了。这就是我们一般所说的黄金时代。宋代哲学思想的黄金时代大约延续了一百三十多年，其间真是名家辈出、不胜枚举：周敦颐、邵雍、张载、程颢、程颐、杨时、罗从彦、李侗……终于，一个辉煌的平台出现了，朱熹、陆九渊、吕祖谦、张栻、陈亮、叶适等一众精神巨匠，相继现身。这中间还不包括我们前面已经说过的王安石和司马光。如此密集的高层智能大迸发，只有公元前五世纪前后即中国的诸子百家时期和古希腊哲学的繁荣时期才能与之比肩。

朱熹是一个集大成者。他的学说有一种高贵的宁静，企图为中华文明建立一个包罗万象的永恒体系，并为这个永恒体系找出一个唯理论的本原。用现在的话说，也就是为长期处于散佚状态的儒家教诲找到宇宙论和本体论的基础。他找到了，那就是天地万物之理。因此，他也找到了让天地万物回归秩序的理由，找到了圣人人格的依据，找到了仁义礼智信的起点。

为此，他在儒学各家各篇的基础上，汲取佛学和道学的体系化立论法则，对天地万物的逻辑进行重新构造。他希望自己的思考获得感性经验的支持，因此用尽了“格物致知”的功夫，而且他相信，人们也只有通过感性经验才能渐渐领悟本原。这样，他就把宏观构建和微观实证的重担全压在自己身上了，近似于以一人之力挖几座山、堆几座山、扛几座山。这种情景，直到今天想来，还让人敬佩不已。

朱熹长期担任地方官，对世俗民情并不陌生，太知道普天之下能够理解这种高层思维的人少之又少。但是，他没有因此而停步，反而越来越把自己的思维推向无与伦比的缜密与完整。他是这样，他的诸多同行，包括反对者们，也努力想做到这样。这种极为奢侈的精神博弈必须建立在密密层层的文化基座之上，建立在心照不宣的文化默契之上。只有宋代，具有这样的基座和默契。

正由于对世俗民情的了解，朱熹又要在高层思维之余设计通俗的儒学行为规范，进行教化普及。这种设计，小而言之，关及个人、家庭的涵养观瞻；大而言之，关及国家、社稷的仪态程序。他想由此使自己的唯理哲学付诸实践，使天下万物全都进入合理安排。这种企图，并没有流于空想，而是切切实实地变成了“三纲五常”之类的普及性规范，传播到社会各个阶层。

在这方面，负面影响也是巨大的。因为这显然是以一个抽象的理念压抑了人性、否定了个体、剥夺了自由。而人性、个体和自由，在中国长久的宗法伦理社会中本来就已经十分稀缺。

好在这是在宋代，朱熹的设计遇到了强大的学术对手，例如陆九渊、陈亮、叶适他们。这些学术对手所播下的种子，将在明代开花结果，尤其在我家乡的王阳明手上将爆发一场以“心学”为旗帜的思想革命，为近代思维做出重要的远期铺垫。顺便说一句，王阳明是欧洲文艺复兴大师们的同时代人物，他比米开朗琪罗只大三岁。当然，那是后话了。

再回到朱熹。他在公元十二世纪和公元十三世纪交叉的当口上去世，可见公元十二世纪是中国古典哲学的灿烂年代。他是在一个中午停止呼吸的，据他的学生蔡沉记载，那时候，狂风大作，洪水暴发，巨树连根拔起，如山崩地裂，其声震天。

七

在朱熹去世后的十年之内，还有两个重要的文化人相继去世：一个是陆游，一个是辛弃疾。

提起这两位杰出的诗人，立即又让人想起宋朝风雨飘摇的军事危难。

很奇怪，这种危难其实所有的人都感受了，包括朱熹和其他哲学家在内，为什么一到陆游和辛弃疾身上，才让人加倍地震撼呢？

我想，这就是诗人和哲学家的区别了。诗人是专门来感受时代风雨的。他们耐不下性子来像朱熹他们那样长坐在屋宇的书架前深思熟虑，而总是亟亟走到廊外领受骤变的气温，观察可疑的天色。他们敏感，他们细致，他们激动。一有风吹草动，他们就衣衫飘飘地消失在荒野间了。人们可以远远地听到他们的声音，不知是呐喊，还是歌吟。

辛弃疾获知朱熹去世的消息后，又听说有关当局严禁参加悼念仪式。他立即起身前往，并致悼词："所不朽者，垂万世名，孰谓公死，凛凛犹生。"

这便是诗人特有的勇敢。如果不是当局严禁，辛弃疾倒未必亲自前往。

这样的诗人，面对外族入侵时的心灵冲撞，当然远远超过朝廷战将和广大民众。

因此，陆游、辛弃疾不仅成了宋代，而且也成了整个中国古代最爽利、最典雅的抗战话语的营造者。

但是，在中国历史上，慷慨激昂的抗战话语并不缺少，为什么到了陆游、辛弃疾那里，便达到了难于企及的高度？

我曾经带着这个问题，一遍遍诵读他们的诗句，渐渐得到了一些答案。

首先，他们有理由比别的时代更热爱神州大地，也就是热爱唐宋以来展现的臻于充分成熟的赫赫文明，因此由衷地产生了捍卫的责任，这与古代枭雄死士们的气吞山河很不一样。

其次，他们有参与军事、政事的切身经历，在朔北风尘和沙场剑戟中培养起了一种真正的男子汉气质，这与其他文人墨客们的纸上纵情大不相同。

第三，他们始终笼罩在屡战屡败的阴云中，巨大的危机感铸就了一种沉郁、苍凉、豪迈、无奈的美学风格，这与尚武时代的长风马蹄、纵横九州又大相径庭。

第四，他们深受唐宋文化的濡养，又处于一个文学写作特别自由的时代，在表述万里山河与书生情怀之间的诗化关系上，达到了娴熟、自如、醇洌的境界，这又非一般英雄豪杰的铿锵言辞所能比拟。

正是由于以上这些原因，我们拥有了不管什么时候诵读都会心跳不已的那些诗句。

我在动手写作这篇文章前有一个自我约束：千万不能多谈陆游和辛弃疾。原因是我从十几岁开始就深深迷上他们了，直到今天，他们诗句中有一些东西还会像迷幻药一样让我失去应有的平静。什么东西呢？我前面说了，就是那种要命的男子汉气质。

那么，就让我用最克制的方式各引他们的一首作品，只引一首，然后，再说一句他们两人的生命终结。其实这些大家都是知道的，但我还是舍不得跳过。

陆游的作品中我选了这一首：

当年万里觅封侯，匹马戍梁州。关河梦断何处？尘暗旧貂裘。

胡未灭，鬓先秋，泪空流。此生谁料，心在天山，身老沧州！

辛弃疾的作品中我选了这一首：

醉里挑灯看剑，梦回吹角连营。八百里分麾下炙，五十弦翻塞外声，沙场秋点兵。

马作的卢飞快，弓如霹雳弦惊。了却君王天下事，赢得生前身后名，可怜白发生！

极文极武，极壮极悲，极梦极醒，又诉之于极度的开阔和潇洒。一上口，浑身痛快。

陆游去世时，给儿子留下了一份这样的遗嘱："死去元知万事空，但悲不见九州同。王师北定中原日，家祭无忘告乃翁。"

辛弃疾去世时连喊三声"杀敌"，然后气绝。

我不知道世界上还有哪个国家的顶级诗人是这样走向死亡的。

陆游企盼的王师和辛弃疾寻杀的敌人，在历史进程中已失去了绝对意义。但是，这些诗句包含的精神气质却留下来了，直指一种刚健超迈的人生美学。我一直不希望人们把这样的诗句当做历史事件的写照，或当做民族主义的宣教，那实在是大材小用了。人生美学比什么都大，就像当年欧洲莱茵河流域中世纪庄园的大门突然打开，快马上的骑士手持长剑，黑斗篷在风中飘飘洒洒掠过原野。历史铭记的就是这个形象，至于他去哪里、与谁格斗，都不重要。

有的学者说，宋代扼杀了大诗人陆游和辛弃疾，我不同意。陆游是活到整整八十五岁才去世的，辛弃疾没那么长寿，也活了六十七岁。我不知道所谓的"扼杀"是指什么。是让他们做更高的官吗？是让他们写更多的诗吗？在我看来，官不能再高了，诗已经够多了。

我的观点正相反：是宋代，造就了他们万古流芳的人生美学。

宋朝，结束在陆游去世的七十年之后。整整七十年，王师不仅没有北定中原，最后连自己也消失了。对手是谁？也不是辛弃疾要杀的敌人了，而是换成了浩浩荡荡的蒙古军队。他们先杀了辛弃疾要杀的敌人，终于反过身来向王师开刀了。

这不能全怪宋朝无能。我在这里要为宋朝略作辩解：在冷兵器为主的时代，农耕文明确实很难打得过游牧文明。

宋朝的对手，不管是辽、金，还是西夏，都是骑在马背上的劲旅，宋朝光靠着《孙子兵法》、抗战激情，确实很难从根本上取胜。至于成吉思汗领导的蒙古骑兵，更是一股无法抵挡的旋风，从亚洲到欧洲，那么多国家都无法抵挡，我们怎么能独独苛求宋朝？

其实宋朝也做出过杰出的抵抗。例如众所周知的"岳家军"就创造过抗金的奇迹。直到宋代后期，还出现了坚持抵抗的惊人典范，那是在现在重庆的合川钓鱼城，居然抵抗了蒙古军接近四十年。这是蒙古军在所到各国从来没有遇到过的。更重要的是，在这四十年中，蒙古军的大汗蒙哥死在钓鱼城下，蒙古帝国产生了由谁继位的问题，致使当时正在欧洲前线并很快就要进攻埃及的蒙古军队万里回撤。从此蒙古帝国分化，军事方略改变，世界大势也因此而走向了另外一条路。元朝的建立也大大地减少了血腥气。因此有人说："钓鱼城独钓中原，四十年改变世界。"

钓鱼城保卫战为什么能坚持那么久？历史会记住一位最重要的早期决策者，那就是主持四川军政的余玠。他针对蒙古骑兵的弱点，制定了守踞山险、以逸待劳、多用夜袭、严控粮食等重要方针，并且安排当地民众在战争的同时继续从事耕作诸业。这在今天看来，也是克敌制胜的完整良策。可惜余玠在指挥这场战争的十年之后，被朝中的嫉恨者所害。后来的守将继续坚持他的方针，又守了整整三十年。

前不久有一批韩国余氏宗亲会的老者找到我，说他们的先祖是在宋朝时派到韩国去的高官。我笑了，指了指我身边的助理金克林，说他的祖先是明朝时从韩国到中国传教来的教士。我说，人们的迁徙每每超越国界，但有一些人应该被不同源流、不同国家的人共同记住。宋代的余玠就是一位，他是我们余家稀有的骄傲，因为在中国历史上，余姓的名人少之又少。

钓鱼城关门那么久，也毕竟有打开城门的一天。这是大势所致，只能如此。全国只剩下这座孤城，继续抵抗已失去任何军事意义。最后一位主帅王立得知，如果元军破城，城中十几万百姓很可能遭到屠杀，而如果主动开门，就可以避免这个结果。在个人名节和十几万生命这架天平上，王立选择了后者。元军也遵守承诺，没有屠城。

一个月后，南宋流亡小朝廷也覆灭了。

只有一个人还保持着不可覆灭的气节，那就是文天祥。他是状元、学者、诗人，做了宰相，誓死不屈，把宋代文人的人格力量做了最后的展示。元朝统治者忽必烈对他十分敬佩，通过各种途径一再请他出任宰相，并答应元朝以儒学治国。但文天祥说了，“人生自古谁无死，留取丹心照汗青”。他只想舍生求义。

由于文天祥的坚持，民间就有人借各种名目起义，准备劫狱救出文天祥。这对建立不久的元朝构成了很大的不安定成分。忽必烈亲自出面劝说文天祥不成，只得一再长叹：“好男儿，不为我用，杀之太可惜！”文天祥刚就义，忽必烈的阻杀诏旨赶到，却已经晚了一步。

文天祥留给世间的绝笔书是这样的：

孔曰成仁，孟曰取义。惟其义尽，所以仁至。读圣贤书，所学何事？而今而后，庶几无愧。

原来，他把自己的死亡看成是一个实行儒学的文化行为。中国文化一旦沉淀为人格，经常会出现这种奇崛响亮的生命形象。这在其他文明中并不多见。

八

按照中国历来情绪化的黑白思维，文天祥的舍生求义很容易给元朝和忽必烈打上反面印记。

其实，历史永远以一种简单的外貌掩饰着一种复杂的本质。民众要求简单，勾画出一个个“易读文本”，并且由此拒绝复杂。这实在是人们的一大误区。

民众不愿意想象的事情倒很可能是真实的。例如，文天祥就义那天，他心中未必存在对忽必烈本人的多大仇恨；而当时上上下下最不希望文天祥离世的，恰恰正是忽必烈。

历史只要到了这种让两个杰出男子毫无个人情绪地默默对峙的时分，总是立即变得十分深刻，每个时辰都有万钧之力。中国人的历史观，实在被那种故事化的浅薄深深毒害了，已经难于品味这种互相激赏中的生死对立，已经无法体验这种相顾无言中的冤家知己。

因此，我想在崇敬地悼念过文天祥之后，立即做出这样的表述：忽必烈是一位杰出的统治者，他比不少宋朝皇帝优秀得多；元朝是一个很好的朝代，它又一次使中国真正地回归于统一，而且是一种更加扩大、更为有效、更不封闭的统一。

元朝社会的实际情况，说起来太长，我只想借用两副外来的客观目光。

一位是马可·波罗。他在元朝初期漫游中国，看到处处繁荣精彩。

对于曾经作为南宋首都、照理应该被破坏得最为严重的临安，他描写得非常周全细致。最后的结论是：“毫无疑问，这是世界上最优美和最高贵的城市。”须知，他的家乡是素以美丽著称的威尼斯。

由此可知，临安在改朝换代之际虽然遭到破坏，却还是把很大一部分文明留下了，而且是高贵的宋代文明。

另一位是欧洲传教士鲁布鲁乞，他早于马可·波罗来到中国，他的叙述从另外一个更深入的文化层面上告诉我们宋代留下了什么样的文明生态。鲁布鲁乞眼中的中国是这样的：

> 一种出乎意料的情形是礼貌、文雅和恭敬中的亲热，这是他们社交上的特征。在欧洲常见的争闹、打斗和流血的事，这里却不会发生，即使在酩酊大醉中也是一样。忠厚是随处可见的高贵品质。他们的车子和其他财物既不用锁，也无须看管，并没有人会偷窃。他们的牲畜如果走失了，大家会帮着寻找，很快就能物归原主。粮食虽然时常匮乏，但他们对于救济贫民却十分慷慨。

读着这样的记载，我有点汗颜，相信很多同胞也会如此。宋代经过了多少战祸荼毒，留下的文明居然是这样，真该为我们的祖先叫好。我希望历史学家们不要再为宋代终于被元代取代而继续羞辱它了。真的，它没有那么糟糕，在很多方面，或许比我们今天还好。

忽然想起几年前上海博物馆展出《清明上河图》真迹时的情景。消息传出，世界各地很多华人纷纷飞到上海，而上海市民则天天连续几小时排着看不到头的长队。热闹的街市间，只见当代中国人慢慢移动着，走向张择端，走向汴京，走向宋代。恍惚间，画外的人与画内的人渐渐联结起来了，迈着同样从容的步伐。

我和妻子是约着白先勇先生一起去观看的。长长的队伍中有人在说，几位九旬老人，两位癌症晚期病人，也排在中间。博物馆方面得知，立即派出工作人员找到这些老人和病人，请他们先行入场。没想到，他们都拒绝了。他们说，看《清明上河图》，就应该恭恭敬敬地站那么久；我们来日无多，更要抓住这恭敬的机会。

前前后后的排队者闻之肃然。大家重新收拾心情，整理步履，悄悄地向宋代逼近。

陌生人

一

那天，成吉思汗要在克鲁伦河畔的宫帐里召见一个人。

这个人住在北京，赶到这里要整整三个月。出居庸关，经大同，转武川，越阴山，穿沙漠，从春天一直走到夏天。抬头一看，山川壮丽，军容整齐，叹一声“千古之盛，未尝有也”，便知道到了目的地。

成吉思汗统一蒙古已经十二年。这十二年中，一直在打仗，主要是与西夏和金国作战。三年前在与金国的战争中取得巨大胜利，不仅攻占了金国的中都（即北京），还分兵占领了大小城邑八百多个。中都的一批金国官员投降了蒙古军。

金国是女真族建立的王朝，为的是要反抗和推翻他们头上的统治者——契丹人的辽国。金国后来确实打败了辽国，却没有想到蒙古人后来居上，又把它打败了。

长年的征战，复杂的外交，庞大的朝廷，使成吉思汗的摊子越铺越大。每天都有内内外外的大量问题要面对，成吉思汗急于寻找有智慧、有学问的助手。他原先手下的官员几乎都是没有文化的莽将，连他自己也没有多少文化。

他到处打听，得知四年前攻占金国中都时，有一位投降过来的金国官员很有智慧，名字叫耶律楚材。

这个名字使成吉思汗立即做出判断，此人应该是契丹族、辽国皇族的后裔。耶律家族是辽国显赫的皇族，后来由于金国灭辽，也就一起“归顺”了金国。这应该是耶律楚材祖父一辈的事，到耶律楚材父亲一辈，已经成了金国的高官了。但成吉思汗知道，这个家族在内心对金国还是不服的，企盼着哪一天能够报仇复国。早在蒙古统一之前，当时还没有成为成吉思汗的铁木真曾经遇见过作为金国使节派到蒙古部落来的耶律阿海，两人暗中结交，还立下过共同灭金的志愿。

想到这里，成吉思汗笑了，心想：这真是一个奇怪的家族，被金所灭而降金，金被蒙军打败后又降蒙，如此两度投降，是不是真的始终保持着复兴契丹之梦呢？好在，今天可以找到一个共同的话题，那就是分别从契丹和蒙古的立场，一前一后一起笑骂曾经那么得意的金国。

随着一声通报，成吉思汗抬起头来，眼睛一亮。出现在眼前的人，二十七八岁光景，高个子，风度翩翩，声音洪亮，还留着很漂亮的长胡子，非常恭敬地向自己行礼。

成吉思汗高兴地叫了一声：“吾图撒合里！”

这是蒙古语，意思是长胡子。

这一叫，就成了今后成吉思汗对耶律楚材的习惯称呼。

寒暄了几句，成吉思汗便说：“你们家族是辽国的皇族。尽管你做过金国的官，但我知道辽和金是世仇。你们的仇，我替你们报了！”

这话说得很有大丈夫气概。接下来，理应是耶律楚材代表自己的世代家族向成吉思汗谢恩。

但是，耶律楚材的回答让成吉思汗大吃一惊。

他说：“我的祖父、父亲早就在金国任职为臣了，既然做了臣子，怎么可以暗怀二心，仇视金国君主呢？”

这话听起来好像在反驳成吉思汗，而且公然表明了对成吉思汗的敌人金国君主的正面态度，说出来实在是非常冒险。但是，成吉思汗毕竟是成吉思汗，他竟然立即被感动了。

一个人，对于自己服从过的主人和参与过的事业，能一直表示尊敬，这已经很不容易；更不容易的是，在表示尊敬的时候，完全不考虑被尊敬对象的现实境况，也不考虑说话时面对着谁。这样的人，成吉思汗从来没有见过。

成吉思汗看着耶律楚材点了点头，当即向左右表示：这个人的话要重视，今后把他安排在我身边，以备随时咨询。

这在后来的《中书令耶律公神道碑》上记为：“上雅重其言，处之左右，以备咨访。”

二

这是公元一二一八年的事情。

就在这个时候，一个很偶然的事件改变了成吉思汗的军事方向，也改变了世界的命运。

天下最大的烈火，总是由最小的草梗点燃。

据记载，那年成吉思汗派出一个四百五十人的商队到中亚大国花剌子模进行贸易，不料刚刚走到今天哈萨克斯坦锡尔河边的一座城市，就出事了。商队里有一个印度人是这座城市一位长官的老熟人，两人一见面他就直呼其名，没有表示应有的尊敬，而且还当场夸耀成吉思汗的伟大。那个长官很生气，下令拘捕商队，并报告了国王摩诃末。国王本来就对成吉思汗送来的国书中以父子关系形容两国关系十分不满，于是下令杀死所有商人、没收全部财产。

成吉思汗从一个逃出来的骆驼夫口中知道了事情始末，强忍怒火，派出使者前往质问。结果，使者又被杀。成吉思汗泪流满面，独自登上一个山头，脱去冠冕，跪在地上绝食祈祷了整整三天三夜。他喃喃地说："战乱不是我挑起的，请佑助我，赐我复仇的力量！"

于是，人类历史上最大规模的一场征服战，开始了。

耶律楚材跟在成吉思汗身边，他会占卜，这在当时的军事行动中非常重要。除了占卜，他还精通天文历法，可以比较准确地提供天气预报，成吉思汗离不开他。

他是积极支持成吉思汗的这一重大军事行动的。这从他一路上用汉语写的诗中可以看出来。他写道：

关山险僻重复重，
西门雪耻须豪雄。
定远奇功正今日，
车书混一华夷通。

阴山千里横东西，
秋声浩浩鸣秋溪。
猿猱鸿鹄不能过，
天兵百万驰霜蹄。

这些诗句表明，他认为成吉思汗西征的理由是"雪耻"，因此是正义的，他还认为这场西征的结果有可能达到"华夷通"的大一统理想。这个理想，他在另外一首诗中表述得更明确："而今四海归王化，明月青天却一家。”

看得出来，他为成吉思汗西征找到了起点性理由“雪耻”和终点性理由“王化”。有了这两个理由，他心中也就建立了一个理性逻辑，跨马走在成吉思汗身后也显得理直气壮了。

除此之外，我觉得还有两个更大的感性原因。

第一个感性原因，是他对成吉思汗的敬仰。他曾在金国任职，看够了那个朝廷的外强中干、腐败无能、沮丧无望。现在遇到了成吉思汗，只见千钧霹雳、万丈豪情，一切目标都指日可待，一切计划都马到成功。不仅如此，耶律楚材又强烈地感受到成吉思汗对自己这个敌国俘虏的尊重、理解和关爱。这种种因素加在一起，他被彻底融化了，无条件地服从和赞美成吉思汗的一切意志行动。

第二个感性原因，是他作为契丹皇族后裔的本能兴奋。这毕竟是一个生来就骑在马背上纵横驰骋的民族，眼前的世界辽阔无垠，心中的激情没有边界。更何况，作为几代皇族，骨子里有一种居高临下的统治基因，有一种睥睨群伦的征服欲望。尽管这一切由于辽国的败落而长久荒废，但现在被成吉思汗如风如雷的马蹄声又敲醒了。这种敲醒是致命的，耶律楚材很快就产生了一种无与伦比的回归感和舒适感。因此，参加西征，颂扬西征，有一半出于他的生命本性。

但是，战争毕竟是战争，一旦爆发就会出现一种无法节制的残酷逻辑。

例如，这次以“雪耻”“复仇”为动因的战争，必然会直指花剌子模国的首都；在通向首都之前所遇到的任何反抗，都必须剿灭；所有的反抗都必然以城邑为基地，因此这些城邑又必然会遭到毁灭性的破坏；终于打到了首都，国王摩诃末当然已经逃走，因此又必须去追赶；花剌子模国领土辽阔，国王又逃得很快，因此又必须长驱千里；追赶是刻不容缓的事，不能为了局部的占领而滞留，自己的军队又分不出力量来守卫和管理已经占领的城市，因此毁城、屠城的方式越来越残忍；被追的国王终于在里海的一个岛上病死了，但这还不是战争的结束，因为国王的继位者扎兰丁还在逃，而且逃得很远，路线又不确定，因此又必须继续追赶……

这就是由无数“必须”和“必然”组成的战争逻辑。这种逻辑显得那样严密和客观，简直无法改变。

在这种客观逻辑之中，又包藏着另一种主观逻辑，那就是，成吉思汗在战争中越来越懂得打仗。军队组织越来越精良，战略战术越来越高明，谍报系统越来越周全，这使战争变成了一种节节攀高的自我竞赛，一种急迫地期待着下一场结果的心理博弈。于是，就出现了另一种无法终止的动力。

鉴于这些客观逻辑和主观逻辑，战争只能越打越遥远，越打越血腥，在很大意义上已经成为一种失控行为。

这就是说，种种逻辑组合成了一种非逻辑。

战争，看起来只是运动在大地之间，实际上在大地之上的天际，还浮悬着一个不受人力操纵的魔鬼，使地面间的残杀沿着它的狞笑变得漫无边际。它，就是战神。

在人类历史上，大流士、亚历山大大帝、恺撒，都遇到过这个战神。现在轮到成吉思汗了，事情变得更大，超过前面所说的任何战争。

于是，骑在马背上的耶律楚材不能不皱眉了。

他的诗句中开始出现一些叹息——

寂寞河中府，
声名昔日闻。

城隍连畎亩，

市井半丘坟。

这里所说的“河中府”，就是花剌子模国的首都撒马尔罕，在今天乌兹别克斯坦共和国的东部。这么一个声名显赫的富裕城市，经过这场战争，已经“市井半丘坟”了，可见杀戮之重。对此，耶律楚材不能接受，因此深深一叹。他的好些诗都以“寂寞”两字开头，既说明战争留给一座座城市的景象，也表明了自己的心境。

一个曾经为万马奔腾的征战场面兴奋不已的人，突然在马蹄间感受到了深深的寂寞，这个转变意味深长。

三

西征开始后不久，成吉思汗根据身边一个叫刘仲禄的汉族制箭官的推荐，下诏邀请远在山东莱州的道教全真派掌门人丘处机（长春真人）来到军中，讲述养生之道和治国之道。丘处机已经七十多岁，历尽艰辛来到撒马尔罕。当时成吉思汗已经继续向西越过了阿姆河，便命耶律楚材暂且在撒马尔罕陪丘处机。

这期间，两人在一起写了不少诗。耶律楚材在诗中已经明显地表示出自己想摆脱西征而东归的心意，以及希望各国息战得太平的期待。例如：

春雁楼边三两声，

东天回首望归程。

天兵几日归东阙？
万国欢声贺太平。

甚至，他对西征的必要性也提出了某种怀疑：

四海从来皆弟兄，
西行谁复叹行程？

西行万余里，
谁谓乃良图？

后来，丘处机终于在耶律楚材的陪同下到阿姆河西岸的八鲁弯行宫见到了成吉思汗。丘处机一共向成吉思汗讲了三次道，根据相关资料总结，有三个要点：一、长生之道，节欲清心；二、一统天下，不乱杀人；三、为政首要，敬天爱民。

成吉思汗听进去了，后来多次下令善待丘处机和他的教派。

丘处机的讲道，与耶律楚材经常在身边悄悄吐露的撤兵求太平的理想，一起对成吉思汗产生了潜移默化的影响。一二二四年夏天，有士兵报告说游泳时见到一头会说话的怪兽，要蒙古军及早撤军回家。成吉思汗就此事询问耶律楚材。耶律楚材一听就明白这是士兵们因厌战而想出来的花招，他自己也早已厌战，就告诉成吉思汗说："这是祥瑞之兽，热衷保护生命，反对肆意屠杀。希望陛下听从天命，回去吧。"

成吉思汗终于听从了这个"天命"。

当然成吉思汗收兵还有其他客观原因。例如，毕竟大仇已报，花剌子模的国王摩诃末已死，辽阔的土地都被征服，而军中又发生了瘟疫。

于是，正如耶律楚材诗中所写，“野老不知天子力，讴歌鼓腹庆升平”了。

在我叙述以上历史时，许多读者一定会觉得奇怪：耶律楚材怎么会写一手不错的汉诗呢？

确实不错。我们不妨再读他的一首词：

> 花界倾颓事已迁，浩歌遥望意茫然。江山王气空千劫，桃李春风又一年。　　横翠嶂，架寒烟。野春平碧怨啼鹃。不知何限人间梦，并触沉思到酒边。

这当然算不上第一流的作品，但很难想象竟出于古代少数民族官员之手。我认为，在中国古代，少数民族人士能把汉诗汉词写好的，第一是纳兰性德，第二是萨都剌，第三就是这位耶律楚材了。

我更为喜欢的是耶律楚材替成吉思汗起草的邀请丘处机西行的第二封诏书，中间有些句子深得汉文化的精髓。如“云轩既发于蓬莱，鹤驭可游于天竺。达摩东迈，元印法以传心；老氏西行，或化胡而成道。顾川途之虽阔，瞻几杖似非遥”等句，实在是颇具功力。

我深信，丘处机能下决心衰年远行，与诏书文句间所散发出来的这种迷人气息有关。文化的微妙之处，最有惊人的诱惑力。

这就需要谈谈他的文化背景了。

一个人的文化背景，可以远远超越他的民族身份和地域限定。在耶律楚材出生前好几代，他的先祖契丹皇族虽然经常与汉族作战，却一直把汉文化作为提升自己、教育后代的课本。后来到了女真族的金国，也是同样。耶律楚材从小学习汉文化，从十三岁开始攻读儒家经典，到十七岁已经博览群书，成为一位有才华的年轻儒生。后来在中都，他又开始学佛，成了佛学大师万松老人的门生。学佛又未弃儒，他成了儒佛兼修的通达之士。

那位丘处机是道家宗师，耶律楚材与他加在一起，组合成了一个儒、佛、道齐全的中国文化精粹结构，出现在成吉思汗身边。这个精粹结构对成吉思汗那么尊敬，但又天天不断地散发出息战、戒杀、尊生、节制、敬天、爱民的绵绵信息，终于使成吉思汗发生了重大变化。

据《元史》的《太祖本纪》记载，成吉思汗在临死前一个月对群臣公开表示："朕自去冬五星聚时，已尝许不杀掠，遽忘下诏耶。今可布告中外，令彼行人亦知朕意。"

多么珍贵的"不杀掠"这三个字啊！尽管仍然处于战争之中的成吉思汗一时还无法做到，但既然已经作为一个重大的许诺布告中外，已经让人惊喜不已了。

此外，据《元史》和《新元史》载，成吉思汗还嘱咐自己的继承人窝阔台，耶律楚材这个人是上天送给我们的，必须委以重任。他说："此人天赐吾家，尔后军国庶政，当悉委之。"

这两份遗嘱，使历史的温度和亮度都大大提高了。

在这里，我们不能不怀着特别的心情，远眺七百多年前在中亚战争废墟间徘徊的两个背影。一个高大的长胡子中年人，搀扶着一个仙风道骨的老年人，他们走得很慢，静静地说着话，优雅的风范与身边的断垣荒坟很不相称。他们正在做一件事，那就是用中国文化中儒、佛、道的基本精神，盯住已经蔓延了小半个世界的战火，随时找机会把它控制住。

他们两人后来因为佛、道之间的一些宗教龃龉产生隔阂，但我们还是要说，再大的龃龉也是小事，因为他们已经做过了一件真正的大事。

四

成吉思汗几乎是与丘处机同年同月去世的，成吉思汗享年六十五岁，而丘处机则高寿，享年七十九岁。这一年，耶律楚材才三十七岁，春秋正盛。

耶律楚材妥帖地安排了窝阔台继位的事务。窝阔台继位后果真对他委以重任：中书令，行政最高长官，相当于宰相。在这前后，耶律楚材做了一系列大事。例如——

一、耶律楚材选择并任命了自己的两个主要助手——右丞相和左丞相。让人惊异的是，这三个包括耶律楚材在内的最高行政官员，没有一个是蒙古人，也没有一个是汉人，却都熟悉汉族的典章制度。这种安排在蒙古人掌权的朝廷里，显得非常开通又非常奇特。

二、蒙古贵族中还有很多保守将领无视成吉思汗"不杀掠"的遗嘱，继续主张大规模杀人。据《元史》载，近侍别迭等人主张："汉人无补于国，可悉空其人，以为牧地。"这显然是一个极端恐怖的政策，把汉人杀尽或赶光，使整个中原成为牧地，也就是把农耕文明全部蜕变为游牧文明。耶律楚材为了阻止这个主张，就给窝阔台算了一笔账，说我们每年需要的五十万两银子、四十万石粮食、八万匹帛匹，全都来自中原的税收和盐、酒、冶铁等百业，怎么能够不要汉人？窝阔台要耶律楚材就此提供证明，来说服朝廷中保守的蒙古军人。第二年耶律楚材确实以税收的方法为朝廷提供了大量财富，使窝阔台非常高兴。这就奠定了蒙古政权从游牧文明转向农耕文明，并实行税收制度的基础。

三、窝阔台征服金国时，有的将领根据蒙古军的老规矩，坚持一个城市若有抗拒，破城之后必须屠城。当时，汴梁城抗拒了，那些将领准备照此办理。耶律楚材立即上奏窝阔台，说如果我们得到的是没有活人的土地，那又有什么用！结果，破城后除了处决金国皇室完颜一家外，保全了汴梁城一百四十多万人的生命。从此，放弃屠城政策成为一个定例，从根本上改变了蒙古军队的行为方式。

四、蒙古军队占领一地，必定由军事将领管辖一切，毫无约束，横行霸道。耶律楚材提出把军事权力和民政权力分开，并使它们势均力敌、互相牵制。民政权力由文官执掌，军事权贵不得侵犯。在文官职位上，耶律楚材大量起用汉族知识分子，让他们着重负责征收税赋的事务。甚至，他向窝阔台直接提出了“制器者必用良工、守成者必用儒臣”的政策，大大改良了政权的文化品质。这样做的结果，也让他这个行政首长有效地控制了财政权，构成了财政、军权、法权的三权鼎立。

五、耶律楚材还采取一系列措施，及时控制了高利贷、通货膨胀、包揽税收和种种贵族特权，成功实行了以经济为主轴的社会管理。

六、蒙古军队每占领一地，还会很自然地把当地人民当成自己的变相奴隶。耶律楚材决定“奏括户口，皆籍为编民”，也就是以户籍制来使这些变相奴隶重新变成平民。由于户籍制，一系列税赋制也有了实行的保证。

七、耶律楚材还以很大的热情尊孔，正式以儒家经典来办学招士。

……

这一切理性管理措施，使蒙古的历史发展到了一个全新的阶段，并且决定了后来元朝的基本格局。

遗憾的是，窝阔台死后，皇后摄政，反对汉化，与耶律楚材激烈争吵，结果把这位名相活活气死了，享年五十五岁。

他死后，政敌对他的家庭财产进行了查抄。结果发现，“惟琴阮十余，及古今书画金石、遗文数千卷”，除此之外没有任何财产。真是太廉洁了。

所幸，耶律楚材去世十余年后，忽必烈继位，耶律楚材所制定的种种方略重新获得尊重。

五

好，我们现在可以从整体上看看耶律楚材这个人了。

这位契丹皇族后裔，无论对于金国的女真人、成吉思汗的蒙古人，还是对于宋朝的汉人来说，都是陌生人。而且，他好像完全没有我们历来重视的所谓“民族气节”，可以为任何一个民族服务，包括曾经战胜过自己家族的民族，简直算得上是“数典忘祖”了。

成吉思汗为他的家族报了仇，但他坦诚地表示，自己的心底从来没有那种仇恨。他只在乎今天的服务对象，并且努力把服务做好。只不过，在今天的服务中，他要固守一些大是大非。他认为，是非高于民族，更高于家族。

因此，历来被人们反复夸大和表演的“故乡情结”“省籍情结”“祭祖情结”，在他面前不起任何作用。

他似乎已经放弃了自己的民族身份。在他追求的“王化归一统”“四海皆弟兄”的世界里，从来没有复兴契丹之梦。尽管他的契丹曾经建立过那么壮阔和强大的辽国，留下了那么丰富而动人的故事。

他一点儿也不想做“前朝遗民”“复仇王子”。他从来没有秘藏过增添世仇的资料，谋划过飘零贵族的聚会。他的深棕色的眼瞳没有发出过任何暗示，“美髯公”的胡子没有抖动过任何信号。

他知道时势在剧变、时间在急逝、生命在重组。他知道一切依托于过往历史的所谓身份，乍一看是真实的，实际上是重建的，而且是一种崭新的重建，为了今天和明天的具体目的的重建。他不愿意参与这种表演式的重建，更愿意享受逝者如斯、人去楼空的放松。

是的，他不要那种身份。为了摆脱那种身份，他甚至四处逃奔、改换门庭，直到进入“赤条条一身来去无牵挂”的境界。

但是，我们看到了，他有明确的文化身份。那就是，一生秉承儒家文化和汉传佛教。

这让我想起我的诗人朋友余光中先生。他因写过《乡愁》一诗，很多与他稍稍有点关系的地方都希望他宣布故乡在斯、所愁在斯。但他说：我的故乡不是一个具体的地方，而是中华文化。思亦在斯，愁亦在斯。

余光中先生是汉人，这样说很自然；耶律楚材不是汉人，这样做很奇特。

其实，这是他做出的郑重选择。

越是动荡的年代越有选择的自由，他运用了这种自由。

有不少人说，文化是一种地域性的命定，是一种在你出生前就已经布置好了的包围，无法选择。我认为，无法选择的是血统，必须选择的是文化。正因为血统无法选择，也就加重了文化选择的责任。正因为文化是自己选择的，当然也就比先天给予的血统更关及生命本质。

反之，如果文化成了一种固定人群的被动承担，那么，这种文化和这种人群，都会失去生命的创造，因僵化而走向枯萎。

我们为什么要接受这种必然导致枯萎的事先布置？

即使这种布置中有豪华金饰，也决不接受。

于是，耶律楚材，这个高大的契丹族男子，背负着自己选择的中华文化，出现在自己选择的君主成吉思汗之前。

然后，他又与成吉思汗在一起，召来了他在中华文化上缺漏的那部分——丘处机的道家。

这一来，成吉思汗本人也开始进行文化选择了。对于位及至尊、叱咤风云的成吉思汗来说，这种文化选择已经变得非常艰难。但是，如细雨润物，如微风轻拂，成吉思汗一次次抬起头来，对这两位博学的智者露出笑颜。

这一系列在西域大草原和大沙漠里出现的文化选择，今天想来还觉得气壮山河。

耶律楚材在表达自己文化身份时重点选择了两个方面，那就是：在成吉思汗时代呼吁护生爱民，在窝阔台时代实施理性管理。

这两个方面，使蒙古民族为后来入主中华大地、建立统一的元朝做了文化准备。

这两个方面，是耶律楚材的文化身份所派生出来的行为身份。

相比之下，很多中国文人虽有文化身份却没有行为身份，使文化变成了贴在额头上的标签，谁也不指望这种标签和这种额头与苍生大地产生关联。

经过以上整理，我们可以概括出两个相反的人格结构——

第一个人格结构：背后的民族身份是飘忽模糊的，中间的文化身份是坚定明朗的，眼前的行为身份是响亮清晰的。

第二个人格结构：夸张的是背景，模糊的是文化，迷失的是行为。

也许，在我们中国，最普及的是第二个人格结构，因此耶律楚材显得那么陌生。

什么时候，能有更多的中国人，千里跋涉来到人世灾祸的第一线，展示的是文化良知而不是背景身份，切切实实地以终极人性扭转历史的进程，那么，耶律楚材对我们就不陌生了。

最后提一句，这位纵横大漠的游子毕竟有一个很好的归宿。他的墓和祠还在北京颐和园东门里边。我每次都是在夕阳灿烂时到达的，总是寂寥无人。偶尔有人停步，几乎都不知道他是谁。

在颐和园留下他的遗迹，这件事乾隆皇帝有功。我还曾因此猜测过这位晚于耶律楚材五百年的少数民族皇帝的人格结构，并增添了几分对他的敬意。

断　裂

一

自从那场大火之后，我不知道你还活着。

燃烧是一种让人睁不开眼睛的吞噬。火焰以一种灼热而飘忽的狞笑，快速地推进着毁灭。那一刻，我这一边已经准备霎时化为灰烬，哪知有一双手伸了进来，把伤残的我救出。我正觉得万般侥幸，却怎么也没有想到，同时被救出的，还有自己的另一半。

我们已经失去弥合的接缝，因此也就失去了对于对方的奢望。有时只在收藏者密不透风的樟木箱里，记忆着那一半曾经相连的河山。

整整几百年，都是这样。

这是一个生离死别的悲剧，而悲剧的起因，却是过度的爱。

那位老人对我们的爱，已经与他的生命等量齐观。因此，在他生命结束时，也要我们陪伴。那盆越燃越旺的火，映照着他越来越冷的身体。他想用烈火，把我们与他熔成一体。结果，与历史上无数次证明的那样，因爱而毁灭、而断裂。

——以上这些话，是烧成两半的《富春山居图》的默语，却被我听到了。我先在浙江省博物馆的库房里悄悄地听，后在台北故宫博物院库房里悄悄地听。一样的语调，却已经染了不同的口音。

我既然分头听到了，那就产生一种冲动，要在有生之年通过百般努力，让分开的两半，找一个什么地方聚一聚。彼此看上一眼也好，然后再各自过安静的日子。

二

那次焚画救画的事件，发生在江苏宜兴的一所吴姓大宅里，时间是一六五〇年。那地方与画有特殊缘分，现代大画家徐悲鸿、吴冠中都是从那里走出来的。

《富春山居图》在遭遇这场大难和大幸之前，已经很有经历。

明代成化年间，画家沈周曾经收藏，后遗失，流入市场，被一位樊姓收藏家购得。一五七〇年到了无锡谈恩重手里，一五九六年被书画家董其昌收藏。转来转去二三百年间，大体集中在江苏南部地区，离这幅画作者的出生地和创作地不远。但是，在被焚被救之后，流转空间猛然扩大，两半幅画就开始绕大圈子了。两半幅画，一长一短，后长前短。长的后半段，在清代康熙年间曾被尚书王鸿绪收藏，到了乾隆年间一度曾落入朝鲜人安仪周之手，后来在乾隆十一年，也就是一七四六年，被一位姓傅的先生送入清宫。但是在这之前，已经有一幅同名的画作进宫了，乾隆皇帝还在上面题过词，因此就认定后来的这幅是赝品。

这又是一场由爱而起的断裂。因爱而模仿，因爱而搜求，因爱而误判，因爱而误题，结果，断裂于真伪之间。直到嘉庆年间，鉴定家胡敬等人才核定真伪。因此，乾隆皇帝至死都不明白自己上当了，让赝品堂而皇之地被悉心供奉着，让真迹在另一个拥挤的库房里暗自冷笑。幸好，他那天没有像现在有些文物鉴定节目一样干脆利落：“去伪存真，把后面送进来的那件赝品灭了！”

至于那前面小半段的经历，也很凄楚。一度曾被埋没在一堆老画的册页中，后被慧眼识别，却又被移藏得不见天日，有幸终于落到了画家吴湖帆手中。浙江省博物馆得以收藏，是时任馆长的书法家沙孟海在二十世纪五十年代诚意请吴湖帆转让的。

我认识吴湖帆晚年的弟子李先生，他在生前曾向我讲述了一段往事。那天，吴湖帆正在上海南京路的南京理发店理发，有一位古董商人寻迹而来，神秘兮兮地向他展示一件东西。才展开几寸，吴湖帆立即从理发椅上跳起身来，拉着古董商赶往他在嵩山路的家取钱。这位画家没见过《富春山居图》，但一眼扫及片断笔墨，就知道这就是那另一半。尽管，这个拉着古董商人急匆匆奔走的男人，理发也只理了一半。但他，哪里等得及理完？

看到了没有，从明清两代直到现代，凡是与《富春山居图》有关的人，都有点疯疯癫癫。

正是这种疯疯癫癫，使作品濒临毁灭，又使作品得以延续。中国文化的最精致部分，就是这样延续的。那是几处命悬一线的暗道，那是一些人迹罕至的险路，那是一番不计输赢的押注，那是一副不可理喻的热肠，那是一派心在天国的醉态，那是一种嗜美如命的痴狂。

三

并不是一切优秀作品都能引发数百年的痴狂。《富春山居图》为什么有这般魔力？

这件事说来话长，牵涉到顶级艺术作品中所包含的神秘力量。

大家似乎有一种共识，认为艺术杰作的出现必须有一些良好的客观条件，例如，经济的保障、官方的支持、社团的组建、典仪的热闹、社会的重视、民众的关注等等。正是这些条件，组成了“文化盛世”的自诩。根据这样的自诩，宋代设立了宫廷画院，称为“翰林图画院”，由宋徽宗赵佶亲自建制并不断完善。不少民间画家被遴选为御用画师，从社会地位到创作生态，都受到充分宠信和照料。宫廷画院里也出现过一些不错的作品，但是很奇怪，没有一件能够像《富春山居图》那样引起人们的痴狂。

当宋朝终于灭亡之后，宫廷画院当然也不再存在。南方的汉族画家被贬斥到了社会最底层，比之于前朝的御用画师，简直一个在天上，一个在地下。但是，正是在远离官方、远离财富、远离地位、远离人群、远离关注的困境下，《富春山居图》出现了。

当它一出现，人们就立即明白，宋朝宫廷画院所提供的一切优渥条件，大半是艺术创作的障碍。

其实，这个教训岂止于宋代。上上下下在呼唤的，包括艺术家们自己在呼唤的，往往是创作的反面力量。

诚然，宫廷画院的作品是典雅的、富贵的、严整的、豪华的、细腻的，什么都是了，只缺少“一点点”别的什么。别的什么呢？那就是，缺少独立的自我，因此也就缺少了生命的私语、生态的纯净、精神的舒展、笔墨的洒脱。《富春山居图》正是有了这“一点点”，便产生了魔力。

说到这里，我们终于可以引出这幅画的作者黄公望了。由于他是彻底个人化的艺术家，因此他的生存特征，就比任何一个宫廷画家重要。他无帮无派，难于归类，因此也比他身后的“吴门画派”“扬州八怪”们重要。

四

说得难听一点，他是一个籍贯不清、姓氏不明、职场平庸，又入狱多年的人。出狱之后，也没有找到像样的职业，卖卜为生，过着草野平民的日子。那时他的年纪已经很大，据说还没有正式开始以画家的身份画画。中国传统文化界对于一个艺术家的习惯描述，例如“家学渊源”“少年得志”“风华惊世”“仕途受嫉”“时来运转”之类，与他基本无关。因此，他让大家深感陌生。

然而，在这个“陌生人”身上，从小就开始积贮一种貌似“脱轨”的“另类”履历。例如，他不是传说中的富阳人或松江人，而是江苏常熟人。也不姓黄，而姓陆。年幼失去父母，被族人过继给浙江温州一位黄姓老人做养子。老人自叹一句“黄公望子久矣”，于是孩子也就有了“黄公望”之名，又有了“子久”之字。这么一个错乱而又随意的开头，似乎是在提醒人们，不能用寻常眼光来看这个人。

他什么时候开始学画的？一般的说法是“晚年学画”，又把“晚年”定在五十岁左右。其实，从零星的资料看，他童年时看到过赵孟頫挥笔，自称是“雪松斋中小学生”。可见他把高层级的耳目启蒙，哪怕只是扒在几案边的稚嫩好奇，当做自己艺术学历的第一课。他在青年、中年时有没有画过？回答是肯定的，而且画得不错。按照画家恽南田的说法，他的笔下“法兼众美”，也就是涉猎了画坛上各种不同的风格。可惜，他的这些画稿我们没能看到。

那时，他一直担任着官衙里的笔墨助理，称作“书吏”“掾吏”，或别的什么“吏”。那是一种无聊而又黯淡的谋生职业，即使有业余爱好也引不起太大注意。入狱，是受到他顶头上司张闾的案件牵连，那就在无聊、黯淡中增添了凶险。

在漫长的牢狱生活中他曾写诗给外面的朋友，那些诗没有留下来，但我们却发现了其中一个朋友回赠他的一首诗，其中两句是："世故无涯方扰扰，人生如梦竟昏昏"（杨载：《次韵黄子久狱中见赠》）。从中可以推测他的原诗，他的心情。

但是，他没有在"扰扰""昏昏"中沉没，出狱后他皈依了道教中的全真教，信奉的教义是"忍耻含垢、苦己利人"。

到这个时候，他的谋生空间已经很小，而精神空间却反而很大。这就具备了成就一个大艺术家的可能。相反，一个人如果谋生空间很大，而精神空间很小，那就与大艺术家远离了。

五

有人曾经这样描述黄公望：

> 身有百世之忧，家无儋石之储。盖其侠似燕赵剑客，其达似晋宋酒徒。至于风雨寒门，呻吟槃礴，欲援笔而著书，又将为齐鲁之学士，此岂寻常画史也哉。（戴表元：《黄公望像赞》）

忧思、侠气、博学、贫困、好酒。在当时能看到他的人们眼中，这个贫困的酒徒似乎还有点精神病。

在一些片段记载中，我们能够约略知道黄公望当时在乡人口中的形象。例如，有人说他喜欢整天坐在荒山乱石的树竹丛中，那意态，像是刚来或即走，但他明明安坐着，真不知道他要干什么。有时，他又会到海边看狂浪，即使风雨大作、浑身湿透，也毫不在乎。

我想，只有真正懂艺术的人才知道他要什么。很可惜，他身边缺少这样的人。即使与他走得比较近的那几个，回忆起来也大多说酒，而且酒、酒、酒，说个没完。

晚年他回到老家常熟住，被乡亲们记住了他奇怪的生活方式。例如，他每天要打一瓦瓶酒，仰卧在湖边石梁上，看着对面的青山一口口喝。喝完，就把瓦瓶丢在一边。时间一长，日积月累，堆起高高一坨。

更有趣的情景是，每当月夜，他会乘一只小船从西城门出发，顺着山麓到湖边。他的小船后面，系着一根绳子，绳子上挂着一个酒瓶，拖在水里跟着船走。走了一大圈，到了“齐女墓”附近，他想喝酒了，便牵绳取瓶。没想到绳子已断，酒瓶已失，他就拍手大笑。周围的乡亲不知这月夜山麓何来这么响亮的笑声，都以为是神仙降临。

为什么要把酒瓶拖在船后面的水里？是为了冷却，还是为了在运动状态中提升酒的口味，就像西方调酒师甩弄酒瓶那样？这似乎是他私属的秘方：把酒喝到口里之前，先在水里转悠一下、亲近一下。没想到那天晚上，水收纳了酒，因此他就大笑了。

夜、月、船、水、酒、笑，一切都发生在“齐女墓”附近。这又是一宗什么样的坟茔？齐女是谁？现在还有遗迹吗？

黄公望就这样在酒中、笑中、画中、山水中，活了很久。他是八十五岁去世的，据记述，在去世前他看上去还很年轻。对于他的死，有一种很神奇的传说。李日华《紫桃轩杂缀》有记：

> 一日于武林虎跑，方同数客立石上，忽四山云雾，拥溢郁勃，片时竟不见子久，以为仙去。

难道他就是这样结束生命的？但我想也有可能，老人想与客人开一个玩笑，借着浓雾离开了。或者，刚刚与他一起立在石上的几个客人中，有一个人的言行让他厌烦了，他趁人不注意转身而去。他到底是怎么离世的，大家其实并不知道。他故意躲闪到了人们的注意之外，直到最后从人生彻底躲闪开的那一刻。

六

黄公望不必让大家知道他是怎么离世的，因为他已经把自己转换成了一种强大的生命形式——《富春山居图》。

其实，当我们了解了他的大致生平，也就更能读懂那幅画。

人间的一切都洗净了，只剩下了自然山水。对于自然山水的险峻、奇峭、繁叠也都洗净了，只剩下平顺、寻常、简洁。但是，对于这么干净的自然山水，他也不尚写实，而是开掘笔墨本身的独立功能，也就是收纳和消解了各种模拟物象的具体手法如皴、擦、点、染，然后让笔墨自足自为、无所不能。

这是一个沉浸于自然山水间的画家，在自然山水中求得的精神解放。这种被解放的自然山水，就是当时文人遗世而立的精神痕迹。因此，正是在黄公望手上，山水画成了文人画的代表，并引领了文人画。结果，又引领了整个画坛。

没有任何要成为里程碑的企图和架势，却真正地成了里程碑。

不是出现在自诩或公认的“文化盛世”，而是元代。短暂的元代，铁蹄声声的元代，脱离了中国主流文化规范的元代。这正像中国传统戏剧的最高峰元杂剧，也出现在那个时代；被视为古代工艺文物珍宝而到今天还在被周杰伦他们咏唱的青花瓷，还是出现在那个时代。

相比之下，“文化盛世”往往反倒缺少文化里程碑，这是“文化盛世”的悲哀。

里程碑自己也有悲哀。那就是在它之后的“里程”，很可能是一种倒退。例如，以黄公望为代表的“元人意气”，延续最好的莫过于明代的“吴门画派”，但仔细一看，虽然都回荡着书卷气，书卷气背后的气质却变了。简单说来，元人重“骨气”，而吴门重“才气”，毕竟低了好几个等级。

又如，清代“四僧”画家对于黄公望和吴门画派的传统也有很好的熔铸，在绘画史上达到了很高的水准。他们很懂得黄公望，为什么以荒寒代替富贵、以天真替代严密、以水墨替代金碧，但在精神的独立、人格的自由上，他们离黄公望还有一段距离。例如“四僧”的杰出代表者八大山人朱耷，就多多少少误读了黄公望。他把黄公望看作了自己，以为在山水画中也寄托着遗世之怨、亡国之恨，因此他说《富春山居图》中的山水全是“宋朝山水”。显然，黄公望并没有这种政治意识。政治意识对艺术来说，是一种似高实低的东西。朱耷看低了黄公望，强加给了他一个“伪主题”。

由此可知，即便在后代仰望自己的杰出画家中，黄公望也是孤立的。孤立地标志在历史上，那就是里程碑。

里程碑连接历史，但对前前后后又都是一种断裂。任何深刻的连接都隐藏着断裂，而且大多是爱的断裂，而不是恨的断裂。

七

黄公望被断裂，因此，《富春山居图》的断裂成了一个象征。想到他似灵似仙的行迹，免不了怀疑：那天被焚被救，是不是他自己在九天之上的幽默安排？

艺术世界的至高部位总是充满神秘。企图显释者，必得曲解。只有放弃刻板的世俗思维和学术思维，才能踏进艺术之门。

感谢黄公望，以他奇特的生平和作品，为我表述艺术和艺术史的一系列重大原理提供了最佳例证。

由于我和一些朋友的多年推动，三天后，《富春山居图》的两半就要在台北合展了。这是那场大火后数百年来的首次重逢，稍稍一想就有一种悲喜交集的鼻酸。明天我会就此事向台湾的朋友作半天演讲，据说报名的听众已经爆满。现在夜深人静，闭眼都是那幅画的悠悠笔触。于是，起身扭亮旅舍的台灯，写下以上文字。

2011 年 5 月 27 日，于台北。

六百年郁闷

一

我早就发现，现代中国人对古代文化的继承，主要集中在明清两代。这件事一直让我很伤心。

这是因为，中华文化的格局和气度到了明清两代已经弱了、小了、散了、低了，难以收拾了。

也有不少人想收拾。甚至朝廷也有这个意思，一次次组织人马编大型辞书。但文化的基元是个体创造，与官方声势关系不大。通过个体创造把文化收拾成真正大格局的，在明清两代六百多年间，我看也就是王阳明和曹雪芹两人。

其他人物和作品，近距离看看还可以，如果放长远了看，或者放到国际上看，就不容易显现出来了。

怎么会这样呢?

这与社会气氛有关。气压总是那么低，湿度总是那么高，天光总是那么暗，世情总是那么悬，禁令总是那么多，冷眼总是那么密，连最美好的事物也总是以沉闷为背景，结果也都有点变态了。

造成这样的社会气氛，起点是朱元璋开始实施的文化专制主义。

二

与秦始皇的焚书坑儒不一样，朱元璋的文化专制主义是一种系统的设计、严密的包围、整体的渗透、长久的绵延。

由草根起家而夺取了全国政权，朱元璋显然有一种强烈的不安全感。他按照自己的政治逻辑汲取了宋朝和元朝灭亡的教训，废除宰相制度，独裁全国行政，滥用暴力，大批诛杀功臣，强化社会管制，实行特务政治。这么一来，国家似乎被严格地掌控起来了，而社会气氛如何，则可想而知。

不仅如此，他还直接问津文化。他在夺权战争中深知人才的重要，又深知掌权后的治国更需要文官。他发现以前从科举考试选出来的文官问题很大，因此经过多年设计，他为科举考试制定了一个严格的制度。那就是文官必出自科举，考生必出自学校，考题必出自“四书五经”，阐述必排除己见，文体必符合八股，殿试必掌控于皇帝。这么一来，皇帝和朝廷，不仅是政治权力的终端，也是学位考试的终端，更是全国一切文化行为和教育事业的终端。

这一套制度，乍一看没有多少血腥气，却把中华文化全盘捏塑成了一个纯粹的朝廷工具、皇家仆役，几乎不留任何空隙。

当文化本身被奴役，遭受悲剧的就不是某些文人，而是全体文人了。因为他们存身的家园被围上了高墙，被统一了话语，被划定了路线，被锁定了出口。时间一长，他们由狂躁、愤怒而渐渐适应，大多也循规蹈矩地进入了这种“文化 - 官僚系统”。也有一些人会感到苦闷，发发牢骚。尽管这些苦闷和牢骚有时也能转化为不错的思想和作品，但无可讳言，中国文人的集体人格已经从根子上被改造。

与此同时，朱元璋对于少数不愿意进入“文化 - 官僚系统”的文人，不惜杀一儆百。例如，有的文人拒绝出来做官，甚至为此而自残肢体。朱元璋听说后，就把他们全杀了。更荒唐的是，他自己因文化程度很低而政治敏感极高，以匪夷所思的想象力制造了一个又一个的文字狱，使中华文化从最高点上笼罩在巨大的恐怖气氛之下。

文字狱的受害者，常常不是反抗者，而是奉承者。这个现象好像很奇怪，其实很深刻。奉承，未必被接受；受迫者，也未必能够证明反抗过。这中间没有等号，不能进行直接推理。

例如，有人奉承朱元璋是“天生圣人，为世作则”，他居然看出来，“生”是暗指“僧”，骂他做过和尚，“作则”是骂他“做贼”。又如，有人歌颂他是“体乾法坤，藻饰太平”，他居然看出来，“法坤”是暗指“发髡”，讽刺他曾经剃发，而“藻饰太平”则是“早失太平”。这样的例子还能举出很多，那些原来想歌功颂德的文人当然也都逃不脱残酷的死刑。这些人的下场尚且如此，稍有一点不同见解的文人当然更不在话下了。这样的例子还能举出很多。

恐怖培养奴才，当奴才也被诛杀，那一定是因为有了鹰犬。

据我判断，一个极权帝王要从密密层层的文翰堆里发现哪一个字有暗指，多数不是出于自己的披阅，而是出于鹰犬的告密。例如前面所说的由“法坤”而联想到“发髡”，就明显地暴露出那些腐朽文人咬文嚼字的痕迹，而不太符合朱元璋这么一个人的文字感应。

文化鹰犬与朱元璋的特务政治密切呼应。当文化鹰犬成为一个永恒的职业，文字狱自然得以延续，而恐怖也就大踏步走向了荒诞。荒诞的恐怖是一种无逻辑的恐怖，而无逻辑的恐怖正是世间最严重的恐怖。

恐怖对于文明和文化的残害，是一切没有经过恐怖的人难以体会的。在恐怖中，最后连最高统治者本人也可能弄假成真，他也感受到了恐怖，也就是那种似乎人人都想夺其位篡其权的恐怖。只有一种人轻松自由，那就是那些文化鹰犬。他们没有个人履历，没有固定主子，更没有固定立场，也没有固定话语，永远随着当下需要不断地告密、揭发。他们的告密、揭发常常很难被人理解，因此又充当了分析批判、上纲上线的角色。

这种角色兴于明代，盛于清代。在近代的兵荒马乱间功用不大，成为一个芜杂的存在，而到了“文革”时期又大行其道。直到今天，坊间还能看到少数孑遗，只不过早就更换了立场和话语罢了。若要排排他们的传代系列，一直可追溯到朱元璋所培养的鹰犬队伍，这是中国文化的负面特产。

朱元璋在发展经济、利益民生、保境安民等方面做了很多好事，不失为中国历史上一个有能力、有作为的皇帝；但在文化上，他用力的方向主要是负面的，留下的遗产也主要是负面的。

他以高压专制所造成的文化心理气氛，剥夺了精英思维，剥夺了生命尊严，剥夺了原创激情，后果非常严重。例如，连科学技术也难于发展了。明代建立之初，中国的科技还领先世界，但终于落后了，这个转折就在明代。现在越来越多的智者已经认识到，文化气氛能够左右社会发展，对此我能够提供的最雄辩的例子，就是明代。

到了清代，文字狱变本加厉，又加上了满族统治者威胁汉族知识分子的一个个所谓“科场案”，文化气氛更加狞厉。一个庞大国家的文化灵魂如果长期处于哆哆嗦嗦、趋炎附势的状态中，那么，它的气数必然日渐衰微。鸦片战争以后的一系列惨败便是一种必然结果。

三

由朱元璋开始实施的文化专制主义，以儒学为工具，尤其以朱熹的理学为旗帜。看上去，这是大大地弘扬了儒学，实际上，却是让儒学产生了严重的质变。因为这样一来，一种优秀的文化被迫与专制暴虐联系在一起了，让它呈现出一种恃强凌弱、仗势欺人的霸气。其实，这并不是儒学的本来面目。

在朱元璋之后，明成祖朱棣更是组织人力编辑《四书大全》《五经大全》《性理大全》，并严格规定，在科举考试中，《四书》必依朱熹注释，《五经》必依宋儒注释，否则就算是异端。你看，连注释都规定死了。不仅如此，在社会生活的各个方面又把宋儒所设计的一整套行为规范如"三纲五常"之类也推到极端，造成很多极不人道的悲剧。

朱棣在如此推崇儒学的同时，又以更大的心力推行宦官政治和特务政治，如臭名昭著的东厂。这也容易让儒学沾染到一些不好的味道。

由此，产生了两方面的历史误会。

一方面，后代改革家出于对明清时期极权主义的愤怒，很自然地迁怒于儒学，甚至迁怒于孔子本人。面对"礼教吃人"的现实，提出要"打倒孔家店"。五四时期就出现过这种情况。

另一方面，不少人在捍卫、复兴儒学的时候，也不知细致分析，喜欢把它在明清时期被禁锢化、条规化的不良形态进行装潢，强迫青少年背诵、抄写、模拟，营造出一种悖世的伪古典梦境。直到今天，不断掀起的"国学热"中，仍然有这个毛病。

总之，不管人们如何褒贬儒学，直接着眼的往往是它的晚近面貌，也就是明清时代的面貌。

其实，早在明代中期，儒学因朝廷过度尊崇而走向保守和陈腐的事实已经充分暴露，于是出现了王阳明的“心学”。如果在明代前期，“心学”不可能问世。但是经过一个世纪的折腾，社会危机和精神危机越来越严重，而最高统治者也不再有朱元璋、朱棣那样的强势，朝廷已经处处捉襟见肘。在这种情况下，一位笃信儒学，只是要对儒学做一些不同于朱熹的解释，同时又是一位帮着朝廷有效处理社会矛盾的将军学者，就有了思考空间。

王阳明认为，知和行是同一件事，目标是“致良知”，也就是通过个人修养挖掘出人之为人的天赋道德。这种天赋道德也就是天理，因此心和理也就成了同一件事。这种理论，洗去了朱熹理学外加的庞大规范结构，让一切规范都出自于内心，出自于本真。这就大大强化了儒学历来比较薄弱的内在心理依据，凸显了其间的善良根基，弘扬了“知善知恶”“为善去恶”的文化责任。而且，他的理论表述始终保持着很高的哲学品位，果断、严密、平易、优雅，实在是明代文化浊雾中的亮丽一笔。

王阳明是晋代书法家王羲之的嫡传远孙。这不禁让人会心一笑：王羲之的这一笔，实在拖延得相当漂亮。

王阳明写字也学他的远祖笔意。我曾为计文渊先生编的《王阳明书法集》写过序言，但有一点内心嘀咕却没有写到序言中去，那就是：他那么会打仗，为什么在笔力上却比他的远祖柔弱得多？相反，他的远祖虽然顶着一个军事名号，多少年来一直被叫做“右军”“右军”的，却毫无军事才能方面的佐证，只是强大在笔墨间。难道，这是一种拖欠了一千多年的双向戏谑和双向补偿？

明朝是在王阳明去世一百一十五年之后灭亡的。又过了八十年，已是清朝康熙年间，一些知识分子反思明朝灭亡的教训，把目光集中到高层文化人的生态和心态之上，重新发现了王阳明的价值。当时的朝廷知识分子李光地说，如果早一点有王阳明，不仅朱棣的“靖难之役”成不了，而且岳飞也不会被“十二道金牌”召回。王阳明这样的“一代贤豪”有胆略、有智慧、有执行力，在绝大多数高层文化人中显得孤峰独傲。

那么，明代的绝大多数高层文化人是什么样的呢？李光地以最有气节的方孝孺作为分析对象。方孝孺一直被世人看做是旷世贤达、国家智囊，但当危机发生，要他筹谋，只见每一步都错。大家这才发现他才广意高、好说大话，完全无法面对实情；但发现时已经来不及了，他所拥戴的朝廷和他自己顷刻一起败亡。

明代高层文化人的生态，被概括为一副对联：“无事袖手谈心性，临危一死报君王。”也就是大家都在无聊中等死，希望在一死之间表现出自己是个忠臣、是个英烈。平时即便不袖手旁观，最关心的也是朝廷里边人事争逐的一些细节，而且最愿意为这些细节没完没了地辩论。有时好像也有直言抗上的勇气，但直言的内容、抗上的理由，往往琐碎得不值一提，甚至比皇帝还要迂腐昏聩。

笔锋犀利的清初学者傅山更是尖锐指出，这种喜欢高谈阔论又毫无用处的文化人恰恰是长久以来养成的奴性的产物，因此只能称之为“奴儒”。他说，“奴儒”的特点是身陷沟渠而自以为大，只靠前人一句半句注释而自称“有本之学”；见了世间事物无所感觉，平日只讲大话空话，一见别人有所作为便用各种大帽子予以扼杀。傅山实在恨透了这么一大帮子人，不禁破口大骂，说他们是咬啮别人脚后跟的货色。

相比之下，更深刻的是黄宗羲、顾炎武、王夫之、唐甄这些文化思想家。他们不约而同地看出了中华文明种种祸害的最终根源是专制君主，是那些“独夫”，因此号召文化人把人人应该尽责的“天下”与一家一姓的王朝严格区别开来，不要混淆。一家一姓的兴亡，只是私事；天下民众的生死，才是公事。

这一些思想，是对明朝以来实行的极权统治和文化专制的否定。可惜的是，清朝并没有听他们的，比明朝有过之而无不及。而这些文化思想家自身也想不出自己还能做什么。

这些文化思想家同样系统地反思了中国儒家知识分子的集体病症。黄宗羲说，儒家学说本来是经天纬地的，后世儒者却只拿着一些语录做一些问答，就顶着一个虚名出来欺世了。他们把做生意的人说成是“聚敛”，把做实务的人说成是“粗材”，把随兴读点书、写点文章的人说成是“玩物丧志”，把关注政事的人说成是“俗吏”。那他们自己呢？一直以什么“为天地立心，为生民立命，为万世开太平”这类高调掌控天下视听。但是，一旦真的有事要他们报效国家，他们则“懵然张口，如坐云雾”。这样的情况一再发生，给世人造成一个明确的印象，那就是，真正要建功立业必须走别的门路，与儒者无关。

这又一次触及了儒学在明末清初时的社会形象。

与李光地不一样，这些文化思想家对朱熹、王阳明也有很多批评，认为他们的学说耗费了很多人的精力，却无救于社会弊病。因此他们希望中国文化能够摆脱空泛，增加“经世实学”的成分。

遗憾的是，究竟是什么样的“经世实学”，他们也不清楚。他们像一群只会把脉却不会配药的医生，因此内心最为郁闷。

四

本来，明代有过一些大呼大吸，是足以释放郁闷的。例如，十五世纪初期的郑和下西洋，十六世纪晚期的欧洲传教士利玛窦来华。这样的事情，本来有可能改变中华文明的素质，进一步走向强健，但中华文明的传统力量太强硬了，它终于以农耕文明加游牧文明的立场避过了海洋文明，也在半推半就的延宕中放过了欧洲文明。这种几乎是必然的选择，使明清两代陷于保守和落后的泥潭，严重地伤害了中华文明的生命力。

我曾经在郑和的出发地江苏浏河镇劳动过很久，又曾经在利玛窦的中国友人徐光启的墓地附近长期居住。每当傍晚徘徊，总是感慨万千。

我踢着江边的泥块想，郑和的起点本来有可能成为一段历史的起点。如果真是这样，那么，我们的历史和我们自己都将会是另外一个面貌。但是，等郑和最后一次回来，这个码头也就封了。封住的当然不仅仅是码头，还有更多更多的东西，多得一时算不过来。

在徐光启墓地，我想得就更多了。十七世纪的第一个春天，徐光启在南京见到利玛窦，后来在北京两人成为密友，不仅一起翻译了《几何学原本》，而且徐光启成了天主教徒，利玛窦也更深入地了解了中国文化。他们的友谊使人想到，中华文明和欧洲文明本来也可以避开战争走一条和平之路的，却偏偏走了岔道。

鸦片战争后英国人和其他列强占据上海，惊讶地发现有一处居民一直过着天主教徒的生活，那便是徐光启后代聚居的徐家汇。于是，列强们也就在那里造教堂、办气象台和图书馆了。徐家汇成了中华文明和欧洲文明几度相遇的悲怆见证地，默默诉说着中国历史的另一种可能。

虽然事隔好几百年，我还是感到郁闷，由此可以推断当时的社会郁闷会达到什么程度。

五

比较有效地排解了郁闷的，倒是在民间。

明清两代的小说、戏剧都比较发达。严格说来，它们原先都是民间艺术。民间，给暮气沉沉的明清文坛带来了巨大的创造力。

几部小说，先是由几代民间说书艺人说出来的，后来经过文人加工，成为较完整的文本。这些说书艺人，在不经意间弥补了中国文化缺少早期史诗、缺少长篇叙事功能的不足。这是真正的大事，至于具体哪部小说的内容和形式如何，不重要。

中国文化长期以来缺少长篇叙事功能，而是强于抒情、强于散论、强于短篇叙事。这种审美偏仄历久不变，反映了中华民族的心理结构。我们有时会用“写意风格”“散点透视”“拒绝沉陷”来赞扬，有时也免不了会用“片断逻辑”“短程关照”“即时抒发”来诟病。但是，这种几乎与生俱来的审美偏仄，居然在民间说书艺人那里获得了重大改变。

他们由于需要每天维系不同听众的兴趣，因此不得不切切实实地设置悬念、伸拓张力，并时时刻刻从现场反馈中进行调整。于是，他们在审美前沿快速地建立了长篇叙事功能。

从《三国演义》《水浒传》到《西游记》，都是在做一种不自觉的文体试验。《三国演义》解决了长篇叙事的宏伟结构，顺便写出了几个让人不容易忘记的人物，如曹操、诸葛亮、周瑜。《水浒传》写人物就不是顺便的了，而是成了主要试验项目，一连串人物的命运深深地嵌入人们的记忆，使长篇叙事功能拥有了一个着力点。《西游记》的试验在前面两部作品的基础上大大放松，寻求一种寓言幽默，而呈现的方式，则是以固定少数几个易辨角色来面对不断拉动的近似场景，十分节俭。

这几种文体试验互不重复、步步推进，十分可喜，但在中国毕竟是一种草创，还无法要求它们在思想内容上有什么特别的亮点。

在创作状态上，这几部小说也有一个逐步提高的过程。相比之下，《三国演义》稚嫩一点，还紧捏着历史的拐杖松不开手。到《水浒传》，已经学会把人物性格当做拐杖了。只可惜，结构的力度只够上山，上了山就找不到一个响亮的结尾了。《西游记》更不在乎历史，活泼放任，缺点是重复太多，伸展的力量毕竟有限。

这些试验，竟然直接呼唤出了《红楼梦》，真是奇迹。中国文化不是刚刚拥有长篇叙事功能吗，怎么转眼间就完成了稀世杰作？

《红楼梦》是不应该与前面三部小说一起并列为“四大古典小说”的，因为这太不公平——不是对《红楼梦》不公平，而是对另外三部不公平。它们是通向顶峰途中的几个路标性的山头，从来也没有想过要与顶峰平起平坐，何苦硬要拉扯在一起？这就像把莎士比亚之前的三个剧作家与莎士比亚放在一起统称为“四大家”，把歌德之前的三个诗人与歌德放在一起统称为“四诗人”，显然会让那些人尴尬。

《红楼梦》的最大魅力，是全方位地探询人性美的存在状态和幻灭过程。

围绕着这个核心，又派生一系列重要的美学课题。例如：两个显然没有为婚姻生活做任何心理准备的男女，能投入最惊心动魄的恋爱吗？如果能，那么，婚姻和恋爱究竟哪一头是虚空的？如果都是，那么，比之于世事沧桑、盛极而衰，是否还有一种虚空值得缅怀？缅怀与出家是否抵牾？白茫茫雪地上的猩红袈裟是否还能留存红尘幻影？天地之间难道终究什么也不剩？

又如：一群谁也不安坏心的亲人，会把他们最疼爱的后辈推上绝路吗？一个连最小的污渍也有无数侍者擦拭着的家庭，会大踏步地走向无可挽救的悲剧吗？一个艳羡于任何一个细节的乡下老太太，会是这个豪宅的最后收拾者吗？一个最让人惊惧的美丽妇人，会走向一个让任何人都怜悯的结局吗？

于是，接下来的大问题是：任何人背后真有一个“太虚幻境”吗？在这个幻境中，人生是被肯定，还是被嘲弄、被诅咒、被祝祈？在幻境和人生之间，是否有“甄贾之别”、真假之分？……

凭着这些我随手写出的问题，可以明白，《红楼梦》实在是抵达了绝大多数艺术作品都很难抵达的有关天地人生的哲思层面。

难得的是，这种哲思全部走向了诗化。《红楼梦》中，不管是喜是悲、是俗是雅，全由诗情贯串。连里边的很多角色，都具有诗人的气质。

更难得的是，无论是哲思还是诗情，最终都渗透在最质感、最细腻、最生动、最传神的笔调之中，几乎让人误会成是一部现实主义作品，甚至误会成是一部社会批判作品。幸好，对于真正懂艺术的人来说，不会产生这种误会。这就像北斗星的图形也有可能近似于村口泥路边七块石头的排列，那又怎么可能误会成一回事呢？

比现实主义的误会更离谱的，是历史主义的误会。

有不少《红楼梦》研究者喜欢从书中寻找与历史近似的点点滴滴，然后大做文章，甚至一做几十年。这是他们的自由联想，本也无可厚非。但是如果一定要断言这是作者曹雪芹的意图，那真要为曹雪芹抱屈了。作为这么一位大作家，怎么会如此无聊，成天在自己的天才作品中按钉子、塞小条、藏哑谜、挖暗井、埋地雷？在那些研究者笔下的这个曹雪芹，要讲历史又不敢讲，编点故事偷着讲，讲了谁也听不懂，等到几百年后才被几个人猜出来……这难道会是他？

不管怎么说，真正的曹雪芹实实在在地打破了明清两代的文化郁闷。

除了小说，明清两代的戏剧也有创造性的贡献。

戏剧又是中华文化的一大缺漏。在几大古文明早早地拥有过辉煌的戏剧时代又渐渐地走向衰落之后，中国的戏剧一直迟迟没有出现。这也与中华民族的文化心理结构有关，我在《中国戏剧史》一书中已有详细论述，此处就不重复了。需要提一下的是，从元代开始，这个缺漏被出色地填补了。

元代太短，明清两代继续这种填补，其实是在填补中国人长期没有觉醒的化身扮演意识和移情观赏欲望。明代的昆曲让中国的上层社会痴迷了一二百年，由此证明，集体文化心理确实已经被它推动。

明清两代的戏剧，一般都会提到《牡丹亭》《长生殿》《桃花扇》这三出戏。这中间，汤显祖的《牡丹亭》无可置疑地居于第一，因为它在呼唤一种出入生死的至情，有整体意义，又令人感动。而其他两出，则太贴附于历史了。

清代中晚期，还是京剧为胜。与昆曲具有比较深厚的文学根基不同，京剧重在表演和唱功。我本人特别喜欢京剧老生的苍凉唱腔，这可能与我遥遥领受的那个时代的气氛有关。

六

对清代结束之后的近代和现代，实在一言难尽：文化信号很多，而文化实绩很少；文化激情很多，而文化理性很少；文化言论很多，而文化思考很少；文化名人很多，而文化巨匠很少；文化破坏很多，而文化创造很少。

兵荒马乱，国运维艰，文化的这种状态无可深责。但是，后来由于各种现实需要，总是把真相掩盖了、把成果夸大了。

远的不比，不妨以我们刚刚说过的明清两代作为衡量坐标来看一看，那么，大家不难发现，在近代和现代没有出现王阳明这样等级的哲学家，没有出现曹雪芹这样等级的小说家，没有出现汤显祖这样等级的戏剧家，也没有出现黄宗羲、顾炎武、王夫之这样等级的批评家。请注意，这还只是在与中国古代文化史上最郁闷的年代做比较。

我认为，中国近代以来在文化上最值得肯定的有两件事：一是破读了甲骨文，二是推广了白话文。

也许有人会说还有第三件事，那就是新思想的启蒙。这固然作用很大，开一代风气之先，但在文化的意义上只是“西学东渐”，就像当时开办西式学堂和西式医院一样，具有重要的移植意义，却不具备太多属于中华文化本体的创造意义。

破读甲骨文，确实不容易。我在《发现殷墟》一文中曾经详细地论述过，这是清代考据学派的功力，加上近代西方考古学的科学思维，再加上以王国维为代表的一批优秀学者的学术责任和杰出才情，熔铸而成的一个惊世文化成果。连孔子也无缘见到的甲骨文，却在几千年后被快速破读，随之商代被透析、《史记》被证实，这实在是中国现代文化人在学术能力上的一次大检阅。正是由于这种学术能力，中华文明又一次首尾相衔，构成一个充满力度的圆环结构。

推广白话文，更是意义重大。这是一个悠久文明为了面对现代、面对国际、面对民众，决心从技术层面上推陈出新的宣言。其间当然包含着严重的文化冲突，而站在革新一方的代表，本身也是传统文化的承担者，因此又必然隐伏着激烈的内心冲突。但是，出乎意料，这么大的事情居然也快速完成。由学者登高一呼，由作家写出实例，由出版家弘扬传播，在社会动荡的不良条件下，使用了几千年的话语书写方式，在那么大的国度内全盘转向现代，这就为后来一切新教育、新学科、新思维的进入创造了条件。

这中间事情很多。例如要从日常口语中提炼出白话文语法，要规范读音和字形，要创造一些与现代交流有关的新字新词，又要把这一切与中国传统语文接轨。这些事，全由一些文人在艰苦摸索。他们没有什么行政权力，只能用各种“建议文本”让人们选择和讨论。这个过程那么斯文又那么有效，证明中华文化还有能力面对自身的巨大变革。

其实，这个过程到今天还没有结束。传统语文的当代化还遇到一系列问题，例如，如何进一步减少古代文本的异读，如何进一步汲取当代生活用语、世界各华人圈的不同习惯用语、被公众化了的文学创作用语、被重新唤醒的各地方言用语等。好在，有过一百年前推广白话文的成功经验，这一切都有可能在探索中推进。那种以“语文判官”的形象来阻止这一过程的做法，是要不得的。

总之，由于破读了甲骨文和推广了白话文，有效增强了中华文化对于古代和未来的双重自信，这两件事从两端疏浚了中华文化的千古经脉，因此我要给予高度评价。

除了这两件大事外，也有一些人物值得关注。

作家，整体水平较低。相比之下，鲁迅不错，因为他最早用小说触及国民性，是一种国际观照，宏大而沉痛。可惜，他的小说写得太少了。此外，沈从文在对乡土和生命关系的描写上，表现出了比较纯净的文学性。

公众知识分子，可推严复、康有为、梁启超、胡适。他们宏观地研究了中华文明和其他文明的异同，写了不少重要著作，具有启蒙意义。并且，他们又以中国传统知识分子很不习惯的方式到处传播。可惜，这种秉承宏观大道的知识分子在中国现代还是太少。更多的知识分子成了专家化的存在，放弃了在公众领域的精神责任。他们四位都是不错的历史学家。除了他们，我认为还有两位杰出的历史学家不应该忘记，那就是王国维和陈寅恪。

在中国近代知识分子中，我对张謇投以特别的尊敬。他是清光绪状元，熟知中国传统文化，却又全方位地创建从教育到实业的一系列近代文明。他所创建的实业，横跨纺织、轮船、铁路、垦牧、冶金、电灯、石粉、盐务等多种门类，其中有一部分取得很大成功。他完全摒弃了中国知识分子尚空论、尚复古、尚艰涩、尚激愤、尚孤雅的顽疾，把家乡南通当做一片试验田，切实地展示了一条将国际化和中国化融为一体的可行之路。他的这一系列行为，在文化更新的意义上，非同小可。

与他相比，周围知识分子中哪怕是最正经、最用功的那些人，也还是在忙着诠释、校订、训诂，而几乎没有像样的创建。即便是比较出名的那几位，也没有一个观念、一个结论、一个警句，被人们记得，并稍稍推动社会进步。这种整体无效状态，实在让人喟叹。

中国近代人文知识分子还有一种令人吃惊的常见病，那就是习惯于作“逆向扮演”。他们把古代哲学中相反相成的涡旋模式用到了油滑的机巧层面，往往用极端的方式扮演各种角色，又轻易地滑到另一极端，还是在扮演。例如，不少沉溺“国学”极深的人，可以在国运危殆之时轻易弃“国”，成为汉奸，像罗振玉、郑孝胥、周作人、梁鸿志、胡兰成等等都是如此。后来，那些在极“左”时期制造灾难的文人，转眼也会变成追查灾难的“斗士”，两头都扮演得慷慨激昂。直到今天，不少在传媒上最具攻击性的文人仍然喜欢“逆向扮演”，完全不在乎言行不一、内外分裂、前后矛盾。这种情况，在国际知识界很难找到可类比的群体，当然，也严重贬低了中国人文知识分子在社会上的整体形象。

为什么会这样？历史证明，有两种源远流长的文化症候，塑造了负面的集体人格。一为科举症候群，二为小人症候群。它们都是正面文化的连带物，很难彻底割断，因此一直影响到现代，成为中国文化的障碍，中国文脉的天敌。因此，我不能不用《十万进士》《大地小人》两篇长文来细加论述，作为本书的结束。

十万进士

一

一条大河，一直与一片厚厚的云层相伴随。

大河应该感谢云层：长久掩荫，定期下雨，使之永不干涸。

但是，大河也有可能产生抱怨：每一道波光都是你的云影，不知道在你的云影之外是否还有更辽阔的天宇？

——这是一种比喻。大河，比喻中国文化；云层，比喻科举制度。

自从建立科举，中国文化就与它大规模地亲密往来，后来它也成了中国文化的一部分。多少文人向它奔去，再也没有回来；多少文人终于返回，魂魄还在考场；多少笔墨受它熏陶，变成强大遗传……

学术界在研究文化传承的时候，总是习惯于把目光集中投向学说、学派、潮流、人物。其实，比这一切更重要的是制度。制度一旦确立并被有效执行，那么，一个大国的行政力量就会转化成空间力量、时间力量和社会心理力量，使文化传承成为铁的事实。

中国历史上，企图成为制度的文化主张很多，但真正有效的很少。第一项，应该是秦始皇定下了统一全国文字的制度："书同文。"汉武帝也想建立"罢黜百家，独尊儒术"的制度，但他毕生戎马倥偬，缺少实际执行的可能，结果只是成了一种倡导而已。真正成为一种庞大的制度而行之全国、行之千年的，便是科举制度。

科举制度是人类奇迹。世界上那么多伟大的古文明为什么都一一灭亡？除了历史教科书中说的那些原因外，还有一个更要命的原因：辽阔的领土缺少大量管理者。在一代开国雄主萎谢之后，这个问题更为严重。对此，中国居然找到了解决的办法。从公元六世纪末开创的科举制度，通过文化考试选拔各级官吏，时间、地点、程序、内容、法禁都严格规定，居然实行了一千三百多年。这在宏观上创造了两大正面效果：第一，中国虽大，却能够源源不断地涌现出一批批官吏资源管理各方，使中华文明始终未因彻底失序而溃散；第二，普及了一种“以文取仕”的全民共识，而范围又没有太多限制，极大地提升了整个社会崇尚文化的气氛。

当然，负面效果也是巨大的。例如，科举制度使中国文化成了官场的附庸，两者密不可分。结果，文化的创新能力、批判能力、哲思能力、美学能力被大幅度取消。更严重的是，这种制度在中国文人中造就了一种“科举人格”，习惯于忍耐、苦熬、投机、巴结、矫情，满口道义却远离道义，你死我活却貌似斯文，等等。

中国千余年的文风、文气、文脉，在很大程度上也被科举制度所左右。影响之深，可谓深入骨髓，于今未消。

因此，要研究中国文化，万不可躲过科举制度。

二

让我们先回到十九世纪末尾、二十世纪开端那几年。

在那儿，一群头悬长辫、身着长袍马褂的有识之士正在为中华民族如何进入二十世纪而高谈阔论、奔走呼号。他们当然不满意中国的十九世纪，在痛切地寻找中国落后的原因时，首先看到了人才的缺乏，而缺乏人才的原因，他们认为是科举制度的祸害。

他们不再像前人那样只是在文章中议论议论，而是深感时间紧迫，要求朝廷立即采取措施。慈禧太后在一九〇一年夏天颁布上谕，改革科举考试内容，有识之士们认为科举制度靠改革已不能解决问题，迟早应该从根本上废止。一九〇三年的一份奏折中说：

> 科举一日不废，即学校一日不能大兴，士子永远无实在之学问，国家永无救时之人才，中国永远不能进于富强，即永远不能争衡各国。

这些英气勃勃的冲决性言词，出于何人之口？一位科举制度的受惠者、同治年间进士张之洞，而领头的那一位则是后来让人不太喜欢的袁世凯。

于是大家与朝廷商量，能不能制订一份紧凑的时间表，以后三年一次的科举考试每次都递减三分之一，减下来的名额加到新式学校里去，十年时间就可减完了。

用十年时间来彻底消解一种延续了一千多年的制度，速度不能算慢了吧，但人们还是等不及了。袁世凯、张之洞他们说，人才的培养不比其他，拖不得。如果现在立即废止科举、兴办学校，人才的出来也得等到十几年之后；要是我们到十年后方停科举，那么从新式学校里培养出人才还得等二十几年。但是，中国等不得二十几年了——“强邻环伺，岂能我待”！

这笔时间账算得无可辩驳，朝廷也就在一九〇五年下谕，废除科举。

二十世纪的许多事情，都由于了结得匆忙而没能作冷静的总结。科举制度被废止之后立即成了一堆人人唾骂的陈年垃圾，很少有人愿意再去拨弄它几下。唾骂当然是有道理的，孩子们的课本上有《范进中举》和《孔乙己》，各地的戏曲舞台上有《琵琶记》和《秦香莲》，把科举制度的荒唐和凶残表现得令人心悸，使二十世纪的学生和观众感觉到一种摆脱这种制度之后的轻松。但是，如果让这些艺术作品来替代现代人对整个科举制度的理性判断，显然是太轻率了。

科举制度在中国整整实行了一千三百年之久，选拔出了十万名以上的进士，百万名以上的举人。这个庞大的群落，当然也会混杂不少无聊或卑劣的人，但就整体而言，却是中国历代官员的基本队伍，其中包括着一大批极为出色的、有着高度文化素养的行政管理专家。

科举制度后来积重难返的诸多毛病，其实从一开始就有人觉察到了，许多智慧的头脑曾对此进行了反复的思考、论证、修缮、改良，其中包括我们所熟知的韩愈、柳宗元、欧阳修、苏东坡、王安石等等。不能设想，这些文化大师会如此低能，任其荒唐并身体力行。

三

谈论中国古代的科举制度，有一个惯常的误会需要消除，那就是，在本质上，这是一个文官选拔制度，而不是文学才华和学术能力的考察制度。明白了这一点，对它的许多抱怨就可能会有所缓和。多数状元诗文不佳，学问不深，这当然是真的，但做官，本来就不太需要那些东西。

我们应该从另外一个角度来想一想，如果不是科举，古代中国该如何来选择自己的官吏呢？这实在是政治学上一个真正的大问题。

不管何种政权，何种方略，离开了有效的官吏网络，必定是空洞而脆弱的。然而，仅仅有效还不够，因为选官吏不比选工匠，任何一个政权都要考虑到官吏们的社会公众形象，那就需要为他们“创造”一种“资格”。

世袭是一种。这种方法最简便，上一代做了官，下一代做下去，称之为“恩荫”。世袭制的弊病显而易见，一是领导才干不能遗传，继承者能否像他的前辈那样有效地使用权力，成为严重的问题；二是这种权力递交的方式，在很大程度上削减了朝廷对官吏的任免权。

做官的先天资格不行，因此有的封建主开始“创造”做官的后天资格。平日见到有文韬武略的人，就养起来，家里渐渐成了一个人才仓库。什么时候要用了，随手一招便派任官职，这叫“养士”。有的君主，在家里养有食客数千。这种办法，曾让历代政治家和文化人都有点心动，很想养一批，或很想被养。但仔细琢磨起来，问题也不少。

食客虽然与豢养者没有血缘关系，但是养和被养的关系，其实也成了血缘关系的延长。由被养而成为官吏的那些人，主要是执行豢养者的指令，很难成为公平的管理者，社会很可能因他们而添乱。更何况，君主选养食客，带有极大的随意性。

至于以军功赏给官职，只能看成是一种奖励方法，不能算作选官的正途，因为众所周知，打仗和治国是两回事。武士误国，屡见不鲜。

看来，寻求做官的后天资格固然是一种很大的进步，但后天资格毕竟没有先天资格那样确证无疑，如何对这种资格进行令人信服的论定，成了问题的关键。大概是在汉代吧，开始实行“察举”制度，即由地方官员随时发现和考察所需人才，然后向政府推荐。这比以前的各种方法科学多了，但是不难想象，各个地方官员的见识眼光大不一样，被推荐者的品位层次也大不一样。结果，小才任大职，大才任小职，造成行政价值系统的无序。

为了克服这种无序，到了三国两晋南北朝时期，便形成了选拔官吏的“九品中正”制度。这种制度是由中央政府派出专门选拔官吏的“中正官”，把各个推荐人物评为九个等级，然后根据这个等级来决定所任官阶的高低。这样一来，有了相对统一的评判者，被评判的人也有了层次，无序开始走向有序。

但是明眼人一看就会发现，这种“九品中正”制的公正与否完全取决于那些“中正官”。这些人物的内心厚薄，成了生死予夺的最终标尺。如果他们把出身门第高低作为主要标尺，那么这种制度也就会成为世袭制度的变种。不幸事实果真如此，重要的官职全部落到了豪门世族手里。

就是在这种无奈中，隋唐年间，出现了科举制度。

我想，科举制度的最大优点是从根本上打破了豪门世族对政治权力的垄断，使国家行政机构的组成，向着尽可能大的社会面开放。

科举制度表现出这样一种热忱：凡是这片国土上的人才，都有可能被举拔上来，而且一定能举拔上来。即便再老再迟，只要能赶上考试，就始终为你保留着机会。

这种热忱在具体实施中当然大打折扣，但它毕竟在中华大地上点燃了一种快速蔓延的希望之火，使无数人才陡然振奋，接受竞争和挑选。国家行政机构与广大民众产生了一种空前的亲和关系，它对社会智能的吸纳力也大大提高了。

在历代的科举考试中，来自各地的贫寒之士占据了很大的数量。白居易在一篇文章中表述了这种不分贵贱的科举原则：

> 唯贤是求，何贱之有……拣金于沙砾，岂为类贱而不收？度木于涧松，宁以地卑而见弃？但恐所举失德，不可以贱废人。
>
> （《白居易集》卷六十七）

科举制度的另一个优点，是十分明确地把文化水准看做选择行政官吏的首要条件。有人会问：难道不管道德品质？科举制度的设计者认为，道德品质要从他们做官之后的政绩上来长期审查，而不可能从科举考试中来分辨。

那么，大批书生从政，究竟是加重了社会的文明，还是加速了社会的腐朽？我偏向于前者。况且，由于做了书生才能做官，这种诱惑也极大地扩充了书生的队伍，客观上拓宽了社会的文明面。

必须说明，科举考试中要写作诗赋文章，使得天南地北无数考生都要长久地投入这种训练，这对文学本身倒未必是一件好事。有的研究者认为科举考试对唐宋文学有推动作用，我的观点正恰相反，认为科举考试最对不起的恰恰是文学。

文学一进入考场已经不可能是真正意义上的创作。韩愈后来读到自己当初在试卷中所写的诗文，“颜忸怩而心不宁者数月”，简直不想承认这些东西出于自己的手笔。他由此推衍，“若屈原、孟轲、司马迁、司马相如、扬雄之徒进于是选，仆必知其辱焉”。(《答崔立之书》)但韩愈并不因此而否定科举。

有没有可能偶尔冒出两句勉强能读的诗文？依我看，千余年来堆积如山的试卷中，最好的是唐代天宝年间的钱起在《湘灵鼓瑟诗》的试题下写出的两句：“曲终人不见，江上数峰青。”直到二十世纪，鲁迅、朱光潜还为这两句诗发生过口舌。但也就是这两句尚可一看，整首诗并不见佳。这很可以理解，正如我前面说过的，科举考试不是寻找诗人，而是寻找官吏。

四

伤害了文学，倒是问题不大。中国古代科举制度所遇到的最大困境，产生在包围着它的社会心态中。

本来是为了显示公平，给全社会尽可能多的人递送鼓励性诱惑，结果九州大地全都成了科举赛场，一切有可能识字读书的青年男子把人生的成败荣辱全都抵押在里边，科举考试的内涵大大超重。

本来是为了显示权威，堵塞了科举之外许多不正规的晋升之路，结果别无其他选择的家族和个人不得不把科举考试看成是你死我活的政治恶战，创设科举的理性动机渐渐变形。遴选人才所应该有的冷静、客观、耐心、平和不见了，代之以轰轰烈烈的焦灼、激奋、惊恐、忙乱。

早在唐代，科举制度刚刚形成不久就被加了太多的装饰，太重的渲染，把那些被录取者捧得晕头转向。

进士们先要拜谢“座主”（考官）、参谒宰相，然后游赏曲江，参加杏园宴、闻喜宴、樱桃宴、月灯宴等等，还要在雁塔题名，在慈恩寺观看杂耍戏场，繁忙之极，也得意之极。孟郊诗中所谓“春风得意马蹄疾，一日看遍长安花”，张籍诗中所谓“二十八人初上第，百千万里尽传名”，就写尽了此间情景。

据傅璇琮先生考证，当时的读书人一中进士，根本应付不了没完没了的热闹仪式，长安民间就兴办了一种营利性的商业服务机构叫“进士团”，负责为进士租房子，备酒食，张罗礼仪，直至开路喝道，全线承包。“进士团”的生意一直十分兴隆。

这种超常的热闹风光，强烈地反衬出那些落榜者的悲哀。照理落榜十分正常，但是得意的马蹄在身边窜过，喧天的鼓乐在耳畔鸣响，得胜者的名字在街市间哄传，轻视的目光在四周游荡，他们不得不低头叹息了。

他们颓唐地回到旅舍，旅舍里，昨天还客气地拱手相向的邻居成了新科进士，仆役正在兴高采烈地打点行装。有一种传言，如能够得一件新科进士的衣服，下次考试很是吉利，于是便厚着脸皮，怯生生地向仆役乞讨一件。乞讨的结果常常是讨来个没趣，而更多的落榜者则还不至于去做这种自辱的事，只是关在房间里写诗。

这些诗写得很快，而且比前些天在考场里写的诗真切多了：

年年春色独怀羞，强向东归懒举头。
莫道还家便容易，人间多少事堪愁。

——罗邺

十年沟隍待一身，半年千里绝音尘。
鬓毛如雪心如死，犹作长安下第人。

——温宪

落第逢人恸哭初，平生志业欲何如。
鬓毛洒尽一枝桂，泪血滴来千里书。

——赵嘏

为什么“莫道还家便容易”？为什么“泪血滴来千里书”？因为科举得失已成为一种牵连家庭、亲族、故乡、姓氏荣辱的宏大社会命题，远不是个人的事了。

李频说“一第知何日，全家待此身”；王建说“一士登甲科，九族光彩新”，都是当时实情。因此，一个落第者要回家，不管是他本人还是他的家属，在心理上都是千难万难的。

据钱易《南部新书》记载，一个姓杜的读书人多次参加科举考试未中，正想回家，却收到妻子寄来的诗：

良人的的有奇才，
何事年年被放回？
如今妾面羞君面，
君若来时近夜来！

这位妻子的诗句实在是够刻薄的，但她为丈夫害羞，希望丈夫趁着夜色偷偷回来的心情却十分真实。

收到这首诗的丈夫，还会回家吗？因此不少人硬是困守长安，下了个死决心，不考出个名堂来绝不回家。这中间所造成的无数家庭悲剧，可想而知。《唐摭言》卷八载，有一个叫公乘亿的人一直滞留在京城，参加一次次科举考试，离家十多年没有回去过。有一次他在城里生了场大病，家乡人传言说他已病死，他的妻子就长途来奔丧，正好与他相遇。他看见有一个粗衰的妇人骑在驴背上，有点面熟，而妇人也正在看他，但彼此相别时间太长，都认不准了。托路人相问，才知道果然是夫妻，就在路边抱头痛哭。

这对夫妻靠着一次误传毕竟团聚了，如果没有误传，又一直考不上，这位读书人可能就会在京城中长久待着，直到垂垂老去。钱易《南部新书》就记载过这样一位屡试不第的老秀才，在京城中等着明年春试。除夕之夜，全城欢腾，他却不能回家过年，正沮丧着，听说今夜宫中有傩戏表演，就挤在人群里混了进去。

不想进去后就被乐吏看成了表演者，一把推进表演队伍，跌跌撞撞地在宫内绕圈，绕了几百转，摔了好几跤。又要他执牛尾表演，做各种动作，闹腾了整整一夜直到第二天黎明。老人已累得走不动路，被人抬回旅社，一病六十日，把春天的科举考试也耽误了。看来，老人还得在京城熬下去。

不知道这位老人是否还有老妻在家乡等着，他们分别有多少年了？不知道他有没有子女，这些子女是否在挂念孤身在外的老父亲？除夕之夜他在宫中转圈时，明明体力不支为什么不早一点拔身而出？难道他在傩戏的扮演中获得了某种有关人生恶作剧的感悟？

由于屡试不第的沉重压力，一旦中举之后的翻身感也就不言而喻。喜报到处，怪事丛生，但次数一多，怪事也被适应，反被人们看作正常了。我在《玉泉子》中读到这样一则记载——

一位级别很高的地方官员设春社盛宴，恭邀一位将军携家人参加。将军的家属人数不少，还带来一位已出嫁的女儿。这女儿嫁给一个叫赵琮的读书人，赵琮多年科举不第，穷困潦倒，将军的女儿抬不起头来，将军全家也觉得她没脸见人，今天既然一起跟来参加春社盛宴了，便在她的棚座前挂一块帷障遮羞。

宴会正在进行，突然一匹快马驰来，报告赵琮得中科举的消息，于是将赵琮妻子棚座前的帷障撤去，把她搀出来与大家同席而坐，还为她妆扮，而席间的她，已经容光焕发。

使我惊异的是，在赵琮考中之前，他妻子也是将军的女儿，竟然因丈夫落第而如此可怜，而对这种可怜，将军全家竟也觉得理所当然！

家属尚且如此，中举者本人的反应就更复杂了，一般是听到考中的消息欣喜若狂，疑是做梦。“喜过还疑梦，狂来不似儒”（姚合），狂喜到连儒生的斯文也丢得一干二净。

有的人比较沉着，面对着这个盼望已久的人生逆转，乐滋滋地品味着昨天和今天。请看那个及第者曹邺自己的描写，得了喜讯之后，首先注意到的是僮仆神情的变化，然后想到换衣服。而从旧衣服上，又似乎还能看到前些年落第时留下的泪痕。有的人故作平静，平静得好像什么事都没有发生，例如韩偓及第后首次骑马去赴期集，这本是许多进士最为意气昂昂的一段路程，他竟是这样写的：

轻寒著背雨凄凄，
九陌无尘未有泥。
还是平日旧滋味，
漫垂鞭袖过街西。

他把得意收敛住了，收敛得十分潇洒。

不过这种收敛的内在真实性深可怀疑。对于多数士子来说，考上进士使他们感到一种莫名的轻松，长久以来的收敛和谦恭可以大幅度地解除。虽然官职未授，但已经有了一个有恃无恐的资格和身份，可以在社会上表现真实的自己了。

这中间，最让人瞠目结舌的例子，大概要算《唐摭言》卷二所记的那位王泠然了。

王泠然及第后尚未得官，突然想到了正任御史的老熟人高昌宇，便立即握笔给高昌宇写了一封信。这封信的大意，我可以把它译成白话文：

您现在身处富贵，我有两件事求您，一是希望您在今年之内为我找一个女人，二是希望您在明年之内为我找一个官职。我至今只有这两件事遗憾，您如果帮我解决了，感恩不尽。当然您也可能贵人多忘事，不帮我的忙，那么说老实话，我既已及第，朝廷官职的升迁难以预料，说不定哪一天我出其不意地与您一起并肩台阁，共处高位，到那时我会侧过头来看您一眼，您自然会深深后悔，向我道歉。请放心，我会给您好脸色看的。

这封无赖气十足的信，可以作为变态心理学研究的素材。但我更看重它隐藏在文词后面的社会普遍性。

当年得中的士子们如果有机会读到王泠然的这封信，也许会指责他的狂诞。但就他们的内心而言，王泠然未必孤独。

五

面对着上述种种悲剧和滑稽，我们不能不说：由一代又一代中国古代政治家们好不容易构想出来的科举制度，由于展开方式的严重失度，从一开始就造成了社会心理的恶果。

这种恶果比其他恶果更关及民族的命运，因为这里包含着中国知识分子群体人格的急剧退化。

科举制度实行之后，中国的任何一个男孩子从发蒙识字开始就知道要把科举考试当做自己的人生目标。一种在唐代就开始流行的说法叫"五十少进士"，意思是五十岁考上进士还算年轻，可见很多知识分子对科举的投入是终身性的。这样的投入所产生的人格恶果，不仅波及广远，而且代代相传。

科举像一面巨大的筛子，本想用力地颠簸几下，在一大堆颗粒间筛选良种，可是实在颠簸得太狠太久，把一切上筛的种子全给颠蔫了，颠坏了。

科举像一个精致的闸口，本想会聚散逸各处的溪流，可是坡度挖得过于险峻，把一切水流都翻卷得又浑又脏。

在我看来，科举制度给中国知识分子带来的心理痼疾和人格遗传，主要有以下几个方面：

其一，伺机心理。

科举制度给中国读书人悬示了一个既远又近的诱惑，多数人都不情愿完全放弃那个显然是被放大了的机会。机会究竟何时来到，无法预卜，唯一能做的是伺机以待。等待期间可以苦打苦熬、卑以自牧，心中想的是“吃得苦中苦，方为人上人”“朝为田舍郎，暮登天子堂”。

历来有这种心理的人，总被社会各方称赞为“胸有大志”。因此，这已经成为一种社会意识形态。

伺机心理也可称作“翻身心理”。本来，以奋斗求成功，无可非议，但中国书生的奋斗不满足自然渐进，而是企盼一朝发迹。成败贵贱切割成黑白两大块，切割线前后双重失态。

他们有世界上最惊人的气量和耐心，可以承受最难堪的困厄和屈辱，因为他们知道，迷迷茫茫的远处，会有一个机会。然而，机会只是机会，不存在合理的价值选择，不存在人生的终极关怀。所以，即便在气量和耐心背后，也隐潜着自私和虚伪。

气量和耐心也会碰撞到无法容忍的边界，他们就发牢骚、吐怨言，但大抵不会明确抗争，因为他们明白只有把一切不满上升到官方竞争才高度有效。于是中国书生也就习惯了这种怪异的平衡：愤世嫉俗而又宣布与世无争，安贫乐道而又天天都在嫉恨。从总体而言他们的人生状态都不大好，无论是对别人还是对自己。他们缺少透彻的思维，独立的坚守，无私的奉献，响亮的馈赠。他们的生活旋律比较单一：在隐忍中期待，在期待中隐忍。

其二，骑墙态势。

科举制度使多数中国读书人成了政治和文化之间的骑墙派，两头都有瓜葛，两头都有期许，但两头都不着落，两头都不诚实。

科举选拔的是行政官员，前不久还是困居穷巷、成日苦吟的书生，包括那位除夕之夜误入宫廷演了通宵傩戏的老人，一旦及第授官之后便能处置行政、裁断诉讼？便能调停钱粮、管束赋税？即便留在中央机关参与文化行政，难道也已具备协调功夫、组织能力？是的，一切都可原谅，他们是文人，是书生。但是，作为文人和书生，他们又失落了文化本位，因为他们自从与文化接触，就是为了通过科举而做官，作为文化自身的目的并不存在。

结果，围绕着科举，政治和文化构成了一个纠缠不清的怪圈：不太娴熟政治，说是因为文化；未能保全文化，说是为了政治。文人耶？官吏耶？均无以定位，皆不着边际，既无所谓政治道义，也无所谓文化良知。

“百无一用是书生”，这或许是少数自省书生的自我嘲谑，但在中国，常常因百无一用而变得百无禁忌。在政治和文化之间骑墙的中国文人，特别擅长把一切文化行为纳入政治架构。一会儿作政治批斗，一会儿作政治表演，而等到真的政治风暴来临，他们大多集体隐身，或变节为奸。因此，所谓“骑墙”，总是一脚苍白，一脚混乱。

其三，矫情倾向。

既然科举的成败关及家族的全部荣誉，于是所有的亲情牵累也就必须顾全大局，暂时割舍，奉献给那种没有期限的苦读、别离和期待。一来二去，科举便与正常人情格格不入，上文所引一系列家庭悲剧，皆是例证。

那些不敢回家的读书人，可以置年迈的双亲于不顾，可以将新婚的妻子扔在乡间，只怕面子不好看。这样做，开始是出于无奈，但在无奈中也渐渐滋生出矫情和自私。

铁石心肠地轻视亲情，却并不排斥肉欲，那位王泠然开口向老朋友提的要求，第一项就是要一个女人。俗谚谓“书中自有颜如玉”，也是这个意思。中国书生中的伪君子习气，大多由此而生。

不知道当年书生中，有几个曾突然领悟到科举对自己的人格损害？我相信一定会有不少，否则我们就读不到那么多鞭辟入里的记载了。但是，一种由巨大的政治权力所支撑的国家行为，怎么会被少数明白人的抱怨所阻遏呢？而这少数明白人的明白，又能到什么程度呢？

我曾注意到，当年唐代新及第的不少进士，一高兴就到长安平康里的妓院玩乐。令新科进士们惊讶的是，其中很多妓女才貌双全，在诗文修养、历史知识、人物评论等方面都不比自己差。她们只是因为性别，没有资格参加科举考试。

“那个题目，你是怎么起、承、转、合的？”妓女询问，新科进士敷衍了事地作了回答。

妓女听了一笑，说：“起得尚可，承得拙了，转得不错，合得乏力。”进士一听，大惊失色。他人格的最后支撑点，倒塌在他以为没有支撑点的女子面前。

幸好发现一条史料，说福建泉州晋江人欧阳詹，进士及第后到山西太原游玩，与一妓女十分投合，相约返京后略加处置便来迎娶。由于在京城有所拖延，女子苦思苦等终于成疾，临终前剪髻留诗。欧阳詹最后见到这一切，号啕大哭，也因悲痛而死亡。

这件事，好像可以成为戏曲题材，而我感兴趣的只是，终于有一位男人，一个进士，在他的人格结构深处，进士的分量不重，官职的价值不高，却可以为爱情付出生命的代价，即便这种爱情的外部形象并不高雅。

他的死亡，以一种正常人情的力量，构成了对许多进士残缺人格的比照。

六

纵观历史，对科举制度弊病的发现和整治，大致可分为两大截：唐宋为良性整治阶段，明清为恶性整治阶段。这说起来太复杂，我本想避开，但后来一想，其中有一些内容可能具有跨越时代的参考价值，还是说一说吧。

直到今天，选拔行政官员的制度，还是会遇到一系列麻烦，而很多麻烦是古今相通的。因此，我想带着读者一起回到古代，站在那些头脑清晰、智力充裕的宰相、内阁大学士、吏部尚书、礼部侍郎和诸多考官的立场上，看看他们在执掌科举制度时，究竟遇到过哪些逃不开的麻烦。然后，再设身处地地想一想，有没有排解的办法。

当头遇到的一个麻烦，是科举考试要不要与推荐结合起来。

粗粗一想，我们也许会断然反对推荐，以保证考试的纯净性。但是考试的纯净性远不是选拔的准确性。如果选拔不准确，考试的纯净性又有什么意义？

应考者的社会经验和生命状态究竟如何？对自己的判断和期望又是什么？这比书面答卷更为重要，需要靠别人推荐和自我推荐来陈述。因此在唐代，推荐在科举考试中占据很大的地位，算不得作弊。

公元八二八年，崔郾受朝廷之命离长安赴洛阳主持科举考试，临行前公卿百官盛宴饯送。太学博士吴武陵在席间向崔郾推荐杜牧，而且当场朗读了杜牧的《阿房宫赋》。崔郾听了也大为赞赏，吴武陵就直截了当地说："那就请您让他做头名状元吧。"崔郾也不隐瞒，说："头名状元已经有人了。"一问下来，不仅头名有了，第二、第三、第四名也有了，杜牧就成了第五名。这事使主考官崔郾很高兴，他当即在席间宣布："刚才太学博士吴武陵先生送来一位第五名。"

公元八三七年，高锴主持科举考试，他平日在当朝高官中最佩服的是令狐绹，于是在一次上朝时便问令狐绹："您的朋友中谁最好？"令狐绹不假思索地脱口而出："李商隐。"这一年，李商隐及第。连李商隐也知道自己及第主要是因为令狐绹推荐，就把这一事实写在《与陶进士书》中。

这两件事，现在说起来实在有点要不得。有趣的是，当时大家并没有觉得这样做有什么不好，可以朗声推举，可以坦然磋商，可以当众宣布，可以详细记述。但如果不是这样，主考官就不知道杜牧写过《阿房宫赋》，就不会对李商隐的名字产生特别的注意了。好在我们都了解杜牧和李商隐，知道没有任何一种考试能把他们那样美丽的才华考出来，因此谁都愿意站出来推荐他们。这种推荐究竟是公平还是不公平的呢？照我说，与其是失落了杜牧和李商隐去追求公平，宁肯要保留着杜牧和李商隐的不公平。

事实上，那种拒绝试卷之外的其他信息，只凭试卷决定一切的做法，毛病更多。来应考的人成千上万，试卷如洪流翻滚，阅卷人能够仔细品鉴的程度是十分有限的。阅卷人都上了年岁，时间赶得又那么紧，看不了多久就会陷于疲惫和麻木，不会从他们眼里漏掉一个人才的说法，只是骗骗局外人罢了。在这种情况下，连考官和阅卷人也极想知道一些推荐信息，使他们在试卷的汪洋中抓摸到一些重点审读对象。

对此，在这方面有深刻体验的柳宗元说得最好。他认为朝廷取士，不妨让考官们在阅卷前对出色的应试者有所闻，即所谓"先声"：

> 所谓先声后实者，岂惟兵用之，虽士亦然。若今由州郡抵有司求进士者，岁数百人，咸多为文辞，道今语古，角夸丽，务富厚。有司一朝而受者几千万言，读不能十一，即偃仰疲耗，目眩而不欲

视，心废而不欲营，如此而曰吾不能遗士者，伪也。惟声先焉者，读至其文辞，必目必专，以故少不胜。

《河东先升集》卷二十二，《送韦七秀才下第求益友序》

柳宗元是我们所信赖的，他的这种说法当然不是在为私通关节辩护。

如果允许推荐，那么顺理成章也应接受应试者的自荐。一般说来，他们比别人更知道自己的优势所在，在考试之前打理一下平生最得意的作品，寻找社会名流中最懂行的人看一看，说几句话，使自己在候选人中比较引人注意。这种做法，在唐代属于正常之举。唐代科举考试中所风行的“行卷”，便是应试者们自我推荐的一种方式。程千帆先生说：

所谓行卷，就是应试的举子将自己的文学创作加以编辑，写成卷轴，在考试以前送呈当时在社会上、政治上和文坛上有地位的人，请求他们向主司即主持考试的礼部侍郎推荐，从而增加自己及第的希望的一种手段。这也就是一种凭借作品进行自我介绍的手段；而这种手段之所以能够存在和盛行，则是和当时的选举制度分不开的。

《唐代进士行卷与文学》第三页。

一度，主考机构也要求应试者把自认为满意的旧作上缴，以供选拔时参考。士子们在选编自荐材料的时候不经意地编出了不少文集，否则很多诗文有可能早就失散了。例如皮日休的《文薮》和元结的《文编》，当初都是为自荐编成的。他们两人也都在编定自己文集的第二年进士及第，看来自荐的作用不小。

大诗人王维因自荐而成为头名状元的故事载于《集异记》，明代传奇《郁轮袍》也讲这个故事，听起来很有趣味。

故事说，当初年轻的王维以惊人的文学天赋和音乐才华游历于长安上层社会，特别为岐王所看重。科举考试将至，谁若能成为长安京兆府的第一名人选上送，则极有希望夺魁状元。王维听说，对此事有决定权的公主心中已另有人选，就请岐王帮忙。岐王深知王维的才学有竞争力，要他准备好旧诗十篇、琵琶一曲，五天后再来。

五天后王维如期而至，岐王拿出像样的衣服要他穿上，共赴公主府第，名义上是向公主奉献酒乐，王维充作乐师。公主见王维奏曲精妙，大为赞赏，岐王便说："他不只精通音乐，文词更是无人可比。"王维当即把准备的诗卷献给公主，公主一看更为惊异，说："这些诗，都是我平常反复诵读的，一直以为是古人佳作，没想到竟然出自于你的手笔！"于是以上宾之礼，与王维畅谈。

王维言谈间诙谐幽默，不能不让在座的其他宾客深深钦佩。岐王便对公主说："如果今年京兆府第一名由这位青年来承当，就会十分风光。"

公主说："那为什么不让他去应试呢？"

岐王说："这位老弟心气颇高，不作为第一人选，他是绝不会去应试的，但听说贵公主已决定了别的人作为第一人选。"

公主笑道："那算什么呀，也是别人托的。"

等岐王和王维一离开，公主就召来了考官。于是，王维成了京兆府上报的第一人选。

历史学家认为，这个故事在具体情节上的真实性虽然很可怀疑，但《集异记》所传达出来的社会氛围和上层交往关系，却十分可信。

白居易所写的一封自荐信，让我对这件事有了最可靠、最感性的了解。这封信是贞元十六年（公元八〇〇年）应进士试前写给当时任给事中的陈京的，所以名为《与陈给事书》，现收在《白居易集》卷四十四内。我把他的这封信，翻译成了白话文：

这些天，您府上拜谒者如林，自荐者如云，他们的目的很简单，就是希望您为他们吹嘘张扬。我不来拜谒，只差遣家僮送一封信给您，说明我的目的与他们不一样，就凭这一点，您也该特别关注一下了。

我只想诚恳求教，因为无数事实证明，一个人了解别人容易，了解自己困难。很杰出的人，往往自信不足；很糟糕的人，却又自以为是。幸好有明白的考官，让他们各归其位。

您是天下文宗，当代权威，因此我愿意向您袒露自己的内心：我白居易是个平民，上无朝廷援助，下无乡绅抬举，敢于到京城来应试完全是凭了文章，到时候等考官做出公平裁断。但我的文章究竟是可进还是可退，自己却不甚清楚，因此请您帮我裁定一下。特送上杂文二十篇、诗一百首，请您在公余之暇随手翻翻。如果觉得可进，请发一句话，我一定加倍努力；如果觉得不可进，也请发一句话，我就甘心退藏。是进是退，我心中已斗争多时，现在就等您一句话了。

白居易的这封信写得不卑不亢。陈京到底有没有发话，我们并不清楚，所知道的只是，白居易当年果真进士及第。

把以上所举的杜牧、李商隐、柳宗元、皮日休、元结、王维、白居易的例子加在一起可以得出一个印象，在他们那些年代，科举考试只是一个契机，围绕着它，进行着一场选拔人才的大动员。

人才们自己也踊跃起来，走出苦读的书房，离别偏僻的乡邑，踏入京城的社交圈，试着进行多方面的生命呈示和精神沟通。做法上确实很不规范，但某种原始性的可喜魅力也就隐藏在这种不规范之中。

但是能不能因此而永远无视规范呢？又不能，因为原始性的可喜魅力很容易因无序而转化为可恶，不设置足够的规范必然会把事情彻底搞糟。

科举考试中的推荐，既被允许，久而久之自然会有大量阴暗伎俩产生。即便是王维、白居易、杜牧、李商隐他们那样的上好诗文，也敌不过阴暗伎俩。因此，当初像他们那样大大咧咧地推荐，也就会完全失效。唯一的办法，是制订严密规范来与阴暗伎俩作斗争，这是令人沮丧又不得不为之的事。

创业之初的健康与大方，终于被警觉和琐碎所代替。

到了宋代，推荐理所当然地被阻止了，为了防止考官接受试卷外的信息，实行“锁院”制度，即考官一旦被任命就须住入贡院，断绝与外界的一切来往，直到发榜的那一天。长的时候，一锁就是五十来天，也够闷人的。

唐代试卷不糊名，敞敞亮亮地让考官知道这是哪位考生的卷子，宋代就把名字糊起来了。再后来，怕考官认出笔迹，干脆雇一帮子人把所有的考卷重抄一遍再交给考官，以杜绝作弊的可能。

其实作弊是杜绝不了的。科举考试决定着一个人的全部升沉荣辱，总会引得不少人拼着性命来做手脚。官方发现后立即采取相应的对策，而一切对策又很快激发出更高明的作弊手段，真是循环往复，日臻精微。

我曾参观过一堆中国古代科举考试的实物，发现自宋以后，作弊和反作弊成了一场士子和官方层层递进的智力竞赛，结果是两方面都走向卑下。士子作弊的最常用方式是挟带，把必然要考到的《四书》《五经》、前科中举范文和自己的猜题习作，缩小抄写后塞在鞋底、腰带、裤子、帽子里，一切可以想得到的角角落落都塞，有的干脆密密麻麻地写在麻布衬衣里。

堂皇的经典踏在脚底，抖索的肉体缠满墨迹，一旦淋雨或者出汗，烂纸污黑也就与可怜书生的绝望心情混作一团，一团由中国文字、中国文明、中国文人混合成的悲苦造型。

作弊挟带的也不见得全是无能之辈。例如一〇一二年的一次考试，搜出挟带者十八人，于是重考，十八人中还是有十二人合格。由此我一直怀疑，许多主持着考试的考官说不定当年也有未被查出的作弊历史，尽管他们在文化才能上还是合格的。

作过弊的考官对作弊的防范只会更严，也许是为了掩饰自己，也许是因为深谙诀窍，他们会想出许多搜查挟带的机智办法；未曾作过弊的考官，则长期对作弊者保留着一种真诚的气恼，今天有权了，气恼也就化作了峻厉。

无论是机智还是峻厉，最终还是要交给看守考场的士兵来操作。有时还公开悬赏，搜出一个挟带者奖赏一两银子。士兵们受此刺激，立时变成凶神恶煞，向全体考生扑来。

据说连明太祖朱元璋知道士兵们对于应考的士子们浑身上下都要细细摸查的做法后也大不以为然，对大臣们说：这些都是读过圣人诗文的人，怎么能像对付盗贼一样来对付？但是即便朱元璋也无法阻止一种整体机制的必然恶果，明代的搜查更加严格。据《霞外捃屑》卷五所记，考场门口出现的情景是："上久冰冻，解衣露立，搜检军二名，上穷发际，下至膝踵，裸腹赤趾，防怀挟也。"

到清代，考生头上的辫子也要解开来查过，还要察看肛门，实在有辱斯文。为了防止在羊皮袄里挟带，规定考生进考场穿的羊皮袄不能有面子，只能把单张羊皮穿在身上。一眼看去，考场内外一片白花花，宛若一大堆纷乱的羊群。

这景象在我想来是怵目惊心的。这儿究竟发生了什么事？一群读书人，只能以动物的形态，来表白自己对文化的坦诚？只能以最丑陋的仪仗，来比赛自己的文明？

说起来作弊在唐代也有很多，但那时既然允许推荐和自荐，整体气宽松，不太把这种小手小脚当一回事。诗人温庭筠就是一个作弊的高手，老是在考试中替别的考生写文，当“枪手”，远近闻名。公元八五八年会试，考官们为了防止他再一次作弊，故意把他的座位另行摆出，直瞪瞪地注视着他，看到他写完一千多字的文章早早交卷退场了，也就松了一口气。但是万万没有想到，就在这一次，他已经为八位考生完成了试卷！

事情到了清代就不同了，如果有人做“枪手”替别人考试，查出后在考场门外戴枷示众三个月，然后再万里流放。

七

一种巨大的不信任，横亘在考场内外。

乍一看，考场门口如狼似虎的兵士显示着考官对考生的不信任，实际上这只是整体不信任的一部分。在我看来，推荐和自荐的行不通，首先不在于考官对考生的不信任，而在于社会对考官的不信任。

宋代曾有人正确地指出，推荐人才之所以具有可信度，是因为“其取人畏于讥议，多公而审”（《容斋随笔》卷五《韩文公荐士》）。推荐错了人，整个社会都会讥议，这是任何自爱的正派人都不愿意的，因此必然力求公正和审慎。只要珍惜自己的社会声誉，也就有了整体意义上的默契和保证，一切推荐、担保、允诺都因公正而变得合理，反之，则会破碎。

但是，我们的考官很难维护住自己的声誉，原因不在于品质而在于机制。品质再好的考官，在机制上也具有多方面的可攻击性，因此是极其脆弱的。

其一，权力网络上的可攻击性。

考官在官场上，也是不大不小的官员。是官员，就有上下左右需要顾及和忌避的地方，这与考场法则有根本性的矛盾。

他当然可以宣言只顾考场不顾官场，但如果真是这样，他裁断考卷的权力是谁给的？反过来，倘使太顾官场，他作为考场主宰者的文化形象又会污渍斑斑。多数考官都想在两相平衡中稍稍偏向于文化形象，但事实上很难做到。

唐德宗贞元年间，礼部侍郎权德舆主持考政，皇帝的宠臣李实暗示他几个必须照顾的人选，权德舆拒绝了。李实大怒，干脆公然提出二十个人的名单要权德舆接受，而且二十个人的前后名次也排定了。李实对权德舆说："你可以按照我排的名次一一录取，否则，你就会被贬谪到外地，到那时后悔莫及。"这下权德舆不能不陷于矛盾之中了：按照李实的话办，必然被社会耻笑；但不按他的意思办，他一定会到皇帝那里诬奏，如何是好。幸好不久后皇帝死了，李实不能再胡作非为。但李实对权德舆说的那番话，历来有很多考官都听到过，他们不可能都正巧遇到皇帝死亡、改朝换代。他们会怎么做，可想而知。

其实，比权德舆受到李实威胁再早些年，另一位主持考政的礼部侍郎令狐峘的遭遇更能说明问题。令狐峘担任主考官以来，高官中荐托的人很多，但名次数额有定，当然不能全部满足，因此很有一些人力图扳倒他作为报复。就在这种情况下，他收到当朝宰相杨炎的一封信，要他照顾一位有背景的考生。他怕照宰相的意思做了被别的官员揭露，甚至也怕宰相是有意试探，想来想去不知所措，只得把宰相的来信上缴给皇帝。

皇帝见信后把宰相找来问了一下，宰相杨炎见自己写给令狐峘的信竟在皇帝手里，十分气愤，就向皇帝反诉令狐峘。皇帝总是更相信宰相的，听完之后就骂令狐峘是奸人，把他贬了。在这里，作为主考官的权力不堪一击。

在朝廷各位高官中，考官的是非特别多。公元八二〇年礼部侍郎李建主持科举考试，事后朝廷认为他"人情不洽"，让他改任刑部侍郎。而事实上并不是"人情不洽"，而是他没有遵从几项请托。白居易后来说他"在礼部时，以文取生，不听誉，不信毁"；徐松说他"盖不听毁誉，故不免于遭谤也"。但白居易、徐松说这些话的时候，均已盖棺。

令狐峘们一个个被贬了，李建们一个个被调任了，只有那些绝不像他们那样做的考官们诚惶诚恐地在考场上正襟危坐。他们明白，考场只是官场的附庸，自己的基本身份只能是驯顺的官员而不能是刚正的学者。既然最要命的是"人情不洽"，那么，沉下心，换成人情练达。

练达是为了自我安全而机敏敛藏，是为了避谤躲毁而察言观色，是为了左右逢源而多方沟通。练达在无奈中，劳累在灵活中，失落在机巧中，消融在宦海中。

其二，座主声誉上的可攻击性。

一个文官由朝廷任命而主持全国选拔人才的科举考试，社会声誉之高简直无与伦比。朝廷为了强调科举考试的权威性，也有意抬高考官的声誉。上文提到过的唐代进士及第后有"拜谢座主"的仪式，便是其中一个措施。座主就是考官，进士拜谢座主，既有真诚的感激，也有实利的考虑。座主既受朝廷任命，自称门生必为自己增光，也许今后会出现更多提携的机会。

拜谢那天，新科进士们由状元带头，骑马来到考官宅前，下马后恭敬而立，把名纸呈进去通报。被迎进庭院后，列队向东而立，考官则向西而立面对他们，接受拜谢。

集体拜揖、状元致辞、各别拜揖，然后每位进士一一自报家门，尽量把自己亲族中有点名堂的人物一起扯上。碰巧，也会有考官同宗亲戚中了进士，而这位进士在辈分上反倒是考官的叔叔，那可怎么办呢？按照惯例，进士必须自称为侄，而尊考官为叔。（参见《唐语林》卷八补遗）

让叔叔张口叫侄子一声叔叔，他们两人都会震颤，但震颤得最强烈的是封建宗法秩序：仅仅做了一任考官，竟然可以让家族伦理结构为之颠倒！

不仅如此，门生对座主的报答也是终身性的。连柳宗元都说："凡号门生而不知恩之所自出者，非人也。"（《河东先生集》卷三十，《与顾十郎书》。）柳宗元等人都十分厌恶门生中那种一开始毕恭毕敬，到后来忘恩负义的人物，而他们的厌恶在当时几乎也成为一种社会共识。绝大多数门生会永久地效忠座主，不愿被大家目为"非人也"的渣滓。因此，作为座主也就拥有一笔比什么都要贵重的生命财富。

以贤明著称的唐代主考官崔群与夫人的一段对话，很能说明这个问题。夫人劝他什么时候为子孙置几处庄园，崔群笑着说："别担心，我已在全国各地置下了三十处最美的庄园。"夫人大为惊讶，崔群解释道："前年我做主考官时，录取了全国各地的考生三十人，他们每人都是一所最美的庄园啊！"把一个个门生比作一座座庄园，实在将座主和门生的关系表达得淋漓尽致。

不管荒芜不荒芜，这些有趣的谈论显然掩盖了一个最根本的前提：

科举考试是国家行为，考试的结果怎么转眼成了考官的私有财产？

柳宗元不是主张过门生对座主的忠诚吗，但他又讨厌文坛上那些拉帮结派之徒，愤怒地指斥他们“交贵势，倚亲戚，合则插羽翮，生风涛”，“有不诺者，以气排之”。(《河东先生集》卷二十五，《送娄图南秀才游淮南讲人道序》。）柳宗元的厌恶很能代表当时的文化良知，但这种帮派之风恰恰与他称颂过的座主和门生的关系直接牵连。

唐代名相李德裕已经发现了这个问题。这位政治家的仕途十分坎坷，一直处于大起大落之中，但他只要复出当权，总要对科举制度作一些实质性的改革，尤其努力消解座主和门生之间的胶固关系。他在《停进士宴会题名疏》中指出，及第进士是国家挑选的“国器”，“岂可怀赏拔之私惠，忘教化之根源，自谓门生，遂成胶固。所以时风寖薄，臣节何施，树党背公，靡不由此。”(《会昌一品集》补遗。）为此，他提出：不要再叫座主、门生这些名号；进士们录取后可以去参见一次考官，今后再也不允许成群结队地去拜谒了；曲江宴、雁塔题名之类立即停止；及第进士三五人自己庆贺宴乐一下可以，但不许把当年所有及第者全都集中起来盛宴。

李德裕的这些措施，显然是针对由科举考试所形成的帮派的。但随着李德裕的又一次被贬，这些措施也就烟消云散。

但是，一切有头脑的政治家或迟或早都会重新发现李德裕所指出的问题。北宋建隆年间朝廷明确下诏，不准把主考官称为“恩门”“师门”，录取考生也不准自称是某某考官的“门生”，违者就算犯法。对于这个问题，说得最尖锐的是清代学者顾炎武。他指出，正是座主和门生的关系，导致历来“朋党之祸”。也就是说，科举制度直接造成了社会祸乱之源。这与科举制度的初衷，就完全背道而驰了。

其三，文化资格上的可攻击性。

既然考官们在权力和声誉上都难以自立，那就只剩下文化上的资格了。但可悲的是，他们在文化资格上也没有把握。

不知从什么时候开始，中国文人评鉴文化水平的标尺往往不在于宏观识见而在于细节记忆。一有细节上的记忆失误，立即哄传为笑柄。

中国文化拥集着多少细节啊，但人们总是在一笔之误、一字之差、一名之混中来否定一个人的整体文化。考官对考生是这样，社会对考官也是这样。这种传统一直延伸下来，直到今天，有些历史学家在嘲谑科举考试是一场不学无术的骗局时，往往也动用了一些文化细节，这是不公正的。由此可以推想在古代，考官们为了避免任何一点文化缺漏，将会承受多大的心理磨难。

《明史纪事本末》记载，明正德六年（公元一五一一年）的一次会试，考试后公布的一份优秀考卷中有一个知识性的误差，即在行文中不小心把孔子褒扬的十个弟子和后来配享的十个弟子有点混淆。考官阅卷时可能忽略了这一点。落第考生知道后大哗街市，写出大字报到处张贴。所有的考官都觉得丢了脸，自认晦气不敢吭声。

在这种心态下，可能产生的笑话反而更多。乾隆年间一个考生在考试前外出游玩，在路边见到两棵槐树之间有一口井，不知怎么就记住了。临到考试，他怨恨自己肚子里典故太少，便决定杜撰几个出来，灵机一动写出一句“自两槐夹井以来”，如此等等。这一来，阅卷的考官紧张了，心想那一定是我没有读到过的典故。为了掩饰，给予佳评，这位考生竟被取为解元。

我们可以设身处地为这位考官想一想，他实在不能保证浩如烟海的中国文化典籍中绝对没有“两槐夹井”一说。不怕一万只怕万一，因而只能闭一只眼睛算这个考生“用典有据”。

这种麻烦连一些大学问家也经常遇到。一八九二年廷试，阅卷大臣发现一份考卷中有“闾面”二字不可解，问主持其事的宰相翁同龢是否可能是“闾阎”的笔误。翁同龢以知识广博闻名，低头一想说，以前在书中见过以“闾面”对“檐牙”，应该算对。事后问那位考生，确是笔误，这一下翁同龢闹了笑话。

但我们在笑翁同龢的时候不会太畅快，因为深不可测的中国文化几乎能为任何一种肯定和否定提供依据，因此学问越大越会遇到判断的困惑。

那么，考官应该以哪一条水平线来与考生对位？谁也不清楚。在这种情况下，有的考官甚至完全不相信有客观标准，只相信有一种神秘的力量在左右着弃取，便暗暗地用抓阄的办法来领悟“文昌帝君”的旨意。例如清道光年间的穆彰阿，就是这么干的。

考官们在文化资格上还受到更恶性的挑战，即由文化细节而直接诱发政治威慑。考官们不仅避不开朝廷的斧钺，而且也躲不过考生的利剑。最典型的例子是公元七三六年李昂任考官，考生李权通过亲戚邻居的关系来走门路，性子刚直的李昂召集起考生当众责斥李权，并把李权文章中不通的句子摘抄出来贴在街上。于是李权决定报复，他找到李昂，出现了以下一段对话——

李权：古人说过，来而不往非礼也。我的文章不好，现在大家都知道了；主考大人也有不少文章在外界传流，我也想切磋一下，可以吗？

李昂：有何不可！请吧。

李权：有两句诗，“耳临清渭洗，心向白云闲”，是主考大人写的吗？

李昂：是的。

李权：您诗中用了“洗耳”的典故。大家都知道，这个典故是说古代的尧帝在他的衰老之年不想再统治天下了，要把自己的权位禅让给许由，没想到许由不仅不想掌权，而且根本不想听让他做官的话，认为那是最坏的话，听到后还到水边去洗耳朵。

李昂：……

李权：今天我们的皇上年富力强，还远没有衰老到退位的年岁，而且皇上好像也没有把皇位让给主考大人的意思，您洗耳朵干什么呢？

听了李权这番话，李昂身为考官却惶骇万状，一下子软了下来。李权的做法，让我们很容易联想到“文革”灾难中“造反派”暴徒通过“咬文嚼字”来诬陷栽赃的伎俩。

以前我们更多地关注科举考试中考生们的悲哀，结果造成一种印象，似乎是一群邪恶而又愚蠢的考官在胡闹。但是，当我们的视线一旦停留在考官们身上，发现他们也处在一种极其脆弱又极不被人信任的困境中，那么我们就会明白：科举考试本身是一个全方位的悲剧。

对中国来说，这是一种千年的需要，又是一种千年的无奈。抓住它，满手芒刺；丢弃它，步履艰难。

八

科举考试最终的败落，在于它的考试内容。

其实，这也是一个千余年伤透了脑筋的老问题。历来很多有识之士一而再、再而三地为此而唇枪舌剑，激烈争论。考试主持者们也曾做过一系列试验，一次次地改革考试内容，力图使它更适合于选拔管理人才。

考试中究竟是侧重诗文经典，还是侧重社会实务，是人们讨论的一个难点。在唐代有很长一段时间，十分重视时务策论，例如元结任州试考官时曾出过这样几个试题：

一、你认为应该如何消解当前的强藩割据?

二、你认为应该如何使官吏清廉，断绝他们的侥幸所得?

三、你认为应该如何使战乱中流离失所的百姓重新耕种?

四、你知道粟帛估钱的情况吗?

在大诗人杜甫出的试卷中，有“华阴的漕渠如何开筑为宜”“兵卒如何轮休”等题目。白居易则问考生“如何改进各级官员的薪俸制度”“如何解决当前社会上出现的农贫商富的问题”等等，都非常切于实用。

这些试题今天看起来仍然觉得不错，但我们也不能褒扬过甚。沉溺于诗赋考试固然太局限了，但是，能对身边的现实问题发表一点议论的考生，大多算不上什么人才。

更何况，在考试中讨论身边的具体问题，阅卷的困难很大。考官自己对这些具体问题的看法，很容易成为一种取舍标准，但这是不公正的。正因为这样，一些大学者倒并不倾心于这方面的改革，他们觉得科举考试也就这么回事了，靠几道试题来断定什么考试有用，什么考试无用，未免显得武断。

苏东坡说：

> 自文章而言，则策论为有用，诗赋为无益。自政事言之，则策论、诗赋均为无用。虽知其无用，然自祖宗以来莫之废者，以为设科取士，不过如此而已。
>
> （《东坡奏议集》卷一）

“均为无用”“不过如此而已”，真是大家口吻。

柳宗元说得更透彻，他认为试题的变来变去并不会改变取士的方向，不要企望试题出现了什么方面的内容就会选拔到什么方面的人才。考生总是那些读书人，朝廷侧重考什么内容，他们就作什么方面的准备。

苏东坡和柳宗元的看法高人一筹，但作为稀世大才他们对人才的要求，与科举考试想选拔的人才有较大的距离。

就一般人才的选拔而言，考试内容还是重要的。一定的试题定向，标志着国家对人才的需求重点，也会对全国应试者的自我塑造起一个引导作用。可惜自宋代至明清，国家对人才的需求标准越来越不明确，只靠着一种历史惯性消极地维持着科举。为了符合上下古今多方位的意识形态要求，考试内容越来越僵硬。终于，出现了八股文。

用八股文取士，不仅内容限定、格式限定，而且许多联接虚词也是限定的。当然，这至少给考官阅卷带来了不少方便，也使不同的考生纳入了一种相同的可比性之中。

八股文的毛病首先不在形式而在内容。这是一种毫无社会责任和历史激情，不知究竟要选择什么样的人的昏庸考试方式。全国士子为通过这项考试一年又一年地钻研八股文的写法，结果造就了大量的废物。

对此，清代医学家徐灵胎随手写的一首“道情”表达得很清楚。文中的“时文”，即指八股文：

读书人，最不济。背时文，烂如泥。国家本为求才计，谁知道变做了欺人技。三句破题，两句承题。摇头摆尾，便道是圣门高第。可知道三通、四史是何等文章？汉祖、唐宗是哪一期皇帝？案头放高头讲章，店里买新科利器。读得来肩背高低，口角嘘唏。甘蔗渣儿嚼了又嚼，有何滋味。辜负光阴，白白昏迷一世。就教他骗得高官，也是百姓朝廷的晦气！

（见商衍鎏《清代科举考试述录》）

事情到了十九世纪后期，国际参照系生楞楞地出现在中国文人前面，无情的对比强烈到让人眩晕。一千多年前当科举制度刚刚盛行的时候，中国在世界上是一个什么样的形象啊，怎么考了一千多年，反而成了这副模样？

是中国上了科举制度的当？或是科举制度上了中国的当？或是它们彼此上当？或是大家都上了一种莫名的历史魔力的当？

据齐如山回忆，直到十九世纪晚期，中国大地仍然愚蠢地以科举制度抵拒着商业文明。一个人参加了一次哪怕是等级最低的科举考试，连秀才也没有考上，在当时也算是"文童"了，有事见知县时可以有座，也可以与官员们同桌用餐。与此相反，一个商人，即便是海内巨贾、富甲一方，见知县时却不会有座，也不准与官员们同桌用餐。

于是，在我眼前出现了一个具有象征意义的历史造像：一个读了几年死书而没有读出半点门道的失败者傻乎乎地端坐着，一个已经创造了大量财富而且有可能给中国带来新的活力的实践者像仆役一样侍立着。这一历史造像，离我们并不遥远。

那么，十九世纪晚期的科举考试是什么样子的呢？周作人回忆道，那是大寒季节，半夜起床，到考场早早坐定，在前后左右一片喧嚣中等到天亮。天亮后有人举着一块木板过来，上面写着考题，于是一片喧嚣变成了一片咿唔，考生们边咿唔边琢磨怎么写八股文了。一直咿唔到傍晚，时间显得紧张，咿唔也就变成呻吟：

在暮色苍茫之中，点点灯火逐渐增加，望过去真如许多鬼火，连成一片；在这半明不灭的火光里，透出呻吟似的声音来，的确要疑非人境。

（《知堂回想录》）

齐如山对此还作了一个小小的补充，即整整一天的考试是无法离座大小便的，于是可想而知，场内污秽横流，恶臭难闻。

读到这类回忆我总是蓦然发呆：灿烂的中国文明，繁密的华夏人才，究竟中了什么邪，要一头钻进这种鬼火、呻吟和恶臭里边？

出于时代的压力、国际的对比，一九〇一年慈禧下令改革科举。考试内容里加中外政治历史。四书五经仍考，但不再用八股文程式。同时，开设新式学堂，派遣学生到国外留学。

为了迎合中外政治历史的内容，有一次考官出题时把法国的拿破仑塞进去了，而且因为粗粗地知道他与中国项羽一样是一位以失败而告终的勇猛战将，便出了一道中外比较的试题：《项羽拿破轮论》。出题的考官赶时髦，但来自全国各地的考生怎么跟得上呢？一位考生一开笔就写道：

夫项羽，拔山盖世之雄，岂有破轮而不能拿哉？使破轮自修其政，又焉能为项羽所拿者？拿全轮而不胜，而况于拿破轮也哉？

（见舒芜《项羽拿破仑论》、
吴小如《〈项羽拿破仑论〉及其他》）

这位考生理所当然地把“拿破轮”看成是一个行为短语；什么人伸手去拿一个破轮子。

项羽有没有拿过破轮子他不知道，但八股文考试鼓励空洞无物的瞎议论，文章也就做下去了。

我想，这位考生敢于做这篇文章，倒也真有一点“岂有破轮而不能拿哉”的气概。科举考试在当时确实已成为一个破轮，它无论如何不能再向前滚动了。为了不让这个破轮使整个大车倾翻，在喊声鼎沸中，科举制终于被废除。

但是，废除了科举制度的中国有了新式教学，却没能从制度上解决管理人才的选拔问题。

新型的学者在成批地产生，留学外国的科学家在一船船地回来，但管理他们的官员又是从何产生的呢？

科举制度给过我们一种远年的浪漫，一种理性的构想，尽管这种浪漫的构想最终不成样子。但是，今天当我们还没有构建起一种科学的官吏选拔机制，那就还没有资格来嘲笑它。

九

科举实在累人。考生累、考官累，整个历史和民族都被它搞累，我写它也实在写累了。我估计，读者也一定已经读得很累，那就到此为止吧。走笔至此，满心怅然。

作为一个中国人，我应该对它低头致敬。它以一千三百年的惊人坚持，在这么辽阔的土地上实现了一个梦幻般的政治学构思。那就是，通过文化考试在全国男子中选拔各级管理者，使中华文明越过无数次灭亡的危机而浩荡延续。正是这种延续，使我们有可能汲取千年前的伟大精神力量，知道什么是永恒的高贵，什么是不朽的美典。

作为一个文化人，我又要对它摇头长叹。它为了朝廷统治的人才需求而设置的文化关口，看似重视文化，实质败坏了文化，尤其是败坏了整个民族的集体文化人格。在历代考生咿咿唔唔的文本诵读声中，中国文脉渐渐失去魂魄。

因此，由于它，中华文明一直保持着宏大存在，却又未能走向强健。

十万进士，如果站在一起，会是黑压压的一大片，望不到边。这是人类智能最大的聚合体，没有什么事情想不明白。只不过，当时他们每个人都只能想到与自己生命相关的一小段。现在把一小段、一小段全都连在一起了，他们便都陷入了沉默。对于科举制度的整体结果，不管是正面结果还是负面结果，他们会很惊讶，却不会过度兴奋和沮丧。但他们一定都怀有期待，期待这片他们所熟悉的土地，能出现他们不熟悉的文化景象。

十万个聪明人的沉默和期待，实在会让后代心颤。

大地小人

一

在梳理中国文脉时，越来越强烈地感觉到，文脉之根，在于魂脉，即人格之脉、精神之脉，这个问题，我在上文《十万进士》中已有多处论述，本文还想更深入地揭示其间关系，看历来玷污集体人格最严重的负动量究竟是什么。

中华大地和中华文化，本该更加敞亮爽利，本该有更多万人景仰的圣哲、更多光耀千秋的杰作。然而，谁都看到，事情一直不是这样。原因是，有密密麻麻的一群特殊人物悄悄地掌控了不小的局面。

我们居然常常把他们忽略了，遗忘了。

这群人物不是英雄豪杰，也未必是元凶巨恶。他们的社会地位可能极低，也可能很高。就文化程度论，他们可能是文盲，也可能是学者。很难说他们是好人坏人，但由于他们的存在，许多鲜明的历史形象渐渐变得瘫软、迷顿、暴躁，许多简单的历史事件一一变得混沌、暧昧、肮脏，许多祥和的人际关系慢慢变得紧张、尴尬、凶险，许多响亮的历史命题逐个变得黯淡、紊乱、荒唐。

他们起到了如此巨大的作用，但他们并没有明确的政治主张，他们的全部所作所为并没有留下清楚的行为印记，他们绝不想对什么负责，而且确实也无法让他们负责。他们是一团驱之不散又不见痕迹的腐蚀之气，他们是一堆飘忽不定的声音和眉眼。

你终于愤怒了，聚集起万钧雷霆准备轰击，没想到这些声音和眉眼也与你在一起愤怒，你突然失去了轰击的对象。你想不予理会，掉过头去，但这股腐蚀气却又悠悠然地不绝如缕。

我相信，历史上许多钢铸铁浇般的政治家、军事家最终悲怆辞世的时候，最痛恨的不是自己明确的政敌和对手，而是曾经给过自己很多腻耳的佳言和突变的脸色，最终还说不清究竟是敌人还是朋友的那些人物。

处于弥留之际的政治家和军事家颤动着嘴唇艰难地吐出一个词：“小人……”

——不错，小人。这便是我这篇文章要写的主角。

小人是什么？如果说得清定义，他们也就没有那么可恶了。小人是一种很难定位和把握的存在，约略能说的只是，这个“小”，既不是指年龄，也不是指地位。小人与小人物，是两码事。

在一本书上看到欧洲的一则往事。数百年来一直亲如一家的一个和睦村庄，突然产生了邻里关系的无穷麻烦，本来一见面都要真诚地道一声“早安”的村民们现在都怒目相向。没过多久，几乎家家户户都成了仇敌，挑衅、殴斗、报复、诅咒天天充斥其间，大家都在想方设法准备逃离这个恐怖的深渊。

可能是教堂的神甫产生了疑惑吧，他花了很多精力调查缘由。终于真相大白，原来不久前刚搬到村子里来的一位巡警的妻子是个爱搬弄是非的长舌妇，全部恶果都来自于她不负责任的窃窃私语。村民知道上了当，不再理这个女人，她后来很快搬走了。

但是万万没有想到，村民间的和睦关系再也无法修复。解除了一些误会，澄清了一些谣言，表层关系不再紧张，然而从此以后，人们的笑脸不再自然，即便在礼貌的言辞背后也有一双看不见的疑虑眼睛在晃动。大家很少往来，一到夜间早早地关起门来，谁也不理谁。

我读到这个材料时，事情已过去了几十年。作者写道，直到今天，这个村庄的人际关系还是又僵又涩、不冷不热。

对那个窃窃私语的女人，村民们已经忘记了她讲的具体话语，甚至忘记她的容貌和名字。说她是坏人吧，看重了她，但她实实在在地播下了永远也清除不净的罪恶的种子。说她是故意的吧，那也强化了她，她对这个村庄未必有什么争夺某种权力的企图。说她仅仅是言辞失当吧，那又过于宽恕了她，她做这些坏事带有一种近乎本能的冲动。对于这样的女人，我们所能给予的还是那个词：小人。

小人的生存状态和社会后果，由此可见一斑。

这件欧洲往事因为有前前后后的鲜明对比，有那位神甫的艰苦调查，居然还能寻找到一种答案。然而谁都明白，这在“小人事件”中属于罕例。绝大多数“小人事件”是找不到这样一位神甫、这么一种答案的。我们只要稍稍闭目，想想古往今来、远近左右，有多少大大小小、有形无形的“村落”被小人糟蹋了而找不到事情的首尾？

由此不能不由衷地佩服起孔老夫子和其他先秦哲学家来了，他们那么早就浓浓地划出了“君子”和“小人”的界线。诚然，这两个概念有点模糊，相互间的内涵和外延都有很大的弹性，但后世大量新创立的社会范畴都未能完全地取代这种古典划分。

孔夫子提供这个划分，是为了弘扬君子、提防小人。但是，后来人们常常为了空洞的目标和眼前的实利淡化这个划分，于是，我们长久地放弃这个划分之后，小人就像失去监视的盗贼、冲决堤岸的洪水，汹涌泛滥。

结果，不愿多说小人的中国历史，小人的阴影反而越来越浓。他们组成了道口路边上密密层层的许多暗角，使得本来就已经十分艰难的民族步履在那里趔趄、错乱，甚至回头转向，或拖地不起。即便是智慧的光亮、勇士的血性，也对这些霉苔斑斑的角落无可奈何。

二

然而，真正伟大的历史学家是不会放过小人的。司马迁在撰写《史记》的时候就发现了这个历史症结，于是在他冷静的叙述中时时迸发出一种激愤。

例如，司马迁写到过发生在公元前五二七年的一件事。那年，楚平王要为自己的儿子娶一门媳妇，选中的姑娘在秦国，于是就派出一名叫费无忌的大夫前去迎娶。费无忌看到姑娘长得极其漂亮，眼睛一转，就开始在半道上动脑筋了。

——我想在这里稍稍打断，与读者一起猜测一下他动的是什么脑筋，这会有助于我们理解小人的行为特征。

看到姑娘漂亮，估计会在太子那里得宠，于是一路上百般奉承，以求留下个好印象。这种脑筋，虽不高尚却也不邪恶，属于寻常世俗心态，不足为奇，算不上我们所说的小人；看到姑娘漂亮，想入非非，企图有所沾染，暗结某种私情。这种脑筋，竟敢把一国的太子当做情敌，简直胆大妄为。但如果付诸实施，倒也算是人生的大手笔；为了情欲无视生命，即便荒唐也不是小人作为。

费无忌动的脑筋完全不同，他认为如此漂亮的姑娘应该献给正当权的楚平王。

尽管太子娶亲的事已经国人皆知，尽管迎娶的车队已经逼近国都，尽管楚宫里的仪式已经准备妥当，费无忌还是骑了一匹快马，抢先直奔王宫。他对楚平王描述了秦国姑娘的美貌，说反正太子此刻与这位姑娘尚未见面，大王何不先娶了她，以后再为太子找一门好的呢？楚平王好色，被费无忌说动了心，但又觉得事关国家社稷的形象和承传，必须小心从事，就重重拜托费无忌一手操办。三下两下，这位原想来做太子妃的姑娘，转眼成了公公楚平王的妃子。

事情说到这儿，我们已经可以分析出小人的几条行为特征了：

其一，小人见不得美好。小人也能发现美好，有时甚至发现得比别人还敏锐，但不可能对美好投以由衷的虔诚。他们总是眯缝着眼睛打量美好事物，眼光时而发红时而发绿，时而死盯时而躲闪，只要一有可能就忍不住要去扰乱、转嫁，竭力作为某种隐潜交易的筹码加以利用。

美好的事物可能遇到各种各样的灾难，但最消受不住的却是小人的作为。蒙昧者可能致使明珠暗投，强蛮者可能致使玉石俱焚，而小人则鬼鬼祟祟地把一切美事变成丑闻。因此，美好的事物可以埋没于荒草黑夜间，可以展露于江湖莽汉前，却断断不能让小人染指或过眼。

其二，小人见不得权力。不管在什么情况下，小人的注意力总会拐弯抹角地绕向权力的天平；在旁人看来根本绕不通的地方，他们也能飞檐走壁绕进去。他们敢于大胆损害的，一定是没有权力或权力较小的人。他们表面上是历尽艰险为当权者着想，实际上只想着当权者手上的权力。但作为小人，他们对权力本身并不迷醉，只迷醉权力背后自己有可能得到的利益。因此，乍一看他们是在投靠谁、背叛谁、效忠谁、出卖谁，其实他们压根儿就没有稳定的对象概念，只有实际私利。

其三，小人不怕麻烦。上述这件事，按正常逻辑来考虑，即便想做也会被可怕的麻烦所吓退，但小人是不怕麻烦的。怕麻烦做不了小人，小人就在麻烦中成事。小人知道，越麻烦越容易把事情搞浑，只要自己不怕麻烦，总有怕麻烦的人。当太子终于感受到与秦国姑娘结婚的麻烦时，当大臣们也明确觉悟到阻谏的麻烦时，这件事也就办妥了。

其四，小人办事效率高。小人急于事功又不讲规范，有明明暗暗的障眼法掩盖着，办起事来几乎遇不到阻力，能像游蛇般灵活地把事情迅速搞定。他们善于领会当权者难以启齿的隐忧和私欲，把一切化解在顷刻之间，所以在当权者眼里，他们的效率更是双倍的。有当权者支撑，他们的效率就更高了。费无忌能在为太子迎娶的半道上发起一个改变皇家婚姻方向的骇人行动而居然快速成功，便是例证。

暂且先讲这四项行为特征吧，司马迁对此事的叙述还没有完，让我们顺着他的目光继续看下去——

费无忌办成了这件事，既兴奋又慌张。楚平王越来越宠信他了，这使他满足，但静心一想，这件事上受伤害最深的是太子，而太子是迟早会掌大权的，那今后的日子怎么过呢？

他开始在楚平王耳边递送小话：“那件事情之后，太子对我恨之入骨，那倒罢了，我这么个人也算不得什么，问题是他对大王您也怨恨起来，万望大王戒备。太子已握兵权，外有诸侯支持，内有他的老师伍奢帮着谋划，说不定哪一天要兵变呢！”

楚平王本来就觉得自己对儿子做了亏心事，儿子一定会有所动作，现在听费无忌一说，心想果不出所料。于是立即下令杀死太子的老师伍奢、伍奢的长子伍尚，进而又要捕杀太子。太子和伍奢的次子伍员，只得逃离楚国。

从此之后，连年的兵火就把楚国包围了。逃离出去的太子是一个拥有兵力的人，自然不会甘心；伍员则发誓要为父兄报仇，曾一再率吴兵伐楚。许多连最粗心的历史学家也不得不关注的著名军事征战，此起彼伏。

然而楚国人民记得，这场弥天大火的最初点燃者是小人费无忌。大家咬牙切齿地用极刑把这个小人处死了，但整个国土早已满目疮痍。

——在这儿我又要插话。顺着事件的发展，我们又可把小人的行为特征延续几项了：

其五，小人不会放过被伤害者。小人在本质上是胆小的，他们的行动方式使他们不必害怕具体操作上的失败，但却不能不害怕报复。设想中的报复者当然是被他们伤害的人，于是他们的使命注定是要连续不断地伤害被伤害者。你如果被小人伤害了一次，那么等着吧，第二次、第三次更大的伤害在等着你。因为不这样做，小人缺少安全感。楚国这件事，受伤害的无疑是太子，费无忌深知这一点，因此就无以安生，必欲置之死地才放心。小人不会怜悯，不会忏悔，只会害怕，但越害怕越凶狠，一条道走到底。

其六，小人需要博取同情。明火执仗的强盗、杀人不眨眼的刽子手是恶人而不是小人，小人没有这份胆气，需要掩饰和躲藏。他们反复向别人解释，自己是天底下受损失最大的人，自己是弱者，弱得不能再弱了，似乎生就是被别人欺侮的料。在他们企图吞噬别人产权、名誉乃至身家性命的时候，他们甚至会让低沉的喉音、含泪的双眼、颤抖的脸颊、欲说还休的语调一起上阵，逻辑说不圆通时便哽哽咽咽地糊弄过去，你还能不同情？而费无忌式的小人则更进一步，努力把自己打扮成一心为他人、为上司着想而招致祸殃的人，那自然就更值得同情了。职位所致，无可奈何，一头是大王，一头是太子，我小小一个侍臣有什么办法？苦心斡旋却两头受气，真是何苦来哉？——这样的话语，从古到今我们听到的还少吗？

其七，小人必须用谣言制造气氛。小人要借权力者之手或起哄者之口来卫护自己，必须绘声绘色地谎报敌情。费无忌谎报太子和太子的老师企图谋反攻城的情报，便是引起以后巨大灾祸的直接诱因。说谎和造谣是小人的生存本能，但小人多数是有智力的，他们编织的谎言要取信于权势和舆情，必须大体上合乎浅层逻辑，让不习惯实证考察的人一听就立即产生情绪反应。因此，小人的天赋就在于能熟练地使谎言编织得合乎情理。他们是一群有本事诱使伟人和庸人全都沉陷进谎言迷宫而不知回返的能工巧匠。

其八，小人最终控制不了局势。小人精明而缺少远见，因此他们在制造一个个具体的恶果时并没有想这些恶果最终组接起来将会酿成一个什么样的结局。当他们不断挑唆权势和舆情的初期，似乎一切顺着他们的意志在发展，而当权势和舆情终于勃然而起挥洒暴力的时候，连他们也不能不瞠目结舌、骑虎难下了。小人完全控制不了局面，但人们不会忘记他们是这些灾难的最初责任者。平心而论，当楚国一下子陷于邻国攻伐而不得不长年以铁血为生的时候，费无忌也已经束手无策，做不得什么好事也做不得什么坏事了。但最终受极刑的仍然是他，司马迁以巨大的厌恶使之遗臭万年的也是他。小人的悲剧，正在于此。

三

解析一个费无忌，我们便约略触摸到了小人的一些行为特征，但这对了解整个小人世界还是远远不够的。小人，还没有被充分研究。

我理解我的同道，谁也不愿往小人的世界深潜，因为这委实是一件令人气闷乃至恶心的事。既然生活中避小人唯恐不远，为何还要让自己的笔去长时间地沾染他们呢？

但是，回避显然不是办法。既然人们都遇到了这个梦魇却缺少人来呼喊，既然呼喊几下说不定能把梦魇暂时驱除一下，既然暂时的驱除有助于增强人们对于正义的信心，那么，为什么要回避呢?

我认为，小人之为物，不能仅仅看成是个人道德品质的畸形，这是一种历史的需要。

中国式的人治专制隐秘多变，迫切需要一批这样的人物：他们既能诡巧地遮掩隐秘，又能适当地把隐秘装饰一下昭示天下；既能灵活地适应变动，又能庄严地在变动中翻脸不认人；既能从心底里蔑视一切崇高，又能把统治者的心思洗刷成光洁的规范。

这样一批人物，需要有敏锐的感知能力、快速的判断能力、周密的联想能力、有效的操作能力，但却万万不能有稳定的社会理想和个人品格。从这个意义上说，小人不是自然生成的，而是对极权专制体制的填补。

为了极权专制的利益，这些官场小人能够把人之为人的人格基座踩个粉碎，并由此获得一种轻松，不管干什么事都不存在心理障碍。人性、道德、信誉、承诺、盟誓可以一一丢弃，朋友之谊、骨肉之情、羞耻之感、恻隐之心也可以一一抛开，这便是极不自由的专制社会所哺育出来的“自由人”。

这种“自由人”在中国下层社会某些群落获得了呼应。

我所说的这些群落不是指穷人，贫穷不等于高尚却也不直接通向邪恶；我甚至不是指强盗，强盗固然邪恶却也有自己的道义规范，否则无以合伙成事、无以长久立足，何况他们时时以生命作为行为的代价；我当然也不是指娼妓，娼妓付出的代价虽然不是生命却也是够痛切的，在人生的绝大多数方面，她们都要比官场小人贞洁。

与官场小人真正呼应得起来的，是社会下层的那样一些低劣群落：恶奴、乞丐、流氓、文痞。

恶奴、乞丐、流氓、文痞一旦窥知堂堂朝廷要员也与自己一般行事处世，也便获得了巨大的鼓舞，成了中国封建社会中最有资格自称“朝中有人”的皇亲国戚。

这种遥相对应产生了一个辽阔的中间地带。一种巨大的小人化、卑劣化运动，在中国大地上出现了。上有朝廷楷模，下有社会根基，那就滋生蔓延吧，有什么力量能够阻挡呢？

那么，就让我们以恶奴型、乞丐型、流氓型、文痞型的分类，再来更仔细地看一看小人。

恶奴型小人：

本来，为人奴仆也是一种社会构成，并没有可羞耻或可炫耀之处。但其中有些人，成了奴仆便依仗主子的声名欺侮别人，主子失势后却又对主子本人恶眼相报，甚至平日在对主子低眉顺眼之时也不时窥测着吞食主子的各种可能。这便是恶奴了，而恶奴则是很典型的一种小人。

谢国桢先生的《明季奴变考》详细叙述了明代末年江南一带仕宦缙绅家奴闹事的情景，其中涉及我们熟悉的张溥、钱谦益、顾炎武、董其昌等文化名人的家奴。这些家奴或是仗势欺人，或是到官府诬告主人，或是鼓噪生事席卷财物，使政治大局本来已经够混乱的时代更加混乱。

为此，孟森先生曾写过一篇《读明季奴变考》的文章，说明这种奴变其实说不上阶级斗争。因为当时江南固然有不少做了奴仆而不甘心的人，却也有很多明明不必做奴仆而一定要做奴仆的人，这便是流行一时的找豪门投靠之风。

本来生活已经挺好，但想依仗豪门以逃避赋税、横行乡里，便成群结队地签订契约卖身为奴。“卖身投靠”这个词就是这样来的。孟森先生说，前一拨奴仆刚刚狠狠地闹过事，后一拨人又乐呵呵地前来投靠为奴，这算什么阶级斗争呢？

乞丐型小人：

因一时的灾荒行乞，是值得同情的，但是，把行乞当做一种习惯性职业，进而滋生出一种群体性的心理模式，则必然成为社会公害。

乞丐心理的基点，在于以自秽、自弱为手段，点滴而又快速地完成着对他人财物的占有。乞丐型小人的心目中没有明确的所有权概念，他们认为世间的一切都不是自己的，又都是自己的。只要舍得牺牲自己的人格形象来获得人们的怜悯，不是自己的东西也可能转换成自己的东西。他们的脚永远踩踏在转换所有权的滑轮上，获得前语调诚恳让人流泪，获得后立即翻脸不认人。

乞丐一旦成群结帮，谁也不好对付。《清稗类钞·乞丐类》载："江苏之淮、徐、海等处，岁有以逃荒为业者，数百成群，行乞于各州县，且至邻近各省，光绪初为最多。"最古怪的是，这帮浩浩荡荡的乞丐还携带着盖有官印的"护照"，到了一个地方行乞简直成了一种堂堂公务。

行完乞，他们又必然会到官府赖求，再盖一个官印，作为向下一站行乞的"签证"。官府虽然也皱眉，但经不住死缠，既是可怜人，行乞又不算犯法，也就一一盖了章。

由这个例证联想开去，生活中只要有人肯下决心用乞丐手法来获得什么，迟早总会达到目的。

流氓型小人：

当恶奴型小人终于被最后一位主子所驱逐时，当乞丐型小人终于有一天不愿再扮可怜相时，这就变成了流氓型小人。

《明史》中记述过一个叫曹钦程的人，已经做了吴江知县，还要托人认宦官魏忠贤做父亲，其献媚的态度最后连魏忠贤本人也看不下去了，说他是败类，撤了他的官职。他竟当场表示："君臣之义已绝，父子之恩难忘。"

不久，魏忠贤阴谋败露，曹钦程被算作同党关入死牢。他也没觉得什么，天天在狱中抢掠其他罪犯的伙食，吃得饱饱的。

这个曹钦程，起先无疑是恶奴型小人，但失去主子，到了死牢，便自然地转化为流氓型小人。我做过知县怎么着？照样敢把杀人犯嘴边的饭食抢过来塞进嘴里！你来打吗？我已经咽下肚去了，反正迟早要杀头，还怕打？——人到了这一步，说什么也多余了。

流氓型小人比其他类型的小人显得活跃。他们像玩杂耍一样交替玩弄着诬陷、偷听、恫吓、欺诈、出尔反尔、背信弃义、引蛇出洞、声东击西等技法，别人被这一切搞得泪血斑斑，他们却谈笑自若，全然不往心里放。

流氓型小人乍一听似乎多是年轻人，其实未必。他们的所作所为是时间积累的恶果，因此有不少倒是上了一点年岁的。谢国桢先生曾经记述明末江苏太仓沙溪一个叫顾慎卿的人，他做过家奴，贩过私盐，也在衙门里混过事，人生历练极为丰富，到老在乡间组织一批无赖子不断骚扰百姓。史书对他的评价是三个字“老而黠”，简洁地概括了一个真正到位的流氓型小人的典型。街市间那些有流氓习气的年轻人并不属于这个范围。

文痞型小人：

当上述各种小人获得一种文化载体或文化面具时，那就成了文痞型小人。

明明是文人却被套上了一个“痞”字，是因为他们的行事方式与市井小痞子有很多共同之处。例如，他们都是以攻击他人作为第一特征；攻击的方式是掷秽泼污，侵犯他人的名誉权；对于自己的劣行即使彻底暴露也绝不道歉，立即转移一个话题永远纠缠下去，如此等等。

但是，文痞型小人毕竟还算文人，懂得伪装自己的文化形象，因此一定把自己打扮得慷慨激昂、疾恶如仇。他们知道当权者最近的心思，也了解当下舆论的热点，总是抛出一个个最吸引众人注意力的话题作为攻击的突破口，顺便让自己成为公众人物。

在古代，血迹斑斑的文字狱的形成，最早的揭发批判者就是他们；在现代，“文革”中无数冤假错案的出现，最早的揭发批判者也是他们；在当代，借用媒体的不良权力一次次围诼文化创造者，致使文化严重滞后的，也是他们。他们不断地引导民众追恶寻恶，而最大的恶恰恰正是他们自己。

我曾经做过几次试验，让一些德行高尚的文化人来排列古代、现代、当代的文痞型小人名单，结果居然高度一致，可见要识破他们并不难。但是，在当今中国，文痞型小人仍然特别具有欺骗性和破坏性，因为他们利用广大民众对于文化的茫然、对于报刊的迷信，把其他类型小人的局部恶浊装潢成了一种广泛的社会污染。因此，他们是所有小人中最恶劣的一群。

影响虽大，但他们的人数并不多，这可能要归功于中国古代的君子观念的渗透。历来许多文人有言辞偏激、嘲谑成性、行止不检、表里不一等缺点，都不能目之为文痞型小人。

四

值得深思的是，有不少小人并没有什么权力背景、组织能力和敢死精神，为什么正常的社会群体对他们也失去了防御能力？如果我们不把责任全部推给此前的专制王朝，在我们身边是否也能找到一点原因？

好像能找到一些。

第一，观念上的缺陷。

不知从什么时候开始，我们社会上特别痛恨的都不是各种类型的小人。我们痛恨口出狂言的青年，我们痛恨死死纠缠异性的情痴，我们痛恨极端的激进派或保守派，我们痛恨跋扈、妖惑、酸腐、固执，我们痛恨这痛恨那，却不会痛恨那些没有立场的游魂、转瞬即逝的笑脸、无法验证的美言、无可检收的许诺。

很长时间我们都以某种意识形态的立场决定自己的情感投向，而小人在这方面是无可无不可的，因此容易同时讨好两面，至少被两面都看成中间状态的友邻。

我们厌恶愚昧，小人智商不低；我们厌恶野蛮，小人在多数情况下不干血淋淋的蠢事。结果，我们苛刻地垂顾着各色人等，却独独把小人给放过了。

第二，情感上的牵扯。

小人是善于做情感游戏的，这对很多劳于事功而深感寂寞的好人来说正中下怀。

在这个问题上小人与正常人的区别是：正常人的情感交往是以袒示自我的内心开始的，小人的情感游戏是以揣摩对方的需要开始的。小人往往揣摩得很准，人们一下就进入了他们的陷阱，误认他们为知己。小人就是那种没有一个真正的朋友却曾有很多人把他误认为知己的人。

到后来，人们也会渐渐识破他们的真相，但既有旧情牵连，不好骤然翻脸。

我觉得中国历史上特别能在情感的迷魂阵中识别小人的是两大名相：管仲和王安石。他们的千古贤名，有一半就在于他们对小人的防范上。

管仲辅佐齐桓公时，齐桓公很感动地对他说：“我身边有三个对我最忠心的人，一个为了侍候我自愿做太监，把自己阉割了；一个来做我的臣子后整整十五年没有回家看过父母；另一个更厉害，为了给我滋补身体居然把自己儿子杀了做成羹给我吃！”

管仲听罢便说：“这些人不可亲近，他们的作为全部违反人的正常感情，怎么还谈得上对你的忠诚？”齐桓公听了管仲的话，把这三个小人赶出了朝廷。

管仲死后，这三个小人卷土重来，果然闹得天翻地覆。

王安石一生更是遇到很多小人，难于尽举，给我印象最深的是谏议大夫程师孟，他有一天竟然对王安石说，他目前最恨的是自己身体越来越好，而自己的内心却想早死。王安石很奇怪，问他为什么，他说：“我先死，您就会给我写墓志铭，好流传后世了。”

王安石一听就掂出了这个人的人格重量，不再理会。

只有像管仲、王安石这样，小人们所布下的情感迷魂阵才能破除；但对很多人物来说，几句好话一听心肠就软，小人要俘虏他们易如反掌。

第三，心态上的恐惧。

小人和善良人往往有一段或短或长的情谊上的“蜜月期”。当善良人开始有所识破的时候，小人的撒泼期也就来到了。

平心而论，对于小人的撒泼，多数人是害怕的。小人不管实际上胆子有多小，撒起泼来却有一种玩命的表象。好人虽然不见得都怕死，但死也要死在像样的地方；与小人玩命，他先泼你一身脏水，把是非颠倒得让你成为他的同类，就像拉进一个泥潭翻滚得谁的面目也看不清，这样的死法多窝囊！

因此，小人们用他们的肮脏，摆开了一个比世界上任何真正的战场都令人恐怖的混乱方阵，使再勇猛的斗士都只能退避三舍。

在很多情况下小人不是与你格斗而是与你死缠。他们知道你没有这般时间、这般口舌、这般耐心、这般情绪，他们知道你即使发火也有熄火的时候，只要继续缠下去总会有你的意志到达极限的一刻。他们也许看到过古希腊的著名雕塑《拉奥孔》，那对强劲的父子被滑腻腻的长蛇终于缠到连呼号都发不出声音的地步。想想那尊雕塑吧，你能不怕？

有没有法律管小人？很难。小人基本上不犯法。这便是小人更让人感到可怕的地方。《水浒传》中的无赖小人牛二缠上了英雄杨志，杨志一躲再躲也躲不开，只能把他杀了，但犯法的是杨志，不是牛二。

小人用卑微的生命粘贴住一具高贵的生命，高贵的生命之所以高贵就在于受不得污辱，然而高贵的生命不想受污辱就得付出生命的代价，一旦付出代价后人们才发现生命的天平严重失衡。

这种失衡又倒过来在社会上普及着新的恐惧：与小人较劲犯不着。中国社会流行的那句俗语“我惹不起，总躲得起吧”实在充满了无数次失败后的无奈情绪。谁都明白，这句话所说的不是躲盗贼，不是躲灾害，而是躲小人。好人都躲着小人，久而久之，小人被一些无知者羡慕，他们的队伍扩大了。

第四，策略上的失误。

中国历史上很多不错的人物在对待小人的问题上每每产生策略上的失误。在道与术的关系上，他们虽然崇仰道，但因为整个体制的束缚，无法真正行道，最终都垂青于术，名为韬略，实为政治实用主义。

这种政治实用主义的一大特征，就是用小人的手段来对付政敌。这样做初看颇有实效，其实后果严重。政敌未必是小人，利用小人对付政敌，在某种意义上是利用小人扑灭政见不同的君子，在文明构建上是一大损失。

如果是利用小人来对付小人，那就会使被利用的那拨小人处于被弘扬的地位，一旦成功，小人的思维方式和行为逻辑将邀功论赏、发扬光大。

中国历史上许多英明君主、贤达臣将往往在此处失误，他们获得了具体的胜利，但胜利果实上充满了小人灌注的毒汁。他们只问果实属于谁而不计果实的性质。因此，无数次即便是好人的成功，也未必能构成文明的积累。

第五，灵魂上的对应。

有不少人，就整体而言不能算是小人，但在特定的情势和境遇下，灵魂深处也会悄然渗透出一点小人情绪，这就与小人们的作为对应起来了，成为小人闹事的帮手和起哄者。

谣言和谎言为什么有那么大的市场？按照正常的理性判断，大多数谣言是很容易识破的，但居然会被智力并不太低的人大规模传播，原因只能说是传播者对谣言有一种潜在的需要。

只要想一想历来被谣言攻击的对象，大多是那些有理由被别人暗暗嫉妒却没有理由被公开诋毁的人物，我们就可明白其中的奥秘了。谣言为传谣、信谣者而设。按接受美学的观点，谣言的生命扎根于传谣、信谣者的心底。如果没有这个根，一个谣言便如小儿梦呓、腐叟胡诌，会有什么社会影响呢？

一切正常人都会有失落的时候，失落中很容易滋长嫉妒情绪，一听到某个得意者有什么问题，心里立即获得了某种窃窃自喜的平衡，也不管起码的常识和逻辑，也不做任何调查和印证，立即一哄而起，形成围诼。

更有一些人，平日一直遗憾自己在名望和道义上的欠缺，一旦小人提供一个机会能在攻击别人过程中获得这种补偿，也会在犹豫再三之后探头探脑地出来，成为小人的同伙。

如果仅止于内心的些微需要试图满足，这样的陷落也是有限度的，良知的警觉会使他们拔身而走。但也有一些人，开始只是说不清道不明的内心对立而已，而一旦与小人合伴成事后又自恃自傲，良知麻木，越沉越深，那他们也就成了地地道道的小人而难以救药了。

从这层意义上说，小人最隐秘的土壤，其实在我们每个人的内心。即便是吃够了小人苦头的人，一不留神也会在自己的某个精神角落为小人挪出空地。

五

那么，到底应该怎么办呢？

显然没有消解小人的良方。在这个问题上，我们能做的事情很少。

我认为，最根本的是要不断扩大君子的队伍，改变君子和小人的数量对比。一定需要有一批人成为比较纯粹的君子，而不受任何小人生态的诱惑。

君子的古代标准，也就是他们与小人的原始区别，我们的祖先早有教导，例如“君子怀德”“君子坦荡荡”“君子求诸己”“君子成人之美”“君子和而不同”“君子周而不比”，等等。这些教导，对君子的风范、目标和生态做了经典描述。君子的现代标准，就要在这个基础上增加一系列全人类公认的价值标准，诸如人权、人道、民主、自由、互助、慈善、环保，等等，并由此展现出更加关爱苍生、牺牲自我、温和坚毅、光明磊落的风范。

真正的君子行迹，是一种极其美好的人生体验。只要认真投入，很快就能发现，自己什么也不害怕了。过去想做君子而犹豫，不就是害怕小人吗？一旦成了真君子，这种担忧就不再存在。

不再害怕我们害怕过的一切。不再害怕众口铄金，不再害怕招腥惹臭，不再害怕群蝇成阵，不再害怕阴沟暗道，不再害怕那种时时企盼着新的整人运动的饥渴眼光，不怕偷听，不怕恐吓，不怕狞笑，只以更明确、更响亮的方式，在人格、人品上昭示出高贵和低贱的界限。

此外，有一件具体的事可做。我主张大家一起来认真研究一下从历史到现实的小人问题，把这个问题集中谈下去，总有好处。

想起了写《吝啬鬼》的莫里哀。他从来没有想过要根治人类身上自古以来就存在的吝啬这个老毛病，但他在剧中把吝啬解剖得那么透彻、那么辛辣、那么具体，使人们以后再遇到吝啬，或者自己心底再产生吝啬的时候，猛然觉得在哪里见过，于是，剧场的笑声也会在他们耳边重新响起。那么多人的笑声使他们明白人类良知水平上的是非。他们在笑声中莞尔了，正常的人性也就悄悄地上升了一小格。

吝啬的毛病比我所说的小人问题轻微得多。鉴于小人对我们民族昨天和今天的严重荼毒，微薄如我们，能不能像莫里哀一样把小人的行为举止、心理方式用最普及的方法袒示于世，然后让人们略有所悟呢？

研究小人是为了看清小人，给他们定位，以免他们继续以无序的方式出现在我们生活的各时各处，使人们难以招架。研究仅止于研究，尽量不要与他们争吵。争吵使他们加重，研究使他们失重。

虽然小人尚未定义，但我看到了一个与小人有关的定义。一位美国学者说：

> 所谓伟大的时代，也就是大家都不把小人放在眼里的时代。

这个定义十分精彩。小人总有，但他们的地位与时代本身的重量成反比。既然专制极权和政治乱世造就了小人，既然庸众意识和恐惧心理助长了小人，那么，如果出现了一种强大的精神气压，使小人在社会上从中心退到旁侧、从高位降到低位、从主宰变成赘余，这个时代已经在问鼎伟大。

我们的时代已经出现了一些好的趋势。快速推进的时代节奏，无限开阔的全球视野，渐渐使很多小人的行为越来越失去效用。前几年还在闹腾的事件，现在一看全变成了笑话。尤其是那些以折腾人著称的“大批判专家”，连名字也完全被人们淡忘。

但是，我们的时代与伟大显然还有距离。大家已经发现，主要距离在于精神文化方面；大家没有发现的是，精神文化的创造者其实不少，却仍然被小人啃噬着。中国民众固然已经厌烦小人了，但是，以往很多年被小人扯来扯去的视线，至今还没有恢复仰望精神文化的功能。结果，小人被冷落了，而精神文化也被冷落着。

我相信，这种双向冷落只是一个暂时的过程。

最后我必须补充一个观点才能结束本文，那就是：尽管小人在整体上祸害久远，但就他们的个体生命而言，大多也是可怜人，包括其中最令人厌烦的文痞型小人，无非也就是一些喝了“狼奶”的失败者和抑郁者。他们，还有被拯救的可能。

冷落他们，搁置他们，然后拯救他们，这便是当今君子的责任。

说到底，他们是在一个缺少关爱的环境里长大的一群，因此也应该受到关爱。我们鄙弃的，是他们以往的作恶方式，以及他们在历史上的集合状态。